中國佛教典籍選刊

閲藏知津

下

〔明〕智旭 撰

楊之峰 點校

中華書局

閱藏知津卷第十九

北天目沙門釋智旭　彙輯

大乘經藏　般若部第三之四

菩薩住品第四十八：善現白佛：菩薩欲得菩提，當於何住？應云何住？佛言：當於一切有情住平等心，起平等心，以平等心與語，起大慈心，大悲心，大喜心，大捨心，恭敬心，質直心，調柔心，利益心，安樂心，無礙心，如父母、兄弟、姊妹、男女、親族心，朋友心，如親教師、軌範師、弟子、同學心，如預流、一來、不還、阿羅漢心，如獨覺心，如菩薩心，如如來心，應供養、恭敬、尊重、讚歎心，應救濟、憐愍、覆護心，畢竟空、無所有、不可得心，空、無相、無願心，當於此住。復次，應自離十惡，勸他離十惡，恒正稱揚離十惡法，歡喜讚歎離十惡者。應自修一切善，勸他修一切善，稱揚一切善法，讚歎修一切善者，應如是住。若如是學，如是安住，則於色等得無障礙。所以者何？從前際來，不攝受色等。何以故？色等不可攝受故。若色等不可攝受，則非色等。説是品時，萬二千菩薩得無生法忍。不退轉品第四十九：善現白佛：不退轉菩薩有何行？有何狀？有何相？我等云何知？佛言：菩薩如實知異生地、二乘地、菩薩地、佛地，於諸法真如中無變異，無分别，皆無二無二分。雖如實悟入諸法真如，而於諸法真如無所分别，以無所得爲方便故。聞真如與一切法無二無别，而無疑滯，以真如與一切法，不可説一異、俱不俱故。是菩薩若無義利，終不發言，不觀視他好惡長短，平等憐愍而爲説法。善現復白佛：以何行、狀、相知是不退轉菩薩？佛言：能觀一切法無行、狀、相，是爲不退轉菩薩。謂於色等退轉故，名不退轉。以色等自性無所有，菩薩於中不住，故名退轉。若不退轉菩薩，終不樂觀外道，於毗柰耶終無疑惑，無戒禁取，不生三惡趣等，受行十善，恒修六度，通利十二分教，持法施善根，與諸有情迴向菩提。於深法門不生疑惑猶豫，都不見有色等可於中生疑惑猶豫。成就柔潤三業，於諸有情心無罣礙，決定不與五蓋共居，恒住正念正知，身心清淨，不貪四事，雖受十二杜多功德，而無所恃。惡魔化現，不信不隨，決定不退一切善法，於色等想退轉。以自相空，觀一切法已，入菩薩正性離生，乃至不見少法可得，無所造作，畢竟不生，故名無生法忍，得是忍故，名不退轉。又答善現：是菩薩不復退墮二乘地中，故説不退轉故，名不退轉。遠離二乘地，於彼二地決定退捨，故説以退轉故，名不退轉。隨意能入十二門禪、三十七品等，而不受其果。常不遠離大菩提心，不貴重色等，雖現攝受五欲而不染著，不行邪命，復有所餘諸行、狀、相，通達諸法皆無所有。常不遠離大菩提心，不樂觀察論説色等，但樂觀察論説般若。常不遠離一切智智相應作意，修行施等，離慳貪等，雖住一切法空，而愛樂正法，不樂非法。雖住不可得空，而常稱讚不壞法性，饒益有情。雖住真如法界，而愛善友，不樂惡友。常樂見佛聞法，常不遠離念佛聞法作意，生生之處常不離佛，恒聞正法，護持正法，不惜身命。

巧方便品第五十：佛告善現：不退菩薩成就廣大無量無邊、不可數、難思議勝功德聚，住不共二乘智，引發四無礙解。又色等亦名甚深，色等真如甚深故，色等真如非即色等，非離色等故。善現白佛：甚奇微妙方便，爲不退菩薩遮遣色等，顯示涅槃。佛印述云：菩薩應於如是諸甚深處，依深般若相應理趣，審諦思惟，稱量觀察。應作是念：我今應如所説而住，應如所説而學，則能攝取無數功德，超無量劫生死流轉，疾證菩提。若此功德有形量者，恒沙世界不能容受。次以遠離般若所修得福，與依深般若所獲功德，重重較勝。善現白佛：分別所作，皆非實有，何緣是諸菩薩獲福無邊？佛言：菩薩行深般若，知一切種分別所作，空無所有，虛妄不實。善學二十空，如如觀察，即不遠離甚深般若，獲福無數、無量、無邊，不可數在有爲、無爲界中，不可量在去、來、現在法中，不可測度彼邊際故。復次，色等亦無數、無量、無邊，色等空故。善現白佛：一切法空，即是無盡，亦是無數、無量、無邊。佛言：如是。善現復問：若不可説義無增無減，則布施等亦無增無減，云何菩薩修行施等，證得無上菩提？佛言：如是。菩薩不作是念：我於般若等若增若減。但作是念：唯有名想，謂爲般若等。是菩薩修施等時，持此施等俱行作意，及依此起心及善根，與諸有情平等共有，迴向菩提。如佛菩提微妙甚深而起迴向，由此迴向巧方便力，證得無上菩提。善現白佛：何謂無上菩提？佛言：諸法真如是。又問：何謂諸法真如？佛言：色等真如是。諸法真如無增無減故，無上菩提亦無增無減。菩薩不離般若，常樂安住諸法真如，都不見法有增有減。由此不可説義無增無減，施等乃至一切相智亦無增無減。菩薩依止無增無減方便，修行般若，由此爲門，集諸功德，便證無上菩提。善現白佛：用初心證，用後心證？佛言：如然燈時，爲初燄能燋炷，爲後燄能燋炷？善現言：非初燄，亦不離初燄，非後燄，亦不離後燄，其炷實燋。佛言：菩薩亦爾。善現言：菩薩不作是念：我當壞相及壞相想。亦不作是念：我當壞無相及壞無相想。於一切種無分別故。是菩薩雖能離諸分別，而佛十力等未圓滿故，未證無上菩提。由此善巧方便力故，於一切法不取不壞，知一切法自相空故。住一切法自相空中，爲度有情，入三三摩地，大悲願力所牽逼故，用此三定成熟有情。佛言：如是。舍利子問：菩薩夢中入三三摩地，於深般若有增益不？善現答言：晝時入三三摩地，於深般若有增益者，彼夢中入亦有增益，晝與夢中無差别故。乃至令與慈氏問答。願行品第五十一：佛告善現：菩薩修行施等，見有情苦，作願勤修，速得圓滿鄰近菩提。又見有情三聚無别，墮三惡趣等，皆悉作願勤修六度，令速圓滿。殑伽天品〔一〕第五十二：授天女菩提記。善學品第五十三：善現白佛：行深般若菩薩云何修習近空三摩地等？云何入空三摩地等？佛言：應觀色等空，不令心亂。若心不亂，則不見法。若不見法，則不作證。善學諸法自相皆空，無法可增，無法可減，故於諸法不見不證。以勝義諦中，能證、所證、證處、證時及由此證，若合若離，皆不可得、不可見故。菩薩觀法空時，先作是念：我爲學故觀，不爲證故觀，今是學時，非爲證時。是菩薩未入定位，繫心於所緣，已入定時，不繫心於境，不退六度、二十空等，不證漏盡。如堅翅鳥飛騰虚空，自在翺翔，久不墮地，雖依空戲，而不住空，亦不爲空之所拘礙。又如善射，箭箭相承，不令墮落。次廣明不退轉相，及廣明魔惱亂相。又廣明傲慢餘菩薩罪，申明菩薩真遠離行，并示菩薩真勝善友，勸諸菩薩當學般若，於此經中廣説菩薩所應修學一切法相。善現白佛：般若以何爲相？佛言：以虚空爲相，無相爲相，諸法諸相皆不可得無所有故。又有因緣故，可説般若所有妙相，諸法亦有如是妙相。所以者何？般若

〔一〕「品」，原作「等」，康熙本、乾隆本同，據北藏改。

以性空爲相，諸法亦以性空爲相；般若以遠離爲相，諸法亦以遠離爲相，以一切法皆自性空，離衆相故。善現白佛：則一切法，一切法空，亦一切法，一切法離，云何有情可施設有雜染、清淨？佛言：有情長夜有我、我所心，執我、我所不？答言：如是。佛言：彼心所執我及我所，空、遠離不？答言：如是。佛言：豈不有情由我、我所執，流轉生死？答言：如是。佛言：如是有情流轉生死，由有雜染，以是證知雜染可得。若諸有情無心執著我及我所，則無雜染。若無雜染，是則應無流轉生死。流轉生死既現可得，應知有雜染法。既有雜染，亦有清淨。是故應知，有情雖自性空，遠離衆相，而有雜染清淨可得。善現白佛：菩薩若如是行，則不行色等。佛言：如是。乃復廣較宣説般若相應作意功德。當知已到福田彼岸，一切有情無能及者。雖於有情平等發起大慈悲等，而於一切無所執著。

斷分別品第五十四：善現白佛：一切作意皆自性離、自性空，諸法亦爾，云何菩薩不離般若相應作意，不離一切智智相應作意？佛言：如是離、空，非二乘、菩薩、佛作，亦非餘作。然一切法法住、法定等，法爾常住，是菩薩不離般若相應作意，亦不離一切智智相應作意。何以故？甚深般若、一切智智及諸作意，皆自性離、自性空故。如是離、空，無增無減，能正通達，名不離故。善現復問：云何修證般若平等性已，證得無上菩提？佛言：非諸佛法有增有減，亦非一切法住、法定等有增有減，以甚深般若非一、非二、非三、非四，亦非多故。善現復問：爲即深般若空虛非有、不自在性、不堅實性，能行般若不？爲離深般若空虛非有、不自在性、不堅實性，有法可得能行般若不？爲即深般若能行般若不？爲離深般若能行般若不？爲即空性能行空不？爲離空性能行空不？爲即色等能行般若不？爲離色等能行般若不？佛一一答言：不也。色等空虛非有、不自在性、不堅實性，若即若離，廣作問答亦如是。色等真如，乃至不思議界，若即若離，廣作問答亦如是。善現白佛：若如是諸法皆不能行般若，云何菩薩能行般若？佛言：汝見有法能行般若不？汝見般若是菩薩所行處不？汝所不見法，是法可得不？不可得法有生滅不？善現一一答言：不也。佛言：如汝所見諸法實性，即是菩薩無生法忍。成就是忍，便爲如來授菩提記。善現復問：菩薩以一切法無生性得記不？以一切法生性得記不？以一切法生無生性得記不？以一切法非生非無生性得記不？佛皆答言：不也。善現白佛：云何菩薩得不退記？佛言：汝見有法得佛記不？善現答言：不也。佛言：如是。菩薩於一切法無所得時，不作是念：我於菩提當能證得，我用是法證得菩提，我由此法，於如是時，如是處證得菩提。所以者何？無分別故。

巧便學品第五十五：帝釋白佛：若於般若聽受修行，正爲他說，乃至菩提，不離諸餘心心所者，當知必不成就微少善根。佛印述較勝已，帝釋爲一苾芻復廣較勝，兼爲阿難明是佛威神力。佛言：般若功德非人、天等所能知故。次爲阿難分别有擾亂不擾亂相，及明出罪還補善法，或無或有差别，深囑菩薩，於有情類不應發起瞋忿等心，亦不應生麤惡言説。次答阿難菩薩與菩薩共住之問。善現白佛：云何菩薩平等性，而諸菩薩於中學故，名平等學？佛言：内空等是平等性。復次，色等，色等自性空，是平等性。菩薩於中學故，名平等學。善現復問：爲色等盡故學，離故學，滅故學，無生故學，無滅故學，本來寂静故學，自性涅槃故學，是學一切智智不？如是廣問竟，佛言：如汝所説，於意云何，色等真如盡、滅、斷不？答言：不也。佛言：若菩薩於真如如是學，是學一切智智。當知真如無盡、無滅、無斷，不可作證。一一述答亦爾。復次，如是學時，是學施等，乃至是學無上菩提。若學施等，是學一切智智，至一切學圓滿彼岸。善現白佛：若一切法本性清淨，云何菩薩於諸法中復得清淨？佛言：如是諸法本來自性清淨，菩薩於中精勤修學甚深般若，如實通達，無没無滯，遠離一切煩惱染著，故説菩薩復得清淨。復次，雖一切法本性清淨，而諸異生不知見覺。菩薩欲令彼知見覺，修行布施等，安住内空等。如是學時，於佛十力等無量佛法，皆得清淨，不墮二地；於諸有情心行差别，皆能通達，至極彼岸，善巧方便，令諸有情證一切法本性清淨。如是修學，終不發起慳貪、破戒等心，終不發起執取色相等相應之心。何以故？都不見法是可得者，無所得故，不起執取色等法相相應之心。修學如是般若，無有一切功德善根而不能得。　願喻品第五十六：帝釋心念歎勝，佛讚印之。散華發願，問隨喜福，佛答不可數知。善現白佛：云何菩薩以如幻心能證無上菩提？佛言：汝見如幻心不？答言：不也。佛言：若處無幻，無如幻心，汝見有是心，能證菩提不？答言：不也。佛言：若處離幻，離如幻心，汝見有是法，能證菩提不？答言：不也。我都不見即、離心法，説何等法是有是無，以一切法畢竟離故。若法畢竟離，是法不應修，亦不應壞，亦不應引。般若畢竟離故，不應能引，云何離法能證離法？佛言：善哉！以般若等畢竟離故，菩薩可得無上菩提。若般若等非畢竟離，應非般若等。以般若等畢竟離故，名爲般若等。是故菩薩非不依般若，能證無上菩提。雖非離法能證離法，而證菩提，非不依止甚深般若，是故菩薩欲得菩提，應學般若。善現白佛：菩薩所行法義極爲甚深。佛言：如是。菩薩能爲難事，行甚深義而不作證。善現白言：菩薩所作不難。所以者何？所證法義，能證般若，證法、證者、證處、證時，都不可得。譬如虚空、幻士、影像、如來、變化、機關，於一切法無分別故。舍利子問：但般若無分別耶？善現答言：静慮等亦無分別。舍利子問：色等亦無分別耶？善現印答。舍利子問：若一切法皆無分別，云何有五趣差别？云何復有三乘位異？善現言：有情顛倒煩惱因緣，造種種業，感異熟果，依此施設五趣差别。無分别故，有修預流及預流果等三乘聖位，去、來、現在如來，由無分别，分别斷故，可施設有。由此因緣，知一切法皆無分别，以無分别真如、法界、法性、實際爲定量故。菩薩應行如是無分别相般若，便能證得無分别相所求菩提。

堅等讚品第五十七：舍利子問：菩薩行深般若，爲行堅實法，無堅實法耶？善現答言：行無堅實法，般若等無堅實故。尚不見無堅實可得，況見有堅實可得。諸天作念：若人發心如深般若義行，不墮二地，甚爲希有，應當敬禮。善現告言：是未希有。若菩薩知一切法及諸有情皆不可得，而發心擐功德鎧，度令究竟涅槃，乃甚希有。如調伏虚空，如與虚空戰。何以故？色等離，故有情離。復次，色等離，故施等離。若菩薩聞説諸法無不遠離，心不沈没、驚、怖、憂悔，是爲行深般若。佛言：何因緣故，菩薩於深般若心不沈没？善現言：以一切法皆非有故，皆遠離故，皆寂静故，無所有故，無生滅故，觀一切法皆不可得，不可施設是能沈没、是所沈没、是沈没時、是沈没處、是沈没者、由此沈没。若能如是行深般若，釋梵禮敬。佛言：非但釋梵，亦爲浄居諸天禮敬，亦爲十方佛所護念，則令一切功德圓滿，一切惡魔不能沮壞，以成就二法故。一、觀諸法皆畢竟空，二、不棄捨一切有情。又，一、如所言皆悉能作，二、爲諸佛常所護念。若菩薩聞説般若，心無疑惑，深生浄信，當於不動佛所及諸菩薩所，廣聞其義，信解不退，證得一切智智。善現白佛：諸法實性，皆不可得，云何安住真如，精勤修學，疾證菩提？佛言：如佛所化，安住真如，修菩薩行，疾證菩提，宣説正法，菩薩亦復如是。帝釋白佛：般若極難信解，菩薩甚爲難事，觀一切法都無所有，於深法性無疑無滯。善現語言：菩薩觀一切法，無不皆空，都無所有，誰沈誰没？誰怖誰驚？誰疑誰滯？未爲希有。帝釋白言：如箭射空，近遠無礙，尊者所説，亦復如是。　囑累品第五十八：帝釋白佛，讚善現所説，無不依空等。佛告帝釋：善現安住空故，觀施等尚不可得，况有行施等者？善現於一切法住遠離住、寂静住、無所得住、空住、無相住、無願住，如是等無量勝住，比菩薩所住般若最勝行住，乃至鄔波尼殺曇分所不及一。於是諸天散華，六千苾蒭得菩提記，同名散華如來。佛語慶喜：雖種三乘善根，要於甚深般若修行六度，安住二十空等，令得圓滿，是故我以般若付囑於汝。忘失餘法，其罪猶小，忘失般若，其罪甚大。乃至種種讚説付囑，令受持已，復現神力，令衆皆見不動如來海會説法，彼土莊嚴。佛攝神力，衆忽不見。佛告慶喜：如彼佛土，非此土眼所行境界，一切法亦如是，皆非眼根之所行境。法不行法，法不見法，法不知法。一切法無行者，無見者，無知者，無動無作。能取所取，性遠離故，能所思議，性遠離故。如幻事等，衆緣和合，相似有故，無作受者，妄現似有，無堅實故。若如是知、如是見、如是行者，是行般若，亦不執著此諸法相。如是學時，於諸學中爲最、爲勝、爲長、爲尊、爲妙、爲微妙、爲上、爲無上。諸有欲取般若量邊際者，如愚欲取虛空量及邊際。慶喜白佛：何故般若無量？佛言：性無盡故，性遠離故，性寂静故，如實際故，如虛空故。三世諸佛皆學般若，證得菩提，宣説開示，而此般若亦無有盡，已不盡，今不盡，當不盡。静慮等一一皆爾，内空等一一皆爾。所以者何？此等諸法無生無滅，亦無住異，云何可得施設有盡？佛復出廣長舌，明無虚妄。若能受持般若陀羅尼者，則爲總持一切佛法。無盡品第五十九：善現問佛：般若爲無盡不？佛言：實爲無盡，猶如虚空，不可盡故。復問：云何應引般若？佛言：色等無盡故，應引般若。復次，色等虚空無盡故，應引般若。復次，觀無明等如虚空無盡故，應引般若。如是觀察十二緣起，遠離二邊，是諸菩薩不共妙觀，不見有法無因而生，不見有法無因而滅，不見有法常住不滅，不見有法有我、有情等，不見有法若常若無常、若樂若苦、若我若無我、若淨若不淨、若寂静若不寂静、若遠離若不遠離。是菩薩雖行般若等，而不見有所行，亦不見有法能見所行，以無所得而爲方便，修行如是般若，一切魔大愁惱。次答善現：菩薩能正修行般若，便能具足修滿六波羅密。相引攝品第六十：善現白佛：云何安住布施，引攝淨戒等五？乃至安住般若，引攝布施等五？佛廣答之。多問不二品第六十一：善現白佛：如是菩薩發心幾時，乃至植幾善根？佛言：發心甚久，善根無不圓滿。如是般若如日月輪，照餘五度，如有七寶，乃名輪王，如强夫守護美女，如軍將善備鎧杖，如小王朝侍輪王，如水隨恒河入海，如右手能作衆事，如大海同一鹹昧，如聖王輪最居先導而無分别。何以故？波羅蜜多及一切法自性皆鈍，無所能爲，虚妄不實，空無所有，不自在相。譬如陽燄、光影、水月、鏡中像等，其中都無分別作用真實自體。善現白佛：若一切法自性皆空，云何菩薩勤修六度，當得菩提？佛言：菩薩恒作是念，有情心皆顛倒，没生死苦。我若不修善巧方便，不能解脱彼苦。作是念已，捨内外物。捨已，復作思惟：我於此物都無所捨，此内外物自性皆空，非關於我，不可捨故。又復爲諸有情終不犯戒，不起瞋恨，常無懈怠，不起亂心，修學勝慧。由此觀察修行六度，速得圓滿，疾證菩提。善現白佛：若六度無差别相，皆是般若所攝受故，皆由般若修成滿故，應合成一波羅蜜多，云何可説般若於布施等爲最、爲勝及無上等？佛言：如諸有情種種相别，若近妙高山王，咸同一色。善現復問：波羅蜜多及一切法，若隨實義，皆無此彼勝劣差别，何緣故説般若最勝？佛言：但依世俗言説作用，説有此彼勝劣差别，施設六度，度脱有情世俗作用生老病死。然諸有情生老病死皆非實有，但假施設。所以者何？有情無故，當知諸法亦無所有。甚深般若了達一切都無所有，能拔有情世俗作用生老病死，由此故説般若最勝。善現白佛：般若於諸善法有取捨不？佛言：無取無捨，以一切法皆不可取不可捨故，謂於色等無取無捨。善現復問：般若云何於色等無取無捨？佛言：般若不思惟色等，如是於色等無取無捨。善現復問：般若云何不思惟色等？佛言：般若於色等不思惟一切相，亦不思惟一切所緣，如是不思惟色等。善現復問：若菩薩不思惟色等，云何增長所種善根？云何圓滿波羅蜜多？云何能得一切智智？佛言：若時菩薩不思惟色等，是時便能增長所種善根，便能圓滿波羅蜜多，便能證得一切智智。所以者何？要不思惟色等，乃能具足修菩薩行，證得無上菩提。善現復問：何緣要不思惟色等，乃能具足修菩薩行，證得菩提？佛言：若思惟色等，則染著欲界、色、無色界，不能具足修菩薩行，證得菩提。若不思惟色等，則不染著三界，則能具足修行，證得菩提。善現復問：菩薩勤學般若，當於何住？佛言：不應住色，乃至不應住諸佛無上菩提。又問：何緣不應住色等？佛言：於一切法無執著故，不應住色等。是菩薩不見有法，可於其中而起執著及安住故。如是以無執著及無安住而爲方便，行深般若波羅蜜多。復次，若作是念：能如是無所執著安住行深般若，是行般若；能如是無所執著安住修深般若，是修般若。我應如是行，如是修。由如是念，取相執著，遠離般若，亦遠離靜慮等，乃至遠離無上菩提。何以故？甚深般若於一切法無所執著，非深般若有執著性。所以者何？甚深般若都無自性，可於諸法有所執著。是故菩薩修行般若，於一切法及深般若皆無執著。復次，若起是想：此是般若，我行般若，則是徧行諸法實相。菩薩由起此想，便退般若，亦退靜慮等。何以故？般若是一切種白法根本，若退般若，則爲退失一切白法。復次，若作是念：般若徧能攝受六度、二十空等。則退失般若，亦不能攝受六度、二十空等。何以故？非離般若，能徧攝受殊勝善法及證菩提。復次，若作是念：安住般若，便於菩提定得受記。則爲退失般若，不得受記。復次，若作是念：安住般若，則徧引發布施等，亦徧安住內空等。則退失般若，不能引發布施等，不能安住內空等。復次，若作是念：佛知諸法無攝受相，自證菩提，得菩提已，爲諸有情宣示諸法實相。則爲退失般若。何以故？如來於法無知無覺，無說無示，以諸法實相不可知覺，不可施設，云何得有知覺說示一切法者？若言實有知覺說示一切法者，無有是處。善現白佛：云何遠離種種過失？佛言：若作是念：諸法無所有，不可取，無有能現等覺者，亦無有能宣說開示。若如是行，是行般若，離諸過失。若著無所有不可取法，則離般若。何以故？甚深般若於一切法無所執著，無所攝受。善現白佛：般若於般若，爲遠離、爲不遠離？乃至三智於三智，爲遠離、爲不遠離？若般若於般若等，設遠離、設不遠離，云何能無執著引發般若等？內空等，則云安住。佛言：非遠離非不遠離，是故能無執著，引發安住。何以故？非即自性，非離自性，而能安住引發自性。復次，菩薩行深般若時，不執著色等，謂此是色等，此色等屬彼。於如是一切法無執著故，便能引發般若等，安住內空等。若於諸法中有所執著，謂此是法，此法屬彼，則不能隨意引發安住殊勝功德。復次，菩薩行深般若時，不觀色等若常若無常，乃至若遠離若不遠離，便能引發安住殊勝功德。復次，若行深般若，則爲行靜慮，乃至行一切相智。復次，甚深般若隨所行處，餘善皆從，隨所至處，餘善皆至，如四軍隨輪王。又般若如善御者，御餘善法，行於正道，至一切智智。善現白佛：云何爲道？云何非道？佛言：諸異生道、聲聞道、獨覺道，非菩薩道；自利利他道、一切智智道、不住生死及涅槃道，是菩薩道。甚深般若能爲大事示現道非道相，令菩薩知，速證一切智智。復次，能爲大事度諸有情，皆獲利益安樂。雖作無邊利樂他事，而於此事無所取著。雖能示現色等所作事，而無取著，引導菩薩，令趣菩提，定不退轉，而於諸法無起無滅，以法住性爲定量故。善現白佛：若深般若於一切法無起無滅，云何菩薩應修六度？佛言：菩薩應緣一切智智，爲諸有情而修施等，持此善根，與諸有情平等共有，迴向菩提。於迴向時，遠離三心，謂誰迴向、用何迴向、迴向何處。是菩薩持此善根，如是迴向菩提，則修六度、四等，速得圓滿，疾得一切智智。善現白佛：云何能與六度常共相應，不相捨離？佛言：如實觀色等非相應非不相應，是能與六度常共相應，不相捨離。復次，恒作是念：我不應住色等，以色等非能住非所住故，是能與六度相應不離。善現白佛：菩薩應於般若常勤學耶？佛言：如是。般若如大海，是諸善法生長方便所趣向門，三乘皆當勤學。菩薩於般若勤修學時，應勤修學布施等，應勤安住內空等。如善射人，甲胄堅固，執好弓箭，不懼怨敵。菩薩亦如是，攝受般若及静慮等諸功德時，皆以般若而爲方便，一切魔、外皆不能伏，便爲三世諸佛護念，以能行布施，乃至能行一切相智故。善現復問：云何行布施等，便爲諸佛護念？佛言：行施等時，觀施等不可得故，爲佛護念。復次，三世諸佛如色等不可得故，護念是菩薩。復次，三世諸佛不以色等故，護念是菩薩。善現白佛：菩薩雖多處學，而無所學。佛言：如是。實無有法，可令菩薩於中學故。善現復言：佛爲菩薩或略或廣宣説六度相應之法，若欲證菩提，皆應聽受，讀誦通利，如理思惟，審正觀察，心、心所法，於所緣相皆不復轉。佛言：如是。又問：云何於一切法如實了知略廣之相？佛言：若如實了知色等真如相，是於一切法知略廣相。又問：云何色等真如相，菩薩如實了知，而於中學，於一切法知略廣相？佛言：色等真如無生無滅，亦無住異而可施設。菩薩如實了知，當於中學，於一切法如實了知略廣之相。乃至無上菩提，一一問答亦爾。復次，如實了知色等實際相，是於一切法如實了知略廣之相。善現白佛：云何色實際相？佛言：無際是名色實際相。乃至無上菩提，一一問答亦爾。復次，如實了知色等法界相，是於一切法如實了知略廣之相。善現白佛：云何色法界相？佛言：色界虚空界，是名色法界。此色法界無斷無別而可施設，是名色法界相。乃至無上菩提，一一問答亦爾。善現又問：復云何應知一切法略廣相？佛言：如實了知一切法不合不散，當知一切法略廣相，謂色等皆不合不散。何以故？如是諸法皆無自性，則無所有，則不可説有合有散。於一切法如是了知，則能了知略廣之相。善現白佛：如是名爲略攝六度，若於中學，能多所作。初修業，乃至十住地，皆應於中學。學此略攝波羅蜜多，於一切法知廣略相。佛言：如是。如是法門，利根能入，中根亦能入，定根能入，不定根亦能入。若專於中學，無不能入，非懈怠等之所能入。若如所說而學，能隨證得六度、二十空等，福聚甚多。善知所緣門，善知行相門，善知字門，善知非字門，善知言、不言、一增語、二增語，乃至善知界，善知非界。又善知色等作意，又善知色等、色等相空，又善知止息道、不止息道、生滅住異，乃至善知安立三乘方便。善現白佛：菩薩云何當行般若，當引般若，當修般若？佛言：觀色等乃至老死寂靜故，可破故，不自在故，體虛妄故，不堅實故，應行般若。又如引虛空，應引般若。如修虛空，應修般若。又問：爲經幾時，當行、當引、當修？佛言：從初發心，乃至坐菩提座，應行、應引、應修。又問：住何等心，無間當行、引、修？佛言：從初發心，乃至菩提，不容發起諸餘作意，唯常安住一切智智相應作意，應行、引、修般若。如是行、引、修般若，乃至能令心、心所法，於境不轉。又問：菩薩行、引、修般若，當得一切智智不？不行、不引、不修般若，當得一切智智不？亦行亦不行般若等，當得一切智智不？非行非不行般若等，當得一切智智不？佛一一答言：不也。又問：若爾，菩薩云何當得一切智智？佛言：如真如。云何真如？如實際。云何實際？如法界。云何法界？如我界乃至補特伽羅界。云何如我界等？佛言：若我若有情等，爲可得不？善現言：不也。佛言：若我等不可得，云何可施設我界等？若菩薩不施設般若，亦不施設一切智智及一切法，定得一切智智。善現又問：爲但般若不可施設，爲靜慮等亦不可施設耶？佛言：一切法皆不可施設。又問：云何可施設是地獄，是傍生，乃至是諸佛，是一切法耶？佛言：有情施設及法施設，實可得不？善現言：不也。佛言：菩薩行般若時，應學一切法皆不可施設。善現又問：豈不應於色等學？佛言：應於色等學不增不減。又問：云何應於色等學不增不減？佛言：應於色等不生不滅故學。又問：云何應於色等不生不滅故學？佛言：應於色等不起作諸行若有若無故學。又問：云何應於色等不起作諸行若有若無故學？佛言：應觀諸法自相皆空故學，如是應於色等不起作諸行若有若無故學。又問：云何應觀諸法自相皆空故學？佛言：應觀色等色等相空故學。又問：若色等色等相空，云何菩薩當行般若？佛言：由此般若不可得，菩薩不可得，行亦不可得。若能行者，若由此行，若所行處，皆不可得。是故都無所行，是行般若，以於其中一切戲論不可得故。又問：初修業菩薩云何當行？佛言：從初發心，應於一切法常學無所得。修施等時，以無所得而爲方便，應修施等。住内空等時，以無所得而爲方便，應住内空等。又問：云何名有所得？云何名無所得？佛言：諸有二者，名有所得。諸無二者，名無所得。諸眼諸色爲二，乃至諸菩提諸佛爲二，如是一切有戲論者，皆名有二。非眼非色爲無二，乃至非菩提非諸佛爲無二，如是一切離戲論者，皆名無二。又答善現：非由有所得故無所得，亦非由無所得故無所得，然有所得、無所得平等性，是名無所得。菩薩於有所得、無所得平等性中，應勤修學。如是學時，名學般若無所得義，離諸過失。善現白佛：若不著有所得，不著無所得，云何從一地至一地，漸次圓滿？佛言：非住有所得中，能從一地至一地，亦非住無所得中，能從一地至一地。何以故？般若無所得故，菩提無所得故，行者、行處、行時無所得故，此無所得法亦無所得故，應當如是修行般若。又問：若般若等俱不可得，云何菩薩修行般若時，於一切法常樂決擇，謂此是色等？佛言：雖於諸法常樂決擇，而不得色等。又問：若不得色等，云何能圓滿六度，入正性離生位，嚴淨佛土，成熟有情，得一切智智，轉法輪，作佛事，解脱有情生死衆苦，令證涅槃？佛言：菩薩不爲色等故修行般若。又問：爲何事故修行般若？佛言：無所爲故。以一切法無所爲，無所作，應以無所爲、無所作而爲方便，修行般若。又問：若一切法皆無所爲、無所作，不應安立三乘差别。佛言：非無所爲、無所作法安立可得，要有所爲、有所作法安立可得。所以者何？愚夫異生執著色等，由執著故，念色得色，乃至念菩提得菩提。作如是念：色等實可得，我當決定證得菩提，脱諸有情生死衆苦，令獲究竟常樂涅槃。是諸愚夫無聞異生，顛倒因緣，作如是念，則爲謗佛。何以故？佛以五眼求色等尚不可得，若有決定當得菩提，及脱有情生死，令獲涅槃，無有是處。又問：若諸如來皆以五眼求色等不可得故，諸有情類亦不可得，則定無有證得菩提，及脱有情生死，令獲涅槃。云何世尊證得菩提，安立有情三聚差别？佛言：我以五眼如實觀察，決定無我能證菩提，安立有情三聚差别。然諸有情愚癡顛倒，於非實法起實法想，於非實有情起實有情想。我爲遣除彼虚妄執，依世俗説，不依勝義。善現復問：爲住勝義證得菩提耶？爲住顛倒證得菩提耶？將無世尊不證菩提耶？佛皆言：不也。我雖證得菩提，然不住有爲界，亦不住無爲界。如諸如來所變化者，雖不住有爲、無爲界，然有去來坐立等事，亦行布施等，亦住内空等。如來亦爾，知一切法皆如變化，説一切法皆如變化，雖有所作，而無真實，雖度有情，而無所度，如所化者度化有情。如是菩薩修行般若，應如佛所化者，雖有所爲而無執著。次引過去善寂慧佛留化半劫，作諸佛事，應信諸法皆如變化。次明佛身由法性故，作浄福田，化佛亦爾，由法性故，作浄福田。供佛供化，福皆無盡，慈敬憶念，散華稱名，善根亦皆無盡。菩薩應以諸法法性而爲定量，修行般若善巧方便，入諸法法性已，而於諸法不壞法性，謂不分别此是般若，此是般若法性等。善現白佛：云何如來自壞諸法法性，謂佛常説此是色等，乃至此是有爲法，此是無爲法？佛言：我不自壞諸法法性，但以名相方便，假説諸法法性，令諸有情得悟諸法法性無差别理。又問：云何佛於無名無相法，以名相説，令他悟入耶？佛言：我隨世俗假立名相，方便宣説諸法法性，而無執著。如諸愚夫聞説苦等，執著名相，不知假説。佛及弟子如實知隨世俗説，無有真實諸法名相。菩薩住一切法但假名相，應行般若，而於其中不應住著。善現又問：若一切法但有名相，菩薩爲何事故，發菩提心，勤苦修行？佛言：以一切法但有名相，但假施設，名相性空。諸有情類顛倒執著，生死不脱，是故菩薩發心、行行〔一〕，證得一切相智，以三乘法度脱，令出生死，入涅槃界。而諸名相無生無滅，亦無住異施設可得。又問：三智有何差别？佛言：一切智共二乘，道相智共菩薩，一切相智是如來不共妙智。一切智者，謂藴、處、界等，二乘亦能了知，而不能知一切道相，及一切法一切種相。菩薩應學徧知一切道相，雖令此道作所應作，而不令其證於實際，知一切法皆同一相，謂寂滅相，故名一切相智。復次，諸行、狀、相，能表諸法，如來如實能徧覺知，故名一切相智。又問：道與涅槃，俱無自性，佛何故説此是預流，乃至此是如來？佛言：如是一切無爲所顯。又問：無爲法中，實有預流乃至如來差别義不？佛言：我依世俗言説顯示，不依勝義，非勝義中有語言路，或分别慧，或復二種。然彼彼邊斷，立彼彼後際。又問：既一切法自相皆空，前際尚無，况有後際？佛言：如是。然諸有情不解諸法自相皆空，爲饒益彼，方便爲説此是前

〔一〕「發心、行行」，藏經原文作「發菩提心，行菩薩行」。

際，此是後際。然一切法自相空中，前際後際俱不可得。菩薩達一切法自相空已，修行般若，無所執著，次達般若波羅蜜多名義，次明行般若甚深義趣。應作是念：我不應行貪等義非義，我不應行色等義非義。所以者何？如來得菩提時，不見有法能與少法爲義非義。如來出世若不出世，諸法法性、法住、法定，法爾常住，無法於法爲義非義。如是菩薩應離義非義，常行般若甚深義趣。

閲藏知津卷第二十

北天目沙門釋智旭　彙輯

大乘經藏　般若部第三之五

實説品第六十二：佛答善現：譬如良田種樹，是人雖復不見此樹根、莖、枝、葉、華、果受者，而種樹已，溉灌守護，漸得生長，衆人受用，愈疾獲安。菩薩亦復如是，雖不見有有情佛果，而爲有情求趣菩提，修六度滿，證得菩提，令諸有情受用佛樹。葉饒益者，脱惡趣苦；華饒益者，生人、天中；果饒益者，住三乘果。是諸有情得成佛已，復用佛樹枝、葉、華、果饒益有情。雖作如是大饒益事，而都不見真實有情得涅槃者，唯見妄想衆苦寂滅。如是菩薩修行般若，不得有情及彼施設，然爲除彼我執顛倒，求趣菩提，甚爲難事。善現白佛：當知菩薩即是如來。佛言：如是。若無菩薩則無三世諸佛，亦無三乘，亦無有能永斷三界。若由此真如施設如來，即由此真如施設獨覺，乃至施設色等及一切法。如是一切法真如，一切有情真如，一切如來真如，一切菩薩真如，實皆無異，故名真如。菩薩於此真如修學圓滿，證得菩提，故名如來。如是菩薩應學真如甚深般若。若學真如甚深般若，則能學一切法真如，則能圓滿一切法真如，則於一切法真如得自在住，則能善知有情根性勝劣，則能具知有情勝解差別，則知有情自業受果，則能具足願智，則能淨修三世妙智，則能無倒行菩薩行，則能如實成熟有情，則能如實嚴淨佛土，則能證得一切智智，則能轉妙法輪，則能安立有情於三乘道，則令有情入涅槃界。菩薩見是自利利他一切功德，應發無上覺心，勇猛精修般若，堅固無退。次較福勝。次問：初發心菩薩何所思惟？佛言：恒正思惟一切相智，無性爲性，無性爲所緣，正念爲增上，寂静爲行相，無相爲相。又問：爲色等亦無性爲性？佛印述之。又問：何緣一切相智無性爲性，色等亦無性爲性？佛言：一切相智自性無故。若法自性無，是法無性爲性。色等亦爾。又問：何緣一切相智自性無？佛言：無和合自性故。若法無和合自性，是法則以無性爲性。色等一一問答亦爾。復次，一切法皆以空、無相、無願爲自性，皆以真如法界等爲自性。善現白佛：若一切法皆以無性爲自性者，初發心菩薩成就何等善巧方便，能行布施等，能住内空等，成熟有情，嚴淨佛土？佛言：謂雖修學知一切法皆以無性爲其自性，而常精勤成熟有情，嚴淨佛土。雖常精勤成熟有情，嚴淨佛土，而勤修學知諸有情及諸佛土，皆以無性爲其自性。是菩薩雖行布施等，住内空等，學菩提道，而知菩提道無性爲自性。如是修行布施等，安住内空等，學菩提道，乃至未得如來十力等，皆名學菩提道未得圓滿。若於此道已得圓滿，則於一切波羅蜜多亦已圓滿，由一刹那相應妙慧，證得如來一切相智，以無障礙清浄佛眼徧觀十方三界諸法，尚不得無，况當得有？如是菩薩最勝善巧方便，謂行般若，觀一切法尚不得無，况當得有？常作是念：諸法皆以無性爲性，如是無性本性自爾，非佛等所作，以一切法皆無作者、離作者故。善現白佛：一切法皆無知爲性，云何菩薩修行般若，顯示諸法若有若無？佛言：隨世俗故顯示，非隨勝義。又問：世俗、勝義爲有異不？佛言：不也。世俗真如，即是勝義。顛倒妄執，於此真如不知不見。哀愍彼故，隨世俗相，顯示諸法若有若無。復次，有情於蘊等法起實有想，菩薩哀愍彼故，分別諸法若有若無，令知皆非實有。

巧便行品第六十三：善現白佛：當於何處行菩薩行？佛言：當於色等空行菩薩行，如佛菩提於諸法中不作二相。次答佛陀名義、菩提名義。次問：行布施等時，住内空等時，於何等法爲益爲損，爲增爲減，爲生爲滅，爲染爲浄？佛言：菩薩爲菩提故，行布施等時，住内空等時，於一切法無益無損，乃至無染無浄。又問：若爲菩提行深般若，於一切法都無所緣而爲方便，不爲益，不爲損，乃至不爲染，不爲浄故，現在前者，云何攝受六度、二十空等？佛言：不以二故，攝受施等，乃至不以二故，證得菩提。又問：若不以二故，攝受施等，云何從初發心乃至最後心起，於一切時善法增長？佛言：若以二故行，則諸善法不得增長。行不二故，善根堅固，不可制伏。次明若不敬供諸佛，不能圓滿善根，不得善友攝受者，不能證得一切智智。又雖敬供佛等，遠離方便善巧力故，猶不能證一切智智。因即廣明方便善巧修行六度之相，及修一切善法之相。

徧學道品第六十四：佛告善現：菩薩能於色等無性自性無動。善現問言：有性法能現證無性不？無性法能現證有性不？有性法能現證有性不？無性法能現證無性不？佛皆答言：不也。又問：將無世尊不得現觀？佛言：有得現觀，然離四句，非有非無，絶諸戲論，乃名現觀。得亦如是。又問：何爲戲論？佛言：觀色等若常無常，乃至若是所徧知，若非所徧知，是爲戲論。復次，若作是念：苦應徧知，集應永斷，滅應作證，道應修習，應修四静慮等，應超預流果等，應行布施等，應住内空等，應趣入正性離生，應圓滿十地正行，應成熟有情，應嚴浄佛土，應起佛十力等，應斷煩惱習氣，應證無上菩提，是爲戲論。復次，菩薩行深般若時，應觀色等若常若無常等，不可戲論故，不應戲論。復次，觀苦聖諦，若應徧知，若不應徧知，不可戲論故，不應戲論。以一切法有性不能戲論有性，無性不能戲論無性，有性不能戲論無性，無性不能戲論有性，離有無性，法不可得。若能戲論，若所戲論，若戲論處，都無所有，是故色無戲論，乃至佛菩提無戲論。菩薩應行無戲論甚深般若。善現白佛：云何觀一切法皆無戲論？

佛言：觀色等無自性。若法無自性，則不應戲論，是故色等無戲論。又問：菩薩用何等道得入正性離生？佛言：非用聲聞道，非用獨覺道，非用佛道，然於一切道先徧學已，用菩薩道而入正性離生。謂菩薩從初發心，勇猛勤修六度，以勝智見超過静觀，至獨覺等八地，用道相智而入正性離生，復用一切相智永斷習氣，入如來地，乃成一切智智。是菩薩所學第八，乃至獨覺，若智若斷，皆是菩薩摩訶薩忍。又問：云何當起一切浄道相智？佛言：若諸行、狀、相，能顯發起浄道相智，菩薩徧現等覺，如實爲他宣示施設，令諸有情得無倒解，趣向利樂。菩薩應於音聲語言皆得善巧，徧爲有情説法，令所聞皆如谷響，雖有解了而無執著。應如實知有情隨眠意樂種種差别，應如實知六道因果，隨其所應，遮障彼道及彼因果，應如實知三十七品，乃至三智、三乘道及因果，以如是道安立有情。善現白佛：若一切種菩提分法及諸菩提，皆非相應，非不相應，無合、無散、無色、無見、無對、一相，所謂無相，云何如是菩提分法能取菩提？佛言：譬如虚空，於一切法無取無捨，自相空故。諸法亦爾，自相皆空，非於餘法有取有捨。佛言：如是，如是。然諸有情於一切法自相空義，不能解了，哀愍彼故，方便宣説菩提分法能取菩提。復次，若色等一切法，於聖法毗奈耶中，皆非相應，非不相應，乃至一相無相，佛爲饒益有情，令得正解，入法實相，以世俗説，非以勝義。菩薩於二乘法，學智見已，如實通達，不應攝受。於一切智智相應諸法，學智見已，如實通達一切種相，應可攝受。善現又問：若菩薩不於如是諸法相學，亦應不於諸行相學。既不能學，云何能超二地，乃至以三乘法安立有情，令脱衆苦？佛言：若一切法實有相者，菩薩應於中學。以一切法實非有相，無色、無見、無對、一相，所謂無相，是故不於有相法學，亦不於無相法學。又問：若爾，云何菩薩能修般若，超二乘地，乃至安立有情？佛言：如汝所説，一切法非有相，非無相，非一相，非異相。若菩薩知一切法若有相，若無相，若一相，若異相，咸同一相，所謂無相，修此無相，是修般若。又問：云何修此無相，是修般若？佛言：若修遣色等，亦遣此修，是修般若。又問：云何修遣色等，亦遣此修？佛言：若念有色等，有遣此修，非修般若。何以故？非有想者能修般若，是故修遣色等，亦遣此修，是修般若。復次，住有想者，若修布施等，若住内空等，必當執有我及我所，便著二邊，不解脱生死，無道，無涅槃，云何如實能修布施等，能住内空等？又問：何等是有？何等是非有？佛言：二是有，不二是非有。色、想等爲二，色、想等空爲不二。乃至一切想皆爲二，乃至一切二皆是有，乃至一切有皆有生死，不能解脱。諸想空者，皆爲無二，皆是非有，皆無生死，則能解脱。由此一切有二想者，定無六度，無道無果，亦無現觀，下至順忍，彼尚非有，況有色等偏知，況得三乘聖果？

三漸次品第六十五：善現白佛：住有想者，若無道果，住無想者，豈有道果？佛言：如是。又問：菩薩行深般若時，爲有有想，有無想不？

爲有色等想不？ 爲有色等想，有色等斷想不？ 佛言：於一切法皆無有想，亦無無想，當知即是順忍，即是修道，即是得果。 當知無性即菩薩道，無性即菩薩現觀。 又問：若一切法皆以無性爲自性者，云何如來現等覺已，於一切法及諸境界皆得自在？ 佛言：我本修學菩薩道時，無倒修行六度，入四静慮，於諸静慮及静慮支，雖善取相而無所執，都無味著，都無所得，無所分別，具足安住。 善淳熟已，發起五通，亦無所執，乃至無所分別，以一刹那相應妙慧，證得無上菩提。 謂現等覺四諦，都無所有，成就十力等無邊功德，安立三聚有情，令獲利樂。 又問：云何如來能起無性爲自性四静慮，能發無性爲自性五神通，能證無性爲自性菩提，能立無性爲自性有情，作三聚已，令獲利樂？ 佛言：若諸欲惡不善法等，有少自性，或復他性爲自性者，我不應通達彼無性爲自性已，能入静慮。 以彼無自他性，但以無性爲自性故，我通達已，能入静慮。 廣説五通，乃至有情，亦復如是。 又問：云何於無性爲自性法中，有漸次業、漸次學、漸次行，由此證得菩提？ 佛言：菩薩聞一切有情、一切行、一切法，皆以無性爲自性，思惟勝解，發趣菩提，爲度有情，作漸次業，修漸次學，行漸次行。 如諸過去菩薩，次第修行六度、六念、二十空等。 如是學一切法，皆以無性爲其自性，於中尚無少念可得，况有念色等？ 又問：則應無色等乃至一切法，皆應是無。 佛言：於一切法皆以無性爲自性中，有性無性爲可得不？ 答言：不也。 佛言：若有性無性俱不可得，云何可爲是問？則應無色等。善現白佛：我於是法，無惑無疑，然當來世，有苾芻等求三乘者，彼作是説：佛説一切法皆以無性爲其自性，誰染誰淨？誰縛誰解？彼於染淨縛解不了知故，破戒、破見、破威儀、破淨命，當墮三塗，受諸劇苦，輪迴生死，難得解脱。我觀未來有是可怖畏事，故問如來如是深義。佛言：善哉！如汝所説，有性無性俱不可得，不應於此執有無性。無相無得品第六十六：善現白佛：若一切法皆以無性爲自性者，菩薩見何等義，爲利有情，求趣菩提？佛言：以一切法皆以無性爲自性故，菩薩爲利有情，求趣菩提。何以故？有情具斷常見，住有所得，難可調伏，愚癡顛倒，難可解脱。由有所得想，無得，無現觀，亦無菩提。若無所得，即是得，即是現觀，即是菩提，以不壞法界故。若有於是無所得中，欲有所得，欲得現觀，欲得菩提，當知彼爲欲壞法界。又問：云何得有極喜地等？佛言：以一切法無所得故，得有極喜地等。又問：六度有何差别？佛言：無所得者，皆無差别。爲欲令彼有所得者離染著故，方便宣説有差别相。又問：何故無所得者皆無差别？佛言：不得布施，不得施者，不得受者，不得所施，而行布施，乃至不得一切佛法而得無上菩提。菩薩行是無所得般若，魔及眷屬所不能壞。又問：云何一心具攝一切佛法？佛言：所行布施等，所住内空等，不離般若，皆爲般若之所攝受。如是一刹那心，則能具攝一切諸法。又問：云何諸有所作，不離般若，般若所攝受故，一刹那心則能具攝施等？佛言：菩薩所行布施等，所住内空等，皆爲般若所攝受故，遠離二想。又問：云何雖行施等而無二想？佛言：爲欲圓滿施度故，即於施度中攝受一切佛法而行布施，由是因緣而無二想。廣説乃至修八十好，亦如是。復次，行施等時，住無漏心而行施等，故無二想。又問：云何住無漏心而行施等？佛言：以離相心，修行施等。又問：於一切無相無覺無得無影無作法中，云何能圓滿施等？佛言：以離相無漏之心而行施等。一一廣明行相。

無雜法義品第六十七：善現白佛：云何於一切無雜無相自相空法中，能圓滿修六度？云何於一切無漏無差别法中，施設如是諸法差别及可了知？云何於般若中，攝受一切世出世法？云何於一切異相法中，施設一相，所謂無相，及於一相無相法中施設種種差别法相？佛言：安住如夢、如響，乃至如變化事五取蘊中，修行六度，如實了知如夢等五取蘊皆無相。所以者何？諸夢、響等皆無自性，無性則無相，無相則一相。由此因緣，布施無相，施者無相，受者無相，施物無相。若如是知而行布施，則能圓滿施度，則不遠離六度，則能圓滿一切佛法。廣説乃至般若亦爾。

諸功德相品第六十八：善現白佛：云何如夢、響等，而可安立是善、是非善，乃至是菩提、是能證耶？佛言：愚夫異生得夢，得見夢者，乃至得變化事，得見變化事者，得已顛倒執著，造身、口、意業，福、非福、不動行，往來生死，流轉無窮。菩薩行深般若，觀察畢竟無際二空，安住畢竟無際二空，爲彼有情宣正法言：色等是空，無我、我所，色等如夢等，都無自性。當知此中無色等，無夢等，亦無見夢者等，一切法皆無實事，皆以無性而爲自性。汝等虛妄分別力故，無色中見有色，乃至無無爲法中見有無爲法。當知蘊、處、界等一切法性，皆從衆緣和合建立，顛倒所起諸業異熟之所攝受。汝等何爲於是虛妄無實事法起實事想？是時菩薩修行般若，方便善巧，拔濟有情，令修施等一切佛法。若諸有情耽著有爲施等及果，以諸方便安慰拔濟，令住三乘。如是菩薩觀察安住畢竟無際二空，雖知諸法如夢、響等，而能安立是善、是非善等，皆無雜亂，甚奇希有。次更分別菩薩甚奇希有之法，謂住異熟生布施等法，及四攝等。善現白佛：若一切法，一切有情，自性畢竟皆不可得，云何菩薩修行布施等，安住内空等，乃至住異熟生六神通已，爲諸有情説法？世尊，不可得中無有情，無有情施設，無色等，無色等施設。一切有情法及施設既不可得，云何菩薩爲諸有情説法？何以故？菩薩行深般若時，尚不得菩提，況有菩提分法可得？尚不得菩薩，況有菩薩法可得？佛言：如是。一切有情，有情施設，一切法，法施設，皆不可得，無所有故。當知内空，乃至無性自性空，真如空，乃至不思議界空，苦聖諦空，集、滅、道聖諦空，色空，乃至八十隨好空。見一切法皆悉空已，爲諸有情説法，令離顛倒，而於有情及法都無所得，於諸空相不增不減，無取無捨。由是雖説諸法，而無所説，於一切法得無障智，不壞諸法無二分別。如化如來教所化衆，雖不分別破壞法相，而能如實安立有情，住所應住，雖於有情及法都無所得，而令有情解脱妄想顛倒執著。所以者何？色等本性無縛無脱，則非色等，畢竟淨故。復次，以無所住爲方便故，住色空等。色等無所住，色空等無所住。色等無自性不可得，色空等無自性不可得，非無自性不可得法有所住故，非無性法住無性法，非有性法住有性法，非無性法住有性法，非有性法住無性法，非自性法住自性法，非他性法住他性法，非自性法住他性法，非他性法住自性法。何以故？是一切法皆不可得，不可得法當何所住？菩薩以是諸空修遣諸法，亦能如實説示有情。善現白佛：若真法界、真如、實際無轉越者，色等與法界、真如、實際爲有異不？佛言：不異。又問：若不異者，云何世尊安立黑法感黑異熟，白法感白異熟，非黑非白法感非黑非白異熟？佛言：依世俗諦安立，不依勝義。勝義諦中不可説有因果差別，色等無生無滅，無染無淨，以畢竟空、無際空故。又問：若依世俗安立因果，不依勝義者，則愚夫異生皆應有三乘果。佛言：愚夫異生不如實知世俗諦及勝義諦，無聖道，無修聖道，云何有聖果？唯諸聖者如實知二諦，有聖道，有修聖道，得有聖果差別。又菩薩自於諸法無所執著，亦能教他於法無所執著。無執著故，於一切處皆得無礙。如佛所變化者，雖行施等，而於彼果不受不著，唯爲有情般涅槃故。

諸法平等品第六十九：善現白佛：云何於一切法善達實相？佛言：如佛所變化者，不行於貪等，乃至不行於道果，於一切法都無所行，是爲善達諸法實相，謂於法性都無分別。又問：一切色等皆如化不？佛言：如是，一切法皆如化。又問：諸所變化皆無實色等，云何菩薩於諸有情有勝士用？佛言：菩薩頗見有情可脱三界不？答言：不也。佛言：菩薩於一切法知見通達，皆如幻化。又問：爲何事故修行施等？佛言：若諸有情能知皆如幻化，則菩薩不應無數劫爲有情行道。以有情自不能知皆如幻化，是故菩薩爲諸有情行道。復次，若菩薩不如實知皆如幻化，則不應無數劫修菩薩行，嚴淨佛土，成熟有情。以如實知皆如幻化，故無數劫修菩薩行。又問：若一切法如夢、幻等，所化有情住在何處，拔濟令出？佛言：住在名相虚妄分别，拔濟令出。名皆是客，皆是假立，皆屬施設，謂此名色等。愚夫妄執，菩薩教令遠離，説離名法相有二種：一、色相，二、無色相。愚夫執著，取相分别，生諸煩惱。菩薩教令遠離二相，雖教安住無相界中，而不令其墮二邊執，謂此是相，此是無相。又問：若一切法但有名相，皆是假立，分别所起，非實有性，云何於諸善法能自增進，亦能令他增進？佛言：若諸法中少有實事，非但假立有名相者，則應於善法不自增進，不令他進。以諸法中無少實事，是故以無相爲方便，能圓滿般若等諸善法，亦令他滿。復次，若諸法中有毛端量實法相者，則菩薩於一切法，不應覺知無相、無念，亦無作意、無漏性已，證得菩提，安立有情於無漏法。何以故？諸無漏法皆無相、無念、無作意故，安立有情於無漏法，乃名真實饒益他事。復次，菩薩學三脱門，則能學五藴等無量無邊佛法。次廣答學五藴等。又問：若行般若時，如實了知五藴等法展轉差别，豈不以色等壞法界耶？法界無二，無差别故。佛言：若離法界，餘法可得，可言彼法能壞法界。然離法界無法可得，故無餘法能壞法界。菩薩應學法界無二無别不可壞相。又問：欲學法界，當於何學？佛言：當於一切法學，以一切法皆入法界故，不由佛説。若學一切法，即學法界。又問：若一切法皆入法界，無二無别，云何菩薩當學般若，亦學静慮等？非法界中有如是等種種分别，將無由此分别，行於顛倒，無戲論中起諸戲論？世尊，法界非色等，亦不離色等，法界即色等，色等即法界。佛言：如是，色等非法界，亦不離色等别有法界，色等即法界，法界即色等。菩薩知一切法即法界，以方便善巧無名相法，爲諸有情寄名相説，謂此是色等。如幻師幻作種種，無有實事可得。

閲藏知津卷第二十一

北天目沙門釋智旭　彙輯

大乘經藏　般若部第三之六

不可動品第七十：善現白佛：若有情及有情施設畢竟不可得，菩薩爲誰修行般若？佛言：以實際爲量故，修行般若。以有情際不異實際，以不壞實際法，安立有情於實際中。問言：若有情際即是實際，則爲安立實際於實際，則爲安立自性於自性。佛言：不可安立實際於實際，亦不可安立自性於自性。然般若方便善巧，能安立有情於實際中，而有情際不異實際。如是有情際與實際，無二無二分。又問：何等名爲方便善巧？佛爲廣説。又問：本性空中，有情及法俱不可得，亦無非法，云何菩薩爲諸有情求證菩提，常作饒益？

佛言：以一切法皆本性〔一〕空，是故菩薩住一切法本性空理，修證菩提，爲饒益有情，説本性空法。復次，本性空中，我等不可得，色等不可得，雖爲有情説本性空，而諸有情實不可得，哀愍彼墮顛倒法故，拔濟令住無顛倒法，謂無分別，此無所有，即本性空。菩薩安住此中，見諸有情墮顛倒想，方便善巧，令得解脱無我我想，乃至亦令解脱無菩提菩提想。當知此中無我可得，乃至亦無菩提可得。菩薩唯爲諸法本性空故，求趣菩提。是本性空，前、後、中際，常本性空，未曾不空。即本性空，名爲佛眼。善現白佛：菩薩甚爲希有，行本性空，而於本性空曾無失壞，謂不執色等異本性空。世尊，色等即是本性空，本性空即是色等。佛印述之。復次，若色等異本性空，本性空異色等，色等非本性空，本性空非色等，則菩薩不應觀一切法皆本性空，證得菩提。以色等不異本性空云云，是故觀一切法皆本性空，證得菩提。以離本性空，無有一法是實是常，可壞可斷，本性空中，亦無一法是實是常，可壞可斷。唯諸愚夫迷謬顛倒，起別異想，謂執色等異本性空，不如實知色等，便執著色

〔一〕「性」下，原有「不」，康熙本、乾隆本同，據南藏、北藏删。藏經原文作「善現，若一切法本性不空，諸菩薩摩訶薩修行般若波羅蜜多時，不應安住本性空理，修證無上正等菩提，爲饒益有情，説本性空法。善現，以一切法皆本性空，是故菩薩摩訶薩修行般若波羅蜜多時，住一切法本性空理，修證無上正等菩提，爲饒益有情，説本性空法。」

等，計我、我所，著内外物，受後身〔一〕色等。菩薩住本性空，修行般若，不執受色等，亦不壞色等若空若不空。所以者何？色等不壞空，空不壞色等，謂此是色等，此是空。譬如虚空不壞虚空，如是諸法俱無自性，不可相壞，謂此是空，此是不空。善現白佛：本性空中都無差别，菩薩爲何所住，發無上心？無上菩提無二行相，非二行相能證菩提。佛言：如是，菩提無二，亦無分别。若行二相有分别者，必不能證。菩薩不於菩提行於二相，亦不分别，都無所住，發無上心，於一切法不行二相，亦不分别，都無所行，則能趣證菩提。謂不於色等行，不緣名聲執我、我所，不作是念：我行於色等。復次，菩薩所有菩提，非取故行，非捨故行。如佛化身，如羅漢夢，都無行處，水性空故。又問：若都無行處，豈不行布施等？佛言：菩薩所有菩提，雖無行處，而要行施等，乃得菩提。又問：若無行處，將無不住施等，久修令滿？佛言：雖無行處，而要住施等，久修令滿，乃得菩提。復次，菩薩欲得菩提，應住色等本性空，應住一切法、一切有情本性空，修諸功德，令圓滿已，便證菩提。是本性空最極寂静，無有少法能增能減，能生能滅，能斷能常，能染能浄，能得果，能現觀。依世俗言説施設法故，説修般若，如實了知本性空已，證得菩提，非真勝義。真勝義中，無色等

〔一〕「身」，原無，康熙本、乾隆本同，據北藏補。

可得。菩薩修行般若，從初發心，雖極猛利，爲諸有情行菩提行，而於此心，於諸有情，於大菩提，於佛、菩薩，都無所得。善現白佛：云何行菩提行？云何能得菩提？佛言：汝得果時，頗見有情若心、若道、若諸道果有可得不？答言：不也。佛言：云何言得阿羅漢果？答言：依世俗説，不依勝義。佛言：菩薩亦復如是。成熟有情品第七十一：善現白佛：若菩薩修行布施等，安住内空等，若未圓滿，不能證得菩提，云何修菩薩道，令得圓滿？佛言：菩薩方便善巧，修行布施等，不得布施等，不得能修，不得所修，不得所爲，亦不遠離如是諸法，而行布施等，則能圓滿修菩薩道，能證菩提。舍利子問：云何勇猛正勤，修菩薩道？佛言：方便善巧，不和合色等，不離散色等，以如是諸法皆無自性可合離故。又問：若一切法都無自性可合離者，云何引發般若於中修學，能得菩提？佛言：如是。要學般若，乃證菩提，非無方便善巧而可證得。菩薩行般若時，不見有法自性可得，當何所取？如實了知一切法性皆不可取，是不可取波羅蜜多，即是無障波羅蜜多，即是般若波羅蜜多，應於中學。又問：若一切法都非實有，依何等事而可了知此是異生，此是異生法，乃至此是如來，此是如來法？佛言：爲實有色等，如諸愚夫異生執不？一一答言：不也，但由顛倒愚夫異生有如是執。佛言：菩薩修行般若，方便善巧，雖觀諸法都非實有，而依世俗發趣菩提，爲有情説，令得正解。又問：云何方便善巧，雖觀諸法皆無自性，而依世俗發趣菩提，爲有情説，令離顛倒？ 佛言：方便善巧者，謂都不見有少實法可於中住，而有罣礙，有退没，心劣弱，生懈怠，唯有愚夫迷謬顛倒，執著色等。菩薩觀一切法本性空寂，自性空寂，修行般若，爲有情説法，令得三乘，於諸有情非有所得，唯有世俗假説有情。菩薩安住二諦，爲有情説法，雖二諦中有情不可得，有情施設亦不可得，而方便善巧，爲有情説法。有情聞已，於現法中尚不得我，何況當得所求果證？ 舍利子，若有情類，諸趣生死，先有後無，菩薩、如來應有過失。先無後有，理亦不然。如來出世，若不出世，法相常住，終無改轉。尚無我等，況有色等？ 既無諸法，何有諸趣生死？ 生死既不可得，云何令得解脱？ 唯依世俗，假説爲有。以如是法自性皆空，菩薩從過去佛如實聞已，爲脱有情顛倒執著，發趣菩提，於發趣時，不作是念：我於此法已得當得，令彼有情已度當度。是菩薩常於菩提不起猶豫，雖脱有情迷謬顛倒諸趣生死，而無所得，但如幻事。善現白佛：云何修行布施方便善巧，成熟有情？ 佛廣答之。又問浄戒及餘大菩提道，佛略答之。嚴浄佛土品第七十二：善現念言：何法名菩薩道？ 佛言：六度、三十七品、二十空等總一切法，皆菩薩道。若菩薩不學一切法，終不能得一切智智。善現問言：若一切法自性皆空，云何學一切法？ 佛言：以一切法自性皆空，是故菩薩能得菩提。若諸有情知一切法皆自性空，則菩薩不應學一切法，證得菩提，爲有情説。菩薩初修學時，應審觀察諸法自性，都不可得，唯有執著和合所作。我當審察皆畢竟空，不應執著色等。雖無執著，而於諸法常學無倦。觀察了知有情心行，但行虚妄所執。方便善巧，教授教誡，令修施等，令勿恃此而生憍逸，此中都無堅實事故。如是以無所住而爲方便，雖行施等，而無所住，以如是自性、行者、行相，一切空故。善現白佛：若一切法皆不生者，云何菩薩起菩提道？佛言：諸無所作無所趣者，知一切法皆不生故。然諸有情不了諸法、法界，法爾常住，菩薩爲饒益故，起菩提道。又不用道得菩提，亦不用非道得菩提。菩提即是道，道即是菩提。菩薩若已圓滿施等妙法，以一刹那金剛喻定相應妙慧，永斷二障麤重習氣相續，證無上覺，乃名如來，於一切法得大自在，盡未來際利樂有情。又問：云何嚴浄佛土？佛言：從初發心，乃至究竟，常清浄自他三業麤重，則能嚴浄佛土。十惡是麤重，五分不清浄，六蔽，離三十七品等一切善法，貪二乘果證，起色等想，皆名麤重。遠離是已，自行施等，教他亦爾。持此善根，與諸有情平等共有，迴向所求嚴浄佛土，令速圓滿，利樂有情。又以通願力，施妙七寶、妙音樂、妙香華、妙飲食、塗香、衣服、妙五塵境，供三寶等。又自住内空等，修四念住等，亦勸他住等。一一發願迴向，由此便能嚴浄佛土，自他成就善法，莊嚴相好。又成正覺時，所化有情咸生彼土，土中不聞有三惡趣等聲，但聞空、無相、無願等聲。十方如來皆稱讚彼名，及自説法，有情不疑。又於所化衆生，不具善根，墮惡趣者，以神通方便教化，令離惡趣，修習勝行，定得無上正等菩提。　淨土方便品第七十三：善現白佛：菩薩住何等聚？佛言：正定聚。又問：何乘正定聚？佛言：佛乘。又問：何時安住？佛言：初心、不退、最後身，皆悉安住。又問：爲墮惡趣不？佛言：由菩薩初發心時修諸勝行，伏斷一切惡不善法，不墮八難。善現白佛：何故世尊説自本生，亦生惡趣？爾時善根爲何所在？佛言：非由不淨業，受惡趣身，但爲利樂有情，由故思願而受彼身，不爲傍生過失所染。菩薩爲得菩提，一切善法皆應圓滿。若一切善法未能圓滿而得菩提，無有是處。受傍生身，如佛化作，如羅漢化，亦如幻作，安住般若，能作如是善巧方便。又問：云何引發神通，能往十方供佛聞法，種諸善根？佛言：由徧觀空方便善巧，能引發殊勝神通自在，成熟有情，嚴淨佛土，證得菩提。若遠離神通，如鳥無翅，不能飛翔。菩提資糧未具，不得菩提。一切善法皆是菩提資糧。　無性自性品第七十四：佛答善現：如是法即菩薩法，亦即佛法，雖位有異，而法無別。善現又問：自相空中，云何得有種種差別？佛言：有情於一切法自相空理，不能盡知，造作諸業，罪業墮三塗，福業生人天，不動業生上二界，無漏業得二乘果。若知諸法自相皆空，或入菩薩地，或證佛菩提。由此因緣，諸菩薩修行布施等，安住内空等，令圓滿已，證得菩提，説名如來，利樂有情，諸有所爲，常無失壞，不墮輪迴。又問：佛證菩提，爲得諸趣生死法不？爲得黑業、白業、黑白業、非黑白業不？佛皆言：不也。又問：

云何施設此是地獄，乃至此是如來？佛言：以諸有情不知諸法自相空故，流轉受苦。菩薩聞一切法自相空已，求證菩提，設教拔諸有情生死。又問：爲由四諦得涅槃，爲由四諦智得涅槃？佛言：非由四諦、四諦智得涅槃，我説四諦平等性即是涅槃，但由般若證平等性，名得涅槃。菩薩修行般若時，無有少法不如實見。於一切法如實見時，都無所得，則如實見一切法空，能入菩薩正性離生，即住菩薩種性地中，不從頂墮，安住奢摩他地，能決擇一切法，及隨覺四聖諦，起隨順趣向臨入菩提之心，於一切法觀察實相。次更爲廣説夢喻、像喻、響喻、陽燄喻、光影喻、幻事喻、變化喻、尋香城喻。勝義瑜伽品第七十五：善現白佛：諸見實者，無染無淨，不見實者，亦無染無淨，乃至無自性、有自性法，亦無染無淨，何故有時佛説有清淨法耶？佛言：我説一切法平等性，爲清淨法，依世俗説，不依勝義。勝義諦中無分別，無戲論，一切音聲名字路絶。又問：若一切法如夢、像等，云何菩薩依止如是非真實法，發菩提願？佛言：汝所説法，豈不亦如夢、像等耶？答言：如是。云何菩薩行般若時，發誠諦言，我當圓滿一切功德，利樂有情？非夢所見物等能行布施等法，況能圓滿？佛言：如是，如汝所説。非實有法，尚不能行施等，況能圓滿？復次，施等非實有故，不能證得菩提。如是諸法，一切皆是思惟所造作法，皆不能得一切智智。如是諸法，於菩提道雖能引發，而於其果無資助能，由是諸法無生、無起、無實相故。菩薩從初發心，雖起種種身、語、意善，而知一切如夢、像等。復次，如是諸法雖非實有，若不圓滿，決定不能成熟有情，嚴浄佛土，證得菩提。復次，菩薩隨所修行一切善法，皆如實知如夢、像等。復次，菩薩於一切法不取爲有，不取爲無。何以故？施等不可取故，乃至無爲法亦不可取故。知一切法不可取已，求趣菩提。所以者何？以一切法皆如夢等，然諸有情不知不見，爲度彼故，求取菩提。復次，菩薩從初發心，爲有情故，修行施等，不爲己身，非爲餘事。復次，菩薩見諸愚夫於非我中而住我想，乃至非使見者而住使見者想，深生憐愍，方便教他，令離顛倒妄想執著，安置無相甘露界中。由此方便，自於諸法無所執著，亦能教他無所執著。此依世俗，不依勝義。佛證菩提所得佛法，亦依世俗故説，若依勝義，能得所得俱不可得。若謂此人得如是法，便執有二。執有二者不能得果，亦無現觀。執無二者亦復如是。若無二無不二，即名得果，亦名現觀。善現復問：何謂法平等性？佛言：若於是處都無有性，亦無無性，亦不可説爲平等性，如是乃名法平等性。既不可説，亦不可知。除平等性無法可得，離一切法無平等性。異生、聖者俱不能行，非彼境故。又問：如來於一切法皆得自在，云何可言法平等性亦非所行境耶？佛言：如來於一切法雖得自在，若平等性與佛有異，可言是所行境。然平等性與佛無異，云何可説佛行彼境？又問：平等性中，異生、聖者、法及有情俱無差別，云何三寶出現世間？佛言：佛、法、僧寶與平等性，各有異耶？答言：皆無有異，然佛於無相中，方便善巧建立差別。佛言：如是。若佛不證菩提；設證菩提，不爲有情施設諸法差別之相，有情能自知此是地獄，乃至此是如來等不？答言：不也。佛言：是故佛於無相法，方便善巧，雖爲有情施設差別之相，而於平等法性都無所動。又問：一切異生等，亦於平等法性無所動不？佛言：如是。又問：若一切法平等性，令一切法及諸有情相各異故，性亦應異，是則法性亦應各異，云何於諸異相法等，可得安立法性一相？云何菩薩修行般若，不分別法及諸有情有種種相？若不分別，則應不能修行般若，不能從一地至一地，不能趣入正性離生，超二乘地，不能圓滿神通，乃至不能證得菩提。佛言：諸色等法性是空性不？答言：如是。佛言：於空性中，色等異相爲可得不？答言：不也。佛言：由此當知，平等法性非色等，不離色等。又問：平等法性是有爲，是無爲？佛言：非是有爲，非是無爲。然離有爲法，無爲法不可得；離無爲法，有爲法亦不可得。即有爲、無爲平等法性，説名勝義。修般若時，不動勝義，而行菩薩行。

無動法性品第七十六：善現白佛：平等法性，皆本性空，於有無法，非能所作，云何不動勝義，而作菩薩所應作事？佛言：若諸有情自知諸法皆本性空，則佛、菩薩不現神通作希有事，謂於諸法本性空中，雖無所動，而令有情遠離妄想顛倒，安住無爲界，解脱生死苦。無爲界者，即諸法空。依世俗説，名無爲界。又問：由何空故，説諸法空？佛言：由想空故。復次，無一法非化，是諸化者無不皆空，依如是法，施設異生，乃至如來。又問：世間〔一〕蘊、處、界等，可皆是化，出世波羅蜜多等，豈亦是化？佛言：無非是化，然有是聲聞所化，有是獨覺所化，有是菩薩所化，有是如來所化，有是煩惱所化，有是善法所化。由此説一切法皆如變化。若法不與生滅相合，是法非化，即是涅槃。又問：佛説無有少法非自性空，云何涅槃可言非化？佛言：此自性空，非佛等所作，其性常空，此即涅槃，非實有法名爲涅槃，可説無生、無滅、非化。

常啼菩薩品第七十七：善現白佛：云何教授教誡初業菩薩，令其信解諸法自性畢竟皆空？佛言：豈一切法先有後無？然一切法非有非無，無自性，無他性，先既非有，後亦非無，自性常空，無所怖畏。應如是教初業菩薩，令其信解。復次，欲求般若，應如常啼菩薩，今在大雲雷音佛所，修行梵行。本求般若時，不惜身命，不顧珍財，不徇名譽，不希恭敬。居阿蘭若，聞空中聲，從是東行。復作是念：我寧不問至何城邑，復從誰聞？悲泣歎恨。有佛像現，爲説過五百踰繕那妙香城中法涌菩薩。常啼聞已，於一切法中起無障智見，即入五十四三摩地，見十方佛宣説般若，咸共廣讚，令歡喜已，忽然不現。常啼從三昧起，作是思惟：佛從何來？今往何所？我當疾詣法涌菩

〔一〕「間」，底本作「界」，康熙本、乾隆本同，據北藏改。

薩，彼能爲我斷如是疑。漸次至一大城，高唱賣身。魔隱蔽其聲，不令人聞。唯長者女宿善根力，魔不能蔽。帝釋化作少婆羅門試之，買血、髓、心。常啼出血，出髓，將欲剖心，長者女止之。帝釋愧謝。長者女白父母同往，至妙香城，以供養具分作二分，先持一分詣寶臺所，供養般若，復持一分供養法涌菩薩。菩薩威神，令所散華合作一妙華臺，香成一妙香蓋，衣成一妙寶帳。長者女并諸眷屬皆發無上心願。常啼自述始末，并問佛從何來，今往何所。

法涌菩薩品第七十八：法涌告常啼言：法身無所從來，亦無所去，諸法實性皆不動故。兼説陽燄、幻事、鏡像、谷響、光影、尋香城、變化事、夢所見等喻。若執如來身是名是色，有來有去，迷法性故，愚癡流轉，遠離般若。若於甚深法義能如實知，不執佛身是名是色，亦不謂佛有來有去，由不執故，能行般若，勤修佛法，鄰近菩提。復次，如海中寶，非十方來，非有情作，亦非無因緣生。有情善根力故，海有寶生，善根力盡，令彼滅没。諸有爲法，緣合故生，緣離故滅，都無生者滅者，是故諸法無來無去。佛身亦然，依本修淨行圓滿爲因緣故，及依有情先修見佛業成熟故，有如來身出現於世，因緣和合力盡，即便滅没，是故諸佛無來無去。又如箜篌，種種因緣和合，而有聲生。是聲生位，無所從來，於息滅時，無所至去。佛身亦爾。説是法時，大千六種變動，八千衆生證無生忍，八十那庾多衆生發無上心，八萬四千衆生生淨法眼。常啼上昇虛空七多羅樹，帝釋化作無量香華助之，奉散供養，下禮雙足，以身奉充給使。時長者女及諸眷屬亦以身奉常啼。常啼以奉法涌，法涌受已，還施常啼。日將欲没，法涌還宫。常啼於七歲中，不坐不卧，唯行唯立，長者女等亦爾。過七歲中，空中聲言：卻後七日，法涌當從定出，宣説正法。常啼敷師子座，求水灑地，魔隱蔽水。常啼刺身出血，長者女等亦爾。帝釋變血成栴檀水，化作妙華，奉施常啼。常啼受已，分作二分，一分嚴布其地，一分擬奉大師〔一〕。法涌過七日已，昇座宣説般若。常啼聞已，得六十億三摩地門，現見十方各恒沙佛，聞説如是般若。結勸品第七十九：先向善現結勸，次囑阿難受持。已上共四百卷。

〔一〕「大師」，康熙本作「法涌」，乾隆本和底本改爲「大師」，意義相同。

閱藏知津卷第二十二

北天目沙門釋智旭　彙輯

大乘經藏　般若部第三之七

○第二分　緣起品第一：佛住鷲峰山，與五千苾芻、五百苾芻尼等俱，並如初分中說。歡喜品第二：佛知有緣衆一切來集，告舍利子言：菩薩欲於一切法，等覺一切相，當學般若。舍利子歡喜禮問，佛言：應以無住而爲方便，安住般若，所住能住不可得故。復以無所得而爲方便，應修習四念住，乃至無量無邊佛法，如是諸法不可得故。復次，欲疾證一切智智，乃至成就無量功德，當學般若。若修行般若，天、人歡喜。舍利子問：菩薩決定〔一〕有父

〔一〕「定」，原無，康熙本、乾隆本同，據北藏補。

母、妻子等耶？佛言：或有或無，或示受五欲，厭捨出家。觀照品第三：舍利子問：云何修行般若？佛言：應如是觀，不見有菩薩，不見菩薩名，不見般若，不見般若名，不見行，不見不行。何以故？菩薩自性空，菩薩名空，色等自性空，不由空故。色等空，非色等。色等不離空，空不離色等。色等即是空，空即是色等。如是自性，無生無滅，無染無淨，不見生滅染淨故，不生執著。觀一切法但有名，實不可得。如是修行般若，除諸佛慧，二乘等慧所不能及，以不可得空故。舍利子問：三乘般若差別既不可得，云何説菩薩所修般若，二乘所不能及？佛言：菩薩皆作是念：我當修行六度，成熟有情，嚴淨佛土，滿佛十力等法，度無量衆。譬如日光照無不徧。二乘如螢，無如是念。依菩薩故，一切善法出現世間，便有人天三乘。又問：與何法相應故，言與般若相應？佛言：與色等空相應故，不見色等若相應若不相應，若生若滅，若染若淨，無有少法與法合者，以本性空故。復次，入一切法自相空已，不觀一切法若合若散。復次，不著色等有性無性，常無常，乃至無願有願。不作是念：我行般若，不行般若，亦行亦不行般若，非行非不行般若。不爲布施，乃至不爲平等性故，修行般若，以不見諸法性差別故。如是與般若相應，則能安立無量有情於涅槃界，魔不得便，佛、菩薩皆護念，諸天擁護，苦報轉輕，常不離佛。是菩薩不見諸法與空相應，亦不見空與諸法相應，是爲第一與空相應，普能引發十力等佛法，畢竟不起慳貪、犯戒等心。舍利子問：與般若相應菩薩，從何處來生？從此生何處？佛言：有從餘佛土來，有從覩史天來，有從人中來。從此間没，生餘佛土，常得值佛。次廣分別無方便善巧、有方便善巧種種差別之相，乃至浄五眼，發六通，不自高舉，於著不著，俱無所著。説此修行般若獲勝利時，三百苾蒭以衣奉佛，發無上心。佛授其記。一萬有情各隨願力生萬佛土。

無等等品第四：舍利子、大目連、善現、大飲光、滿慈子等，同讚菩薩般若，佛印成之。

舌根相品第五：世尊現舌根相，量等大千，出無數光，照十方界。十方無量菩薩皆來供養，諸天亦來供養。佛令供具合成臺蓋，量等大千。百千俱胝那庾多衆悟無生忍，佛授其記。

善現品第六：佛告善現：汝以辯才，爲菩薩宣説般若。善現白佛：我都不見有一法可名菩薩，可名般若，云何令我爲菩薩宣説般若？佛言：菩薩唯有名，般若唯有名，如是二名亦唯有名，不生不滅，唯假施設，不在内、外、兩間，不可得故。如世間我等、色等，唯有假名。如是假名不生不滅，唯假施設謂爲〔一〕我等。菩薩於一切法，名假、法假、方便假，應正修學。不應觀色名若常無常、樂苦、我無我、浄不浄、空不空、有相無相、有願無願、寂静不寂静、遠離不遠離，雜染清浄、生滅，乃至意觸爲緣所生諸受，名亦如是。若菩

〔一〕「爲」，原作「唯」，康熙本、乾隆本同，據北藏改。

薩，若菩薩名，若般若，若般若名，皆不見在有爲界中，亦不見在無爲界中。於一切法不作分別，能修布施等，能住内空等，善達實相，於名、法假如實覺已，不執著一切法，增益六度，趣入正性離生，見佛聞法，一切陀羅尼門、三摩地門皆得自在。復次，即色等是菩薩不？離色等有菩薩不？善現一一答言：不也。佛言：善哉！若菩提，若薩埵，若色等法，不可得故，菩薩及所行般若亦不可得。菩薩應如是學。復次，即色等真如是菩薩不？離色等真如有菩薩不？善現一一答言：不也。佛言：善哉！色等法不可得故，色等真如亦不可得，菩薩及般若亦不可得，應如是學。復次，色等增語、色等常無常等增語是菩薩不？善現一一答言：不也。佛言：善哉！色等法及常無常等不可得故，增語亦不可得，菩薩及般若亦不可得，應如是學。復次，諸法不見諸法，諸法不見法界，法界不見諸法，法界不見法界。有爲界不見無爲界，無爲界不見有爲界，非離有爲施設無爲，非離無爲施設有爲。菩薩於一切法都無所見，其心不驚、恐、怖、沈没、憂悔，應如是教誡教授諸菩薩，令於般若皆得成辦。

入離生品第七：善現白佛：菩薩欲圓滿六度，欲徧知一切法，欲斷一切惡，修一切善，得一切佛法，滿一切有情心願等，當學般若。舍利子問：何名頂墮？善現答言：無方便善巧而行六度，住三脱門，退墮二乘地，是名頂墮。若不見空，依空觀空，如實知色等不應執，知心本性清淨，無變異，無分別，一切法亦無變異，無分别。能如是學，住不退地，則爲徧學三乘諸法。　勝軍品第八：善現白佛：我於菩薩及般若，皆不知不得，云何令我以般若相應法教菩薩？我於色等一切法若增若減，不知不得，如何可言此是色等？是色等名皆無所住，亦非不住，是色等義無所有故。我於菩薩及般若若義若名，不知不得。若以是法教諸菩薩，我當有悔。若菩薩聞如是説，心不沈没、憂悔，不驚、恐、怖，決定已住不退，以無所住方便而住。若無方便善巧，我、我所執所纏擾故，心住色等，於色等作加行，不能攝受修學圓滿般若，不能成辦一切智智。何以故？色等不應攝受，便非色等，本性空故。乃至其所攝受修學圓滿甚深般若，亦不應攝受，便非般若，本性空故。以本性空觀一切法，心無行處，是名無所攝受三摩地，不共二乘。其所成辦一切智智，亦不應攝受，便非一切智，以内空故，乃至無性自性空故，非取相修得。諸取相皆是煩惱，若取相修得一切智智者，勝軍梵志於一切智智不應信解。彼生淨信，由勝解力，思察一切智智，不以相爲方便，亦不以非相爲方便，以相與非相俱不可取故。雖名隨信行，而能以本性空悟入一切智智，不取諸相，乃至涅槃亦不取著。菩薩雖於一切皆無所取，而以本願所行未滿，所證未辦，終不涅槃。雖能圓滿所行，成辦所證，而不見四念住，乃至十八不共法。以四念住即非四念住，乃至十八不共法即非十八不共法，以一切法非法非非法故。是菩薩雖不取著一切法，而能成辦一切事業。　行相品第九：善現白佛：菩薩無方便善巧，若行色等，是行其相，若行常無常等，是行其相，非行般若。又謂舍利子言：若於色等住想勝解，則作加行，不能解脱，尚不能證二乘，況證菩提？此名無方便善巧者。若不行色等，不行色等相，不行常無常等，不行常無常等相，有方便善巧故，能證菩提。是菩薩不取行，不取不行，不取亦行亦不行，不取非行非不行，於不取亦不取，由般若以無性爲自性故，是名無所取著三摩地，不共二乘。若菩薩於是勝三摩地，恒住不捨，速證菩提。復有健行三摩地等，略舉一百十五名，及餘無量無數三摩地門、陀羅尼門。若能恒善修學，亦令速證菩提。菩薩雖依一切法平等性，證入如是等持，而於平等性及諸等持，不作想解，以無所有中分別想解無容起故。佛讚印云：菩薩應如是學，於一切法都無所學。舍利子問：若爾，諸法如何而有？佛言：諸法如無所有，如是而有。若於如是無所有法不能了達，説名無明。由無明及愛勢力，分別執著斷常二邊，於諸法不知不見，不能出離三界，於三乘法不能成辦。若以無所得爲方便，速能成辦一切智智。

幻喻品第十：善現白佛：設有問言：幻士能學般若等，能成辦一切智智不？當云何答？佛言：色等與幻有異不？答言：色等不異幻，幻不異色等。色等即是幻，幻即是色等。佛言：幻有染淨生滅不？答言：不也。佛言：無染淨生滅法，能學般若，成辦一切智智不？答言：不也。佛言：於五蘊中起想等想，施設言説，假名菩薩不？答言：如是。佛言：假建立者，有生滅染淨不？答言：不也。佛言：無想，無等想，無施設，無言説，無假名，無身，身業，語，語業，意，意業，無染浄生滅法，能學般若，成辦一切智智不？答言：不也。佛言：菩薩以無所得而爲方便，修學如是甚深般若，速成一切智智。乃至若無方便善巧，不爲善友所攝受者，聞説是法，心驚、恐、怖。有方便善巧者，其心不驚、恐、怖。次更分别善友惡友之相。譬喻品第十一：佛答善現：無句義是菩薩句義，如空中鳥迹等。次釋善不善法等，次釋摩訶薩義。斷諸見品第十二：舍利子亦説摩訶薩義，以能説法，令斷諸見故。善現亦説摩訶薩義，發菩提心，不取著故。六到彼岸品第十三：滿慈子亦説摩訶薩義，普爲利樂一切有情，修行六度，於一一度皆修六度，令得圓滿，是名被大功德鎧故。乘大乘品第十四：舍利子問：云何菩薩乘於大乘？滿慈子答：以一切智智相應作意，大悲爲首，用無所得而爲方便，雖行六度等，而不得六度等。如實觀察一切，但有假名、施設、言説，不可得故。無縛解品第十五：善現白佛：云何菩薩被大乘鎧？佛言：六度、三十七品等，雖有所爲，而無其實，諸法性相皆如幻故。善現言：不被功德鎧，當知是爲被大乘鎧，以一切法自相空故。佛言：一切智智無造無作，一切有情亦無造無作，菩薩爲此事故被大乘鎧，由諸作者不可得故。善現言：色等無縛無解。滿慈子問：何等色無縛無解？答言：如夢、如響等色，去、來、現在，善、不善、無記等色，一切無縛無解，以一切法無所有故，遠離故，寂静故，無生滅染浄故。三摩地品第十六：善現白佛：何等是大乘相？齊何當知發趣大乘？從何處出？至何處住？爲何所住？誰乘而出？佛言：六度是大乘相，二十空、百千三摩地是大乘相。念住等品第十七：復次，四念住等、三十七品、於中身念住觀最詳。三解脱門、十一智、三無漏根、三三摩地、十隨念、四静慮等、十力、四無所畏、四無礙解、十八不共法、入諸字門，得二十種功德，是大乘相。修治地品第十八：答齊何當知發趣大乘之問，明初地修治十勝業等。出住品第十九：答從何處出、至何處住之問，謂從三界中出，至一切智智中住，然以無二爲方便故，無出無住。又答誰乘而出之問，都無乘是大乘出者，以若所、若能、若時、若處皆不可得故。菩薩修行般若，雖觀諸法皆無所有，畢竟浄故，無乘大乘而出住者，然無所得而爲方便，乘於大乘，從生死中出，至一切智智中住，盡未來際利樂有情。超勝品第二十：善現讚大乘超勝，佛廣明之。無所有品第二十一：廣明大乘與虚空等，普能容受，無來無去，無住可見，前、中、後際皆不可得，三世平等，超出三世，故名大乘。菩薩修行般若時，住此三際平等性中，精勤修學一切相智，無取著故，速得圓滿。隨順〔一〕品第二十二：滿慈子問：如來令善現説般若，今何故説大乘？佛言：般若、大乘二名，義無異故。

〔一〕「順」，康熙本無，乾隆本和底本補。

無邊際品第二十三：善現明三際、菩薩皆不可得，一切法無邊際故，菩薩亦無邊際。即一切法離一切法，菩薩不可得，諸法畢竟不生，但有假名，都無自性。舍利子一一重問，善現廣答。次白佛言：菩薩修行般若，觀察諸法無受、無取、無住、無著，亦不施設爲我，以不見一切法故，以一切法性空，無生滅故。一切法不生不滅，即非一切法，以一切法與不生不滅，無二無處，不生不滅法非一非二，非多非別故，一切法入無二法數。遠離品第二十四：舍利子問：云何菩薩？云何般若？云何觀察諸法？善現對曰：勤求菩提，利樂有情，名菩薩。具如實覺，徧知一切法相而無所執，名摩訶薩。有勝妙慧，遠有所離，遠有所到，名般若。觀一切法非常無常等，名觀察諸法。次白佛言：菩薩見一切法無生，畢竟淨故。舍利子言：六趣應無差別，三乘不應得果。善現對曰：非勝義中有三乘、六趣等。次明諸法不生，都無所依。次明應淨菩提道，有世、出世二種六度。次明大功德聚，皆由般若所辦，般若爲善法母，三乘從此生故。舍利子言：若菩薩住如是住，恒不捨離成就大悲相應作意者，則一切有情亦應成就菩薩，以一切有情亦於此住及此作意，常不捨離，則菩薩與有情應無差別。善現報言：善哉！能如實知我所説意，雖似難我，而成我意。何以故？有情非有故，無實故，無性故，遠離故，寂静故，無覺知故，當知如是住及作意亦非有，乃至無覺知。歷一切法，廣説亦爾。由此因緣，菩薩於如是住及此作意，常不捨離，與諸有情亦無差别，以一切法無差别故。佛讚印之。大千震動，佛笑顯益。帝釋品第二十五：諸天來集，佛光赫奕。帝釋重問：何謂般若？云何應住、應學？善現先勸諸天發心，次示以無所得而爲方便，思惟世間法皆無常、苦等。佛讚印之。善現白言：爲報恩故。又爲帝釋説如所應住、不應住相。舍利子念言：若一切法不應住，云何應住般若？善現謂言：同諸如來於一切法都無所住，亦非不住，以色等法無二相故。天子作念：呪句猶可了知，般若竟不能解。善現告言：我曾不説一字，汝亦不聞，當何所解？如化、如夢、谷響、幻事，説聽及解都不可得。天子復念轉深轉妙。善現告言：色等非深非妙，色等自性非深非妙。天子復念：善現所説，不施設色等。善現告言：從初發心，應住無説、無聽、無解甚深般若。信受品第二十六：天子作念：善現欲爲何等有情，樂説何法？善現告言：欲爲如幻、化、夢有情，樂説如幻、化、夢之法。諸聲聞及菩薩同問：誰能信受？阿難答以有能信受。善現告諸天子：其中實無能信受者。舍利子問：豈不於中説三乘法，乃至令得最勝妙辯？善現答言：誠如所説，此般若中，以無所得而爲方便，説三乘法等，由内空等故。散華品第二十七：諸天化華散供，佛令合成華臺。善現念爲從心化出，帝釋言：但變現耳。善現言：既非生法，則不名華，乃至一切法亦如是。佛答帝釋：善現不違色等假名，而説法性。善現謂言：菩薩知一切法但假名已，應學般若，不於色等學，不見色等可於中學故。舍利子問：何故不爲攝受色等，亦不爲壞滅色等故學？善現對曰：不見有色等可攝受，可壞滅，亦不見有能攝受及壞滅者，若能、若所内外空故。以無所學、無所成辦爲方便故，而學般若，則能成辦一切智智。次明諸法皆無依持，隨順世俗，説依佛力。次答菩薩所學般若，不應於色等求，不應離色等求。帝釋歎般若大，無量無邊，善現印之。授記品第二十八：天仙三返唱善。佛述見然燈佛得授記事，預命帝釋勤加守護。攝受品第二十九：佛爲帝釋説現法當來功德勝利。窣堵波品第三十：佛明修般若者，能降自他貪等刀仗，是大明呪等，書經功德勝於供設利羅。福生品第三十一：佛印帝釋歎經功德。功德品第三十二：諸天及佛皆勸帝釋受持般若。外道品第三十三：外道來求佛過，帝釋念般若退之，魔軍亦爾。天來品第三十四：慶喜白佛：何緣但讚般若？佛言：般若爲尊爲導故。帝釋更説功德，佛又廣説功德，并明諸天、龍、神來禮般若之相。是故經典隨所在處，應周帀除穢，掃拭塗治，香水散灑，寶座安措，香華珍寶莊嚴供養。設利羅品第三十五：帝釋答佛：於設利羅寧取般若，以諸佛身皆因般若生故。經文品第三十六：佛爲帝釋展轉較顯書經功德。帝釋白佛：應以種種巧妙文義，爲他演説。佛又較顯功德，并明説相似法、真正法不同之義。隨喜迴向品第三十七：慈氏菩薩與善現酬唱隨喜迴向之法，諸天讚美。大師品第三十八：舍利子向佛廣讚般若。佛言：般若即是大師。善現亦歎般若是大波羅蜜多。　地獄品第三十九：舍利子問：能信解者從何處來？乃至修習爲已久如？　佛言：從十方法會來，乃至信解甚久。　又爲善現分別修學久近之相，并説謗般若者墮三塗相。　清浄品第四十：佛與舍利子明一切法畢竟浄故，是法清浄，最爲甚深。　善現答帝釋問所起執著，佛又爲説微細執著。　無標幟品第四十一：善現問：云何應行般若？　佛言：不行色等若常若無常等。　善現白佛：菩薩如爲虚空擐功德鎧。會中有一苾芻作念：般若微妙難測，雖非有法，而亦非無。　佛讚印之，善現答天帝釋：若欲守護修般若者，不異守護虚空、幻、夢、化等。　諸天以佛神力，見十方各有千佛同説般若。　佛告善現：慈氏證菩提時，亦於此處宣説般若，乃至諸天慶慰唱言：今見第二轉妙法輪。　佛告善現：如是法輪，非第一轉，亦非第二。　於一切法，不爲轉故、還故，出現世間，但以無性自性空故，標幟名言皆不可得，是故名大波羅蜜多。　不可得品第四十二：善現廣歎，佛爲釋成。　東北方品第四十三：帝釋念聞經善根，舍利子讚信解功德。　佛答帝釋云何住習之問，又印舍利子甚深等讚。　舍利子又説王都前相等喻，佛讚印之，又印善現甚深等讚，次爲舍利子説此經從東南方，乃至最後於東北方興盛。　魔事品第四十四：佛爲善現説修行時留難魔事。　不和合品第四十五：次説學法與持法者種種兩不和合，皆爲魔事，及説惡魔所化作事。　佛母品第四十六：佛告善現：佛觀般若，如子護母。　示相品第四十七：諸天問：般若以何爲相？佛言：以空、無相、無願等爲相，依世俗説，不依勝義。當知般若遠離衆相，不應問言以何爲相，乃至一切法相，如來如實覺爲無相。般若不見色等故，名示色等相，能爲如來顯色等世間空，示色等世間遠離、寂静等。由是能示世間實相，名如來母，能生如來。又色等皆不可思議，不可稱量，無數量，無等等，以不可得故。於是四衆得益，菩薩得記。成辦品第四十八：佛答善現：般若能辦六度、十八空等，信解般若菩薩從人中來，或從他方佛處來，或從覩史多天來。船等喻品第四十九：佛爲善現説海船破喻，不取所依則溺死，能取所依則至岸。菩薩亦爾，不依般若，則退入二乘，能依般若，則定證菩提。及説度曠野等諸喻。初業品第五十：佛答善現：初業菩薩應親近真浄善友。調伏貪等品第五十一：善現白佛：誰於般若能生浄信勝解？若生信解心，何性、何相、何狀、何貌？佛言：心心調伏貪、瞋、癡等，爲性、相、狀、貌。真如品第五十二：諸天散華禮讚，佛印述之。又讚善現隨如來生，善現答之。大千震動。天又散華，善現復説真如相義，衆生獲益。六千菩薩成阿羅漢，佛告舍利子：此由不攝受般若，遠離方便善巧，如大鳥無翅故。次諸天謂菩提極難信解證得，善現謂極易信解證得。舍利子謂若易信解證得，不應有退屈者。善現問：色等有退屈不？色等真如有退屈不？離色等及色等真如有法有退屈不？舍利子一一答言：不也。然佛何故説三種乘？滿慈子令問：爲許有一菩薩乘不？善現以真如義反徵辯竟，結云：若菩薩聞説諸法真如不可得相，心不驚、恐、怖等，速證菩提，定無退屈。佛讚印之。善現請問：菩薩欲疾成辦菩提，當於何住？應云何住？佛應答之。二千菩薩得無生忍。不退轉品第五十三：佛爲善現説不退轉菩薩諸行、狀、相，乃至常得身、語、意淨，魔不能惑。轉不轉品第五十四：佛答善現：不退轉菩薩，既名不退轉，亦得名退轉，於色等想有退轉故。復次，不退轉菩薩當作上士，不作下士，常不遠離念佛作意、聞法作意生生之處，常不離佛，恒聞正法。甚深義品第五十五：善現白佛：惟願復爲菩薩説甚深義，令住其中，能修施等，令速圓滿。佛言：種種增語，皆顯涅槃爲甚深義，乃至色等亦名甚深，色等真如甚深故。色等真如非即色等，非離色等，是故甚深。次較顯如教住、如説學之功德，又較顯隨喜迴向功德，又答無數無量無邊之義。又明依止無增減無所有爲方便，修行般若，由此爲門，集諸功德，便證菩提。如焰燋炷，非初非後，不離初後。夢行品第五十六：舍利子問：夢中行此三三摩地，於深般若有增益不？善現答言：晝行有增益者，夢行亦有增益。次與彌勒菩薩問答。願行品第五十七：佛告善現：菩薩修行施等，爲諸有情發大願行。殑伽天品第五十八：授天女記。習近品第五十九：佛答善現：觀色等空，不令心亂，則不見法，不作證。未入定位，繫心於所緣；已入定時，不繫心於境，不退施等，不證漏盡。如壯士過曠野，如堅翅翔虚空等。　增上慢品第六十：佛爲善現説菩薩不退轉相，及説增上慢相。次明菩薩證菩提，應常親近真善知識。次説般若妙相，次較説經功德。　同學品第六十一：帝釋歎持説者，非少善根所能。佛爲較顯勝德。帝釋復爲一苾蒭廣明勝德，兼爲慶喜明仗佛力。佛又爲慶喜分别有惱亂、不惱亂之所由，次明菩薩與菩薩共住，相視應如大師。　同性品第六十二：佛答善現：内空等是菩薩同性，住此中學，名爲同學。又問：若一切法本性清浄，菩薩云何復於妙法而得清浄？佛言：於性浄中，精勤修學甚深般若，如實通達，遠離煩惱染著，故説復得清浄。復次，方便善巧威德力故，攝持、增長、導引一切波羅蜜多，如薩迦耶見，如命根。　無分别品第六十三：帝釋散華發願，問隨喜福，佛爲較顯。善現問：如幻心云何能證菩提？佛爲徵釋，并歎菩薩能爲難事。善現復言：不應説彼能爲難事，以所證、能證、證法、證者、證處、證時都不可得，如幻、如影，乃至如化、如機關等，無分别故。舍利子言：若一切法皆無分别，云何分别五趣、三乘？善現答言：有情顛倒惑業因緣，施設五趣差别。無分别故，施設三乘聖者。三世如來皆由分别斷故，可施設有種種差别。菩薩應行無所分别甚深般若，便能證得無所分别微妙菩提，覺一切法無分别性，盡未來際利樂有情。　堅非堅品第六十四：善現答舍利子：菩薩修行般若，行非堅法，不行堅法。又爲諸天明希有事，如欲調伏虚空，當知色等離故，即施等離。又答佛不沈不没之問，次問：何等菩薩爲佛讚歎？佛言：住不退轉位者，又隨不動佛爲菩薩時所行而學者，又隨寶幢、頂髻二菩薩所行而學者。實語品第六十五：佛爲帝釋歎善現住於勝住，然猶不及菩薩所住甚深行住。六百苾芻發菩提願，佛授其記。次以般若付囑慶喜，并現不動佛國，令大衆見，又出舌相，再囑慶喜。無盡品第六十六：佛答善現：般若、菩提，皆如虚空，不可盡故。應觀色等無盡故，引發般若。乃至魔皆愁苦。相攝品第六十七：佛答善現六度互相攝取之相。巧便品第六十八：佛答善現：菩薩成就巧方便者，發心甚久，乃至善根甚多。又般若雖於五度最爲前導，而無分别作用真實自體。菩薩爲有情故勤行六度，前五攝在般若，性無差别，爲度有情，假説差别。又般若於一切法都無所捨。若不思惟色等，便能增長善根，圓滿六度，證得菩提，乃至著無所有不可取法，則離般若。般若如轉輪王，一切善法隨行隨至，又能示現道非道相。又如實觀色等非相應非不相應，是能與六度常共相應，不相捨離。又般若是諸善法所趣向門，如水趣海。又應於諸法如實了知略廣之相。又應觀色等彫落故，破壞故，乃至性虚僞故，行深般若。如引虚空，引深般若，破壞諸法，修深般若。從初發心，至菩提座，應行、應引、應修，無容横起諸餘作意。又應學一切法皆不可施設而趣菩提，都無所行，是行般若。從初發心，常學無所得而爲方便，應修布施等，應住内空等。諸有二者名有所得，諸無二者名無所得。雖於諸法常樂決擇，而不得色等。以無爲無作而爲方便，行深般若。佛以浄五眼，求色等不可得，雖證一切智智，不住有爲界，亦不住無爲界，如變化者，度化有情，如來與變化佛俱爲真浄福田，諸法法性爲定量故。又一切法但有名相，唯假施設，名相性空。有情執著，沈淪生死。菩薩悲愍，發心行行，證得一切智智，拔濟令出，然諸名相無生無滅，亦無住異施設可得。又前際、後際俱不可得。達一切法自相空已，應行般若，無所執著。次釋般若不與諸法爲義非義。樹喻品第六十九：善現以空中種樹，喻菩薩能爲難事。佛以良田種樹之喻答之，次釋菩薩當知如佛，并較發心不退，乃至如來功德，展轉增勝。又答初發心菩薩恒正思惟一切智智，信解一切法皆無性爲性。菩薩行品第七十：佛答善現：當於色等空行菩薩行，不以二故，攝受修行六度，乃至證得一切智智，恒時增長一切善法。親近品第七十一：佛答善現：若不親近諸佛，圓滿善根，承事善友，尚不名菩薩，豈能證一切智智？偏學品第七十二：佛答善現：菩薩成就最勝覺慧，雖能受行清浄深法，而不攝受殊勝果報，於法自性能不動故。次明離四句，而有得有現觀。以一切法常無常等爲戲論，應離諸戲論，行深般若，偏學諸道，由菩薩道得入正性離生。於聖法毗柰耶中，應如是學甚深般若，修除遣一切法。若一切有二想者，定無布施等，下至順忍，彼尚非有，况能偏知一切法？况能得一切智智？漸次品第七十三：佛答善現：住無想者，亦無順忍。菩薩於一切法皆無有想，亦無無想，以無性爲聖道，以無性爲現觀。若一切法有少自性，或復他性爲自性者，佛不應通達一切法無性爲性已，入四禪，起五通，證菩提，度有情。菩薩初發心位，聞一切法及諸有情皆以無性爲性，證得此故，説名爲佛。乃至預流深信此故，名賢善士。故我定應發趣菩提，普爲有情得涅槃故，作漸次業，修漸次學，行漸次行，所謂六度、六念，乃至一切相智。無相品第七十四：佛答善現：以一切法皆以無性爲性，諸有情類具斷常見，住有所得，難可解脱。若無所得，即是得，即是現觀，即是菩提，以不壞法界相故。由此故得有初地，乃至十地，得有異熟神通、六度等法。由離諸相無漏心力，能於無相無作法中，圓滿一切功德。無雜品第七十五：佛答善現：安住如夢等五取藴中，爲諸有情布施、持戒、安忍、精進、修定、學慧，如實了知如夢等五藴皆同一相，所謂無相。若如是知而行施等，則能圓滿一切善法。衆德相品第七十六：佛答善現：愚夫異生於夢得夢，得見夢者，乃至於化得化，得見化者，顛倒執著，造三業行，往來生死。菩薩以二種空觀察諸法：一、畢竟空，二、無際空。安住二空，爲説正法。色等是空，離我、我所，如夢、如化，都無自性。又以方便神力，拔濟令出，得三乘果。次明菩薩甚奇希有之法，安住異熟六度、五通等，隨應攝受有情，布施、愛語、利行、同事、財施、法施，説三十七品乃至相好等法、四十二字母等，不壞諸法，無二分別，爲諸有情如實宣説，令離妄想顛倒執著，趣三乘果。譬如化佛教所化衆。又一切法不異真法界等，而依世俗施設因果差别。菩薩於諸法中自無執著，教他無執，善達諸法如實相故。　善達品第七十七：佛答善現：如所變化，於一切法都無所行，是爲善達諸法實相。以諸法但有假立名相，是故菩薩於諸善法能自增進，亦能令他增進。又如實知色等相，色等生滅，色等真如，是爲能學三解脱門，則能學一切法。又欲學法界，當於一切法學，知一切法即真法界，初、中、後際常無差别。　實際品第七十八：佛答善現：菩薩但以實際爲量，行深般若，由方便善巧力故，安立有情，令住施等，而不執著，觀本性空，都無所得，爲度執有情想及法想故，行道相智，得三乘道，趣證無上菩提，佛眼常無斷壞。　無闕品第七十九：佛答善現：菩薩具足殊勝方便善巧，修行施等，不得施等，亦不遠離施等，修菩提道。次答舍利子：不和合一切法，不離散一切法，諸法皆無自性可合離故。如實了知一切法性皆不可取，於一切法得無障礙，安住二諦，宣説正法，如化食施化衆等。又答善現：修行施等及餘大菩提道，皆能成熟有情。　道士品第八十：佛告善現：總一切法皆菩薩道，不學一切法，定不能得一切智智。審察諸法，皆畢竟空，不應執著，而於諸法學無厭倦。觀諸有情心行差别，如實了知但行虚妄所執，方便善巧教令遠離所執，修諸善行，然勿恃此而生憍逸。次明清淨自他三種麤重，能淨佛土。　正定品第八十一：佛答善現：是菩薩從初發心，至最後有，皆住菩薩正性定聚。次釋如來本生之疑，次明一切善法皆是菩提資糧。

佛法品第八十二：佛答善現：即菩薩法亦是佛法，由位有異，法性非異。　無事品第八十三：佛答善現：無性法中無業無果，亦無作用。愚夫不了，顛倒發業，受三界身。爲拔濟故，施設聖法及毗柰耶分位差別。廣説夢、像、響、燄、影、幻、變化、尋香城喻。　實説品第八十四：佛答善現：我説一切法平等性爲清浄法。菩薩知一切法不可取已，爲饒益彼諸有情故，求趣菩提，不爲己身，非爲餘事，乃至依世俗故，説得菩提。若執有二，不能得果，亦無現觀。執無二者，亦復如是。法平等性，非佛所行，以與佛無別故。又復法平等性，非即一切，非離一切，説名勝義。菩薩行深般若，不動勝義而行菩薩行，成熟有情，嚴浄佛土，證得菩提，説法度衆。　空性品第八十五：佛答善現：若有情自知諸法皆本性空，則佛、菩薩不現神通做希有事。又一切世出世法無非是化，然有聲聞化，有獨覺化，有菩薩化，有如來化，有煩惱化，有諸業化，乃至非實有法名爲涅槃，是故可説涅槃非化。又一切法先既非有，後亦非無，自性常空，不應驚怖。已上共七十八卷，與初分品有開合，文略義同，但無常啼、法涌二品。

閲藏知律卷第二十三

北天目沙門釋智旭　彙輯

大乘經藏　般若部第三之八

○第三分　緣起品第一：佛住鷲峰，與五億苾蒭等俱。餘並同初、二分，而九方文略。　舍利子品第二：與初分學觀〔一〕品至現舌相品同，而文較第二分又稍略。　善現品第三：與初分教誡教授品至淨道品同。　天帝品第四：與初分天帝品至歎衆德品同。　現窣堵波品第五：與初分攝受品同。　稱揚功德品第六　佛設利羅品第七　福聚品第八　隨喜迴向品第九　地獄品第十　歎淨品第十一　讚德品第十二　陀羅尼品第十三　魔事品第十四　現世間品第十五：與初分佛母品同。　不思議等品第十六　譬喻品第十七：

〔一〕「觀」，原作「現」，康熙本、乾隆本同，據北藏改。

與初分辨事品等同。　善友品第十八　真如品第十九　不退相品第二十　空相品第二十一　殑伽天品第二十二　巧便品第二十三　學時品第二十四　見不動品第二十五：即初分願喻品等。　方便善巧品第二十六：即初分無盡品等。　慧到彼岸品第二十七　妙相品第二十八　施等品第二十九　佛國品第三十　宣化品第三十一共五十九卷，與第二分開合不同，亦無常啼、法涌二品。

○第四分　妙行品第一：即善現、教誡品等〔一〕。　帝釋品第二　供養窣堵波品第三　稱揚功德品第四　福門品第五　隨喜迴向品第六　地獄品第七　清淨品第八　讚歎品第九　總持品第十　魔事品第十一　現世間品第十二　不思議等品第十三　譬喻品第十四　天讚品第十五　真如品第十六　不退相品第十七　空相品第十八　深功德品第十九：談夢覺義，較前三分更明暢。　殑伽天品第二十　覺魔事品第二十一　善友品第二十二　天主品第二十三　無雜無異品第二十四　迅速品第二十五　幻喻品第二十六　堅固品第二十七　散華〔二〕品第二十八　隨順品第二十九共一十八卷，隨順品中文，與初、二、三分

〔一〕「善現、教誡品」，即第三分善現品、初分教誡教授品。

〔二〕「華」，康熙本、乾隆本同，北藏作「花」。

不同。

○第五分　善現品第一　天帝品第二　窣堵波品第三　神呪品第四　設利羅品第五　經典品第六　迴向品第七　地獄品第八　清浄品第九　不思議品第十　魔事品第十一　真如品第十二　甚深品第十三　船等喻品第十四　如來品第十五　不退品第十六　貪行品第十七　姊妹品第十八　夢行品第十九　勝意樂品第二十　修學品第二十一　根栽品第二十二　付囑品第二十三　見不動佛品第二十四共十卷，較第四分更略。

◎第六分　緣起品第一：佛住鷲峰，與四萬二千苾蒭、七萬二千菩薩，及天、龍、鬼神衆俱。面門出光，照無邊界，還歸面門。東方普光佛所離障菩薩、南方日光佛所日藏菩薩、西方功德光明佛所功德藏菩薩、北方自在王佛所廣聞菩薩、東南方甘露王佛所不退轉菩薩、西南方智炬佛所大慧菩薩、西北方妙音王佛所功德聚菩薩、東北方智上佛所常喜菩薩、上方金剛相佛所寶幢菩薩、下方金剛寶莊嚴王佛所寶信菩薩，皆來集會。　通達品第二：最勝天王請問：云何菩薩修學一法，能通達一切法？　佛答以修學般若，能通達十波羅密。　顯相品第三：佛答最勝：如地、水、火、風、空等相，甚深般若亦復如是。　法界品第四：佛答最勝：菩薩學深般若，有妙慧故，通達法界即是不虛妄性、不變異性，諸法真如但可智知，非言能説。　於是大千變動，菩薩脱衣敷座，諸天散華奏樂，龍澍香雨，十方佛放眉光徧照此土，還歸佛頂，衆會獲益。最勝復問：甚深般若既絶語言，離諸文字，云何菩薩爲諸有情説法，隨順甚深法相，不違世俗？佛言：具大方便善巧力故，謂大慈、悲、喜、捨。又問：云何爲度有情，示現諸相？佛言：相不可得，但由方便善巧威力，示現入胎乃至涅槃種種化相。　念住品第五：佛答最勝：菩薩行深般若，心正無亂，善修身、受、心、法念住，及説如來功德大威神相。　法性品第六：佛答最勝：如來法性不可思議，如無價珠墮在淤泥，不爲所染。依此法性修習善根，具足方便大悲願力，不捨有情，遠離一切虚妄分別，心得清净，深如大海，一一行中具衆行故，生净佛土，不爲胎汙。於是舊住天神空中讚歎，并爲光德天子現净土相。　平等品第七：佛答最勝法性平等之義，并爲授記。　現相品第八：舍利子問先現苦行等事，最勝答之。　無所得品第九：善思菩薩問最勝：得授〔一〕記耶？答言：我雖受記，而猶夢等。乃至重重問答，令衆獲益。最勝問佛：云何未發心者即能發心，皆悉成就，得不退轉？佛言：以純净意，發菩提心，親近賢聖，樂聞正法，遠離慳嫉，正信業果，設爲身命，終不作惡。乃至佛爲破四見故，説無常、苦、無我、涅槃寂靜四法，次説神呪。　證勸品第十：佛爲最勝説過去功德寶王佛時，治世輪王問深正

〔一〕「授」，原作「受」，北藏原文作「佛授天王菩提記耶」，據改。

法，成然燈佛，彼時千子即是賢劫千佛。最勝又問：云何修行，速成大道？佛言：一切善法，無不修滿。又問：現何色像？佛言：如鏡隨現。又般若猶如虚空，無有一法可爲譬喻。　顯〔一〕德品第十一：佛答曼殊室利：過去多聞佛時，精進力菩薩即今最勝天王。又答云何護持正法，云何能調伏心等問。　現化品第十二：最勝答善思問：佛所化身，更能化作無量化佛，往昔願力清净故。及答護正法問。又有賢德天子相與問答。　陀羅尼品第十三：曼殊室利及寂静慧菩薩共説衆法不入陀羅尼功德，大千震〔二〕動，天雨妙華。佛説過去寶月佛時，寶功德菩薩有大辯才，即今寂静慧是。　勸誡品第十四：佛答曼殊室利，具明信受福聚，毁謗罪過。　二行品第十五：佛爲曼殊室利説化他、自行二種般若，及説五事不可思議、三十二相、八十隨好。　讚歎品第十六：曼殊室利、妙色天子、善名天子、大梵天王各以頌讚，佛印成之。　付囑品第十七：佛以十法付囑阿難：一、書寫，二、供養，三、施他，四、諦聽，五、披讀，六、受持，七、廣説，八、諷誦，九、思惟，十、修習。及爲持髻梵天説佛讚三事，最爲無上：一、發菩提心，二、護持正法，三、如教修行。八卷。

〔一〕「顯」，該字下原有「功」字，康熙本、乾隆本同，據北藏删「功」字。

〔二〕「震」，原作「振」，康熙本、乾隆本同，據北藏改。

◎第七曼殊室利分　佛在給孤獨園，與百千苾蒭、十千菩薩衆俱。曼殊室利明相現時，詣如來所，在外而立。舍利子等亦然。佛出，敷座〔一〕跏趺。曼殊答佛：爲欲利樂有情，以真如相觀於如來。次與舍利子互相酬唱，復答佛發明甚深般若，觀一切法皆是佛法。於是舍利子、慈氏菩薩、曼殊室利、無緣慮女皆歎聞說不沈没驚怖者，已住不退轉地。佛印成之。又與舍利子互相問答，顯真法界性平等義。又與佛互相問答，明福田相不可思議。大地變動，衆會得益。次明初學不思議定，如初學射，久習成就，不復作意。大迦葉問：當來誰能信解修學？佛具答之。次爲曼殊說一相莊嚴三摩地，謂不動法界，念一如來，即爲普觀三世諸佛，乃至佛現神力，護持般若久住世間，饒益有情。二卷，與大寶積經第四十六會同。

○第八那伽室利分　佛在給孤獨園，妙吉祥菩薩於日初分，著衣持鉢，漸將入城。龍吉祥菩薩見已問答。無能勝菩薩來讚。妙吉祥菩薩答以一切非實，皆如谷響。龍吉祥復相問答，既承教誡，入海喻定。善思菩薩變動大千，不能令出。後從定起，雨諸香花，向佛歸命。妙吉祥又爲說無上法食。善現來問：何所談論？妙吉祥詰以何法名爲大士，如響，豈能有所談論。善現入無所得三摩地門，出定，向佛皈命。妙吉祥又說諸法如幻、夢等。

〔一〕「座」，原作「坐」，康熙本、乾隆本同，據北藏改。

善現又入滅定。舍利子來問答，善現出定。妙吉祥爲説希有妙食。善現及舍利子俱入滅定，次從定起，各各入城。善現化一女人。妙吉祥與諸菩薩、聲聞等衆各飯食已，俱詣佛所，以如上事具白世尊。佛讚印之。妙吉祥曰：彼女所斷我見，即非我見，是故如來説名我見。乃至夫法想者，即非法想，是故如來説名法想。次歎持四句頌，福聚甚多。世尊説頌，如星、翳、燈、幻、露、泡、夢、電、雲，於一切有爲應作如是觀。一卷。

○第九能斷金剛分　與流通金剛般若同本。頌曰：諸和合所爲，如星翳燈幻，露泡夢電雲，應作如是觀。一卷。

◎第十般若理趣分　佛住他化自在天王宮，與八百萬大菩薩俱，爲諸菩薩説一切德甚深微妙般若理趣清淨法門。此門即是菩薩句義，理極妙樂清淨句義，諸見永寂清淨句義，乃至一切有記無記法、有漏無漏法、有爲無爲法、世間出世間法空寂清淨句義，是菩薩句義。復依徧照如來之相，説寂靜法性般若理趣現等覺門。復依調伏一切惡法釋迦牟尼如來之相，説調伏衆惡般若理趣普勝法。復依性静如來之相，説平等智印般若理趣清淨法。復依一切三界勝主如來之相，説灌頂法門般若理趣智藏法。復依一切如來智印持一切佛秘密法門如來之相，説如來智印般若理趣金剛法。復依一切無戲論法如來之相，説離戲論般若理趣輪字法。復依一切如來輪攝如來之相，説入廣大輪般若理趣平等性。復依一切廣受供養真浄器田如來之相，説真浄供養甚深理趣無上法。復依一切能善調伏如來之相，説能善調伏甚深理趣智藏法。復依一切能善建立性平等法如來之相，説性平等性甚深理趣最勝法。復依一切住持藏法如來之相，説有情住持甚深理趣勝藏法。復依究竟無邊際如來之相，説無邊無際究竟理趣金剛法。復依徧照如來之相，説三神呪。一一告金剛手受持功德。一卷，與密部實相般若同，而呪不同。

◎第十一布施波羅蜜多分　佛在給孤獨園，與千二百苾蒭俱，再三命勸舍利子，爲諸菩薩宣説布施波羅蜜多。舍利子言：應緣一切智智，以大悲爲上首，修行布施，則能攝受一切智智，疾證無上菩提。寧以無記心行施，或不行施，終不以迴向二乘地心行施。次答滿慈子問，喻説菩薩、聲聞行施勝劣意願。滿慈子亦説二施譬喻。舍利子廣説有巧方便所行布施，及隨喜迴向所引善根，如月，如日，如吠瑠璃寶，如馬寶。又常於有情作大饒益，如真金，如日月，如商主，如善士，如王種。次更廣説應起決定施心，應學無染布施。又觀諸法若順若違，皆能助引一切智智。又明二乘於一切智亦有助力，然諸二乘作意於一切智及此貲糧，俱無助力，故制菩薩定不應起二乘相應作意。次明能捨衆相，迴向菩提，欲爲有情作大饒益，乃名能得無上善利，方便善巧，不取法相，得入居頂諸菩薩數。次明説如是法，皆如來力。佛囑阿難受持。滿慈子問：若一切法皆非實有，行布施，何所捨？成正覺，何所得？佛言：無所捨，無所得，無所損，無所益。如二幻師戲爲變異，以幻價直，易化美團等。又舍利子答滿慈子：菩薩先應思惟一切法性畢竟空寂，次應思惟一切智智具勝功德，後應愍念一切有情貧乏珍財，受諸苦惱。作是念已，便捨一切珍財，施諸有情，心無所著，亦以正法施諸有情，亦以無邊上妙供具恭敬供養佛、法、僧寶。如是布施隨順菩提，疾能證得一切智智，與諸有情作大饒益。於是佛以神力，令諸大衆見十方各各無數殑伽沙數世界，各有無量菩薩，行施精勤。乃結勸云：菩薩欲疾證得一切智智，窮未來際，利樂有情，應觀法空，緣一切智，具勝功德，愍念有情受貧匱苦，應行布施波羅蜜多。持此善根，普施一切，令脱惡趣生死衆苦，作是願言：十方世界諸有情類，由我善根功德威力，未發無上心者，令速發心；已發心者，令永不退；已不退者，令速圓滿一切智智。舍利子問最初發心、第二發心、住不退地、坐菩提座差别，佛答示之，并以神力，令見十方各無數界，無數菩薩，行菩薩行種種差别，無數如來種種方便，饒益有情。乃結勸云：若定發心求一切智，彼必當作世間第一真淨福田，及作大千最大法師，亦作如來，利樂一切有情。次答舍利子問，廣明菩薩初心勝於二乘後心，及明菩薩不退心力，於餘神力最爲無上。次滿慈子與舍利子互相問答，明退心者非真菩薩，是增上慢，欲證菩提，應正發起一切智智相應作意，乃至佛囑阿難受持。五卷。

◎第十二淨戒波羅蜜多分　佛在給孤獨園，與千二百五十苾芻俱，命舍利子宣説戒度。滿慈子問：云何應知菩薩持戒犯戒？舍利子答：若住二乘作意，是名非所行處，是名菩薩犯戒。又問：若求一切智智而修布施，豈不執著一切智智，成戒禁取？云何名爲持菩薩戒？答言：一切智智遠離衆相，非方處攝，既非有法，亦非無法，由此因緣，不可執取。是故菩薩行施、持戒，迴向菩提，雖求證得一切智智，而不名爲戒禁取攝。若迴向二乘地，執取淨戒，是失菩薩戒，名犯戒菩薩。若未見聖諦，未證實際，或有因緣，易可還淨。若見聖諦，證實際已，異見深重，難可還淨。又雖經沙數大劫修行淨戒令滿，而不迴向菩提，饒益有情，不能攝受菩薩戒度。雖經沙數大劫居家受妙五欲，而不發趣二乘地心，求一切智，增上意樂無退壞故，不名犯菩薩戒。又若見有少法名爲作者，名爲犯戒菩薩。若隨所修六度，皆用大悲爲首，發起隨順迴向一切智智相應之心，是名具戒菩薩。次廣歎初心一菩薩戒，遠勝世出世間一切淨戒，以其心無分限，普度有情，求大菩提，引發淨戒。是故除佛所有淨戒，於餘淨戒最爲第一，又寧遲證菩提，不爲速求，墮二乘地。又菩薩不應欲勝菩薩，不應輕慢菩薩，不應降伏菩薩，於餘菩薩供養恭敬，應如如來，乃至應普恭敬一切有情。又一切法無少有實，皆如幻事，故諸菩薩迴向趣求一切智智，皆由了達諸法非實，如幻、如化，有所堪能。又菩薩於六度、二十空等，乃至一切相智，雖應精勇修習，如救頭然，不應味著。

又明菩薩於二乘地，但應遠離，不應讚毀。佛讚印之，并爲廣説方便善巧。又明如來皆深愍念一切有情，心無差别，不隨欲行，然於菩薩最不棄捨。五卷。

◎第十三安忍波羅蜜多分　佛在給孤獨園，與千二百五十苾芻衆俱，命滿慈子宣説忍度。舍利子問：菩薩忍、聲聞忍有何差别？滿慈子答：聲聞唯爲捨棄自身煩惱，名爲少分安忍。菩薩欲度無量有情，名爲具分安忍，於檀塗、火燒，起平等心，俱欲畢竟利樂。又聲聞唯觀藴等無我、有情之所引發，菩薩亦觀藴等無性、無生之所引發。菩薩欲證菩提，應修其心，令與地、水、火、風、空等，寧受無邊大苦，而不愛著二乘自利衆善。又若住二乘地，起二乘作意，乃至樂觀藴等常無常等，是爲行他行處。若修六度，一切智智相應作意，是爲行自行處，一切惡魔不能得便。一卷。

◎第十四精進波羅蜜多分　佛在給孤獨園，與千二百五十苾芻衆俱。滿慈子問菩薩精進，佛言：初發心時，若身若心，先應爲他做饒益事。如僕任主，不應自在，諸有所爲皆隨主欲。亦如馬寶，盤迴去住，遲速任人。又常勤修六度、二十空等，能爲難事。一卷。

◎第十五静慮波羅蜜多分　佛住鷲峰，與千二百五十苾芻衆俱。舍利子問：菩薩云何方便，安住静慮？佛言：漸次入四静慮，引發五通，降魔成覺。又雖現入四禪、四定，而不味著，亦不離染。雖觀一切法都不可得，而不棄捨一切智智。滿慈子問：何緣如來許諸菩薩入四禪四定，不許久住其中，心生染著？舍利子答：若生欲界，速能圓滿一切智智，生色、無色，無斯用故。滿慈子問：云何安住靜慮，攝受般若、精進、忍、戒、施等？佛一一答。又明若住二乘相應作意，名爲散亂。若隨所集一切善根，迴向趣求一切智智，名爲心定。舍利子問：菩薩安住静慮，云何方便，還從定起？佛言：於色、無色静慮等至，順逆次第，超越串習，極善純熟，遊戲自在，復入欲界非等引心，由起此心，還生欲界，親近供養諸佛，引發菩提分法。生色、無色，無如是能，上二界生，身心鈍故。二卷

◎第十六般若波羅蜜多分　佛住竹林白鷺池側，與千二百五十苾蒭，無量無數一生所繫菩薩衆俱。有善勇猛菩薩請問：何謂般若？云何修行？云何令速圓滿？云何惡魔不能得便，能覺魔事？云何安住速能圓滿一切智法？佛言：實無少法可名般若。謂如實知一切法性，無實無生，亦無虚妄，雖不見有菩提心性，而能發起大菩提心。彼雖如是發菩提心，而於菩提無所引發。若能遠達諸法實性，是謂般若微妙甚深，實不可説，今隨世俗文句，方便演説。即蘊等非般若，離蘊等非般若，般若於一切法都無所依，不在蘊等内，不在蘊等外，不在兩間，遠離而住，與蘊等非相應非不相應。蘊等真如、不虚妄性、不變異性、如所有性，是謂般若。復次，一切法無自性，是謂般若。一切法非一切法所行故，無知無見，是謂般若。一切法不捨自性，如是徧知，是謂般若。一切法與一切法非合非離，是謂般若。

一切法非增非減，是謂般若。一切法非染非浄，是謂般若。一切法非有浄法，非有不浄法，是謂般若。一切法非移轉，非趣入，是謂般若。一切法非繫、非離繫，非死非生，非生非死，非流轉、非有流轉法，非盡、非有盡法，非有集法、非有滅法，非有起法、非有盡法，非有變壞法、非無變壞法，非常非無常等，非有貪、瞋、癡法，非離貪、瞋、癡法，非作者、非使作者等，非斷非常，非有邊非無邊，非見趣非見趣斷，非愛非愛斷，非善非非善，是謂般若。如是般若非一切法攝，亦非遠離如是等法，別有般若。如夢、如幻、如燄、如影、如響、如沫、如泡、如芭蕉、如虛空、如影光、如寶光、如燈光，非圓成實。於是舍利子廣歎難見難覺，乃至無邊際等。佛一一印述之。舍利子問：云何菩薩依如是法，行諸境相？佛言：尚不得法，何況非法？尚不得道，何況非道？知一切境皆無境性，於一切境皆無住著，以無邊法爲所行境，如空，如風，無有少相而可得者。又此甚深法要，非但耳聞，即名爲果，要不放逸，精進修行，如實了知，遠離衆惡，自他俱利，乃名爲果。若於正法起異解行，不名聞法。若於法義起顛倒解，不正修行，定無順忍。不應深信微少善根，謂彼即能脱諸惡趣。若得順忍，能不復造感惡趣業，不復懈怠起順退分。時舍利子告善現言：云何具壽默然不説般若？善現答言：我於諸法都無所見，故無所説，乃至甚深般若不可説示。佛告善勇猛言：菩薩修行般若，於一切法都無所行，以一切法皆是顛倒之所等起，非實非有，邪僞虛妄。若能行無所行，爲行般若，徧知一切所緣而行，除遣一切所緣而行。善勇猛言：菩薩修行甚深般若，不可思議。佛言：如是。一切法皆不可思議故，菩薩修行般若亦不可思議。善勇猛言：如是行深般若，是無上行、清浄行、明白行、無生行、無滅行、超出行、難伏行。佛印成之。又明一切法皆以無性爲性，不可修，亦不可遣。菩薩於一切法無取無執，無住無著，成就功德智慧大威神力，能降伏魔。乃至付囑賢守、導師等五百上首菩薩及善勇猛菩薩。又復微笑放光，令大千界處處有情，互得相見。天、龍、鬼神花香供養，讚詠神力。無數菩薩得無生忍，無邊有情發無上心。八卷。

△**放光般若波羅蜜多經**三十卷　萊重芥　西晉于闐國沙門無羅叉共竺叔蘭譯

共九十品，與大般若第二分同本，而有常啼、法上二品。

○**摩訶般若波羅蜜經**三十卷　薑海鹹　姚秦天竺沙門鳩摩羅什共僧叡譯

共九十品，亦同放光般若，而文較順暢。

光讚般若波羅蜜經十卷　河　西晉月支國沙門竺法護譯

共二十一品，亦同上經，而文來未盡。

道行般若波羅蜜經十卷　有道安序。　淡　後漢月支國沙門支婁迦讖譯

共三十品，與大般若第四分同，而有常啼、曇無竭二菩薩事。

小品般若波羅蜜經十卷　有僧叡序。　鱗　姚秦天竺沙門鳩摩羅什譯

共二十九品，與道行同。

○**佛母出生三法藏般若波羅蜜多經**二十五卷，北作十四卷〔一〕　南似蘭北履薄宋北印土沙門施護譯

共三十二品，亦同道行，而文暢順。

○**佛母寶德藏般若波羅蜜經**　三卷，今作二卷〔二〕　南履北臨　宋中印土沙門法賢譯

即佛母般若三十二品之攝頌也。

大明度無極經六卷　潛　吴月支國優婆塞支謙譯

共三十品，亦同道行。

摩訶般若波羅蜜鈔經五卷　潛　苻秦天竺沙門曇摩蜱共竺佛念譯

共十三品，亦同道行，而文來未盡。

◎**勝天王般若波羅蜜經**七卷　羽　陳優禪尼國王子月婆首那譯

〔一〕「二十五卷」，北作十四卷」，北藏標二十五卷，合爲十四册，故稱十四卷。

〔二〕「三卷，今作二卷」，此指南藏而言，南藏目録稱「三卷内中、下合卷」，即合册，上卷爲一册，共二册。北藏則上、中、下卷合裝一册，應稱一卷。

與大般若第六分同。

⦿文殊師利所説摩訶般若波羅蜜經一卷　翔　蕭梁扶南國沙門曼陀羅仙譯

與大般若第七會同。又收入寶積第四十六會。

⦿文殊師利所説般若波羅蜜經一卷　翔　蕭梁扶南國沙門僧伽婆羅譯

亦與大般若第七會同。

佛説濡首菩薩無上清浄分衛經二卷　一名決了諸法如幻三昧。　翔　劉宋沙門釋翔公譯

與大般若第八會同。

◎金剛般若波羅蜜經一卷　羽　姚秦天竺沙門鳩摩羅什譯

與大般若第九會同，而舉世流通。智者大師有疏。

⦿金剛般若波羅蜜經一卷　羽　元魏北天竺沙門菩提留支譯

亦同第九會，而分作十二分。

○金剛般若波羅蜜經一卷　有跋。　羽　陳優禪尼國沙門真諦譯

金剛能斷般若波羅蜜經一卷　翔　隋南天竺沙門達摩笈多譯

文拙甚。

○能斷金剛般若波羅蜜經一卷　翔　唐大薦福寺沙門釋義浄譯

已上並是同本異譯。

○**能斷金剛般若波羅蜜多經**一卷　翔　唐玉華寺沙門釋玄奘譯　即第九會抄出別行。

仁王護國般若波羅蜜多經二卷　有代宗序。　南流北温　唐北天竺沙門大廣智不空譯

序品第一：佛在鷲峰，初年月八日，入大寂静妙三摩地，放毛孔光，普照十方，菩薩來集。　觀如來品第二：説護佛果、護十地行。波斯匿王言：觀身實相，觀佛亦然。佛印之。　菩薩行品第三　二諦品第四　護國品第五　不思議品第六　奉持品第七：有金剛手菩薩所説呪。　囑累品第八

文更順暢，最宜流通。

△**仁王護國般若波羅蜜經**二卷　翔　姚秦天竺沙門鳩摩羅什譯

與上經同。有智者大師疏。

佛説了義般若波羅密多經二紙餘　南淵北斯　宋北印土沙門施護譯

佛告舍利子：般若波羅密相應行者，當於諸法如實了知，諸有所作，離一切相，即能圓滿六度。又當斷除十種疑惑。

佛説五十頌聖般若波羅蜜經二紙欠　南履北臨　宋北印土沙門施護譯

佛在鷲峰，告須菩提：般若波羅蜜經，於三乘法聚集攝受，平等如一。

佛説帝釋般若波羅蜜多心經三紙餘　南履北臨　宋北印土沙門施護譯

佛在鷲峰，爲帝釋説般若義無邊，及説頌，説呪。

般若波羅蜜多心經十六行半　翔　唐大慈恩寺沙門釋玄奘譯

舉世流通，文約義富。

摩訶般若波羅蜜大明呪經一紙欠　翔　姚秦天竺沙門鳩摩羅什譯

⊙**佛説聖佛母般若波羅蜜多經**一紙半　南清北薄　宋北印土沙門施護譯

二經俱與上同本，而後譯有序及流通。佛在鷲峰入定，舍利子問觀世音，觀世音説竟，佛出定讚之。

閱藏知律卷第二十四

北天目沙門釋智旭　彙輯

大乘經藏　法華部第四

述曰：凡是開權顯實，授聲聞成佛記，發迹顯本，明成佛甚久遠，及但明一乘修證之法，無二無三者，皆此部收。

無量義經一卷　前有劉虬序。　草　蕭齊中天竺沙門曇摩伽陀耶舍譯

德行品第一：大莊嚴菩薩讚佛。　説法品第二：大莊嚴問：何法速成菩提？佛答：有一法門，能令速成菩提，謂無量義，從一法生。一法者名爲實相。　十功德品第三

此説法華之前茅也，故收入法華部中。

妙法蓮華經七卷　草　姚秦天竺沙門鳩摩羅什譯

序品第一：佛在耆闍崛山，先説無量義經，次入無量義定，眉光東照萬八千土。彌勒

疑問，文殊述往事以釋之。　方便品第二：世尊出定，告舍利弗：諸佛方便不可思議，唯佛與佛乃能知之。即止不説。舍利佛三請，五千增上慢者退席，乃唱唯一大事，所謂開、示、悟、入佛之知見，一切皆當作佛，實無三乘。　譬喻品第三：授舍利弗記，説火宅喻。　信解品第四：須菩提、迦旃延、大迦葉、目犍連領解佛旨，説窮子喻。　藥草喻品第五：佛印四人所説而推廣之。　授記品第六：授大迦葉等四人記。　化城喻品第七：先説大通智勝佛時，十六王子覆講結緣事，次説化城喻。　五百弟子授記品第八：富樓那爲上首，五百弟子皆得受記，説繫珠喻。　授學無學人記品第九：阿難、羅睺羅爲上首。　法師品第十：佛因藥王菩薩，告八萬大士，持此經，速得佛，并説鑿井喻。　見寶塔品第十一：多寶佛塔從地涌出，大聲讚善。釋迦如來以神力三變淨土。分身諸佛咸集，與欲開塔。多寶如來分半座與釋迦同坐，釋迦大聲唱告勸持。　提婆達多品第十二：説如來往昔求法事。阿私仙得聞妙法，今授提婆達多大菩提記。文殊入海弘經，龍女獻珠成佛。　勸持品第十三：藥王、大樂説等各各發願持經。佛授大愛道及耶輸記。又視八十萬億那由他諸菩薩，諸菩薩亦發願持經。　安樂行品第十四：文殊請問末世持經方法，佛以身、口、意誓願四安樂行答之，兼説輪王髻珠喻。　從地涌出品第十五：六萬恒沙菩薩各將眷屬，從地涌出。大衆懷疑，彌勒興問。　如來壽量品第十六：佛自明成道已來甚久，以釋衆疑，説醫王喻。　分別功德品第十七：明在會聞法獲益之多，及明五品弟子功德。　隨喜功德品第十八　法師功德品第十九：明法師得六根清淨。　常不輕菩薩品第二十：明往古比丘以隨喜行，得淨六根，速成佛道。　如來神力品第二十一：出廣長舌，放毛孔光，謦欬彈指，聲徧十方。　囑累品第二十二：三摩衆菩薩頂而囑付之。　藥王菩薩本事品第二十三：宿王華菩薩請問，佛爲説一切衆生喜見菩薩然身然臂事。　妙音菩薩品第二十四：佛放眉間光，照東方世界，召此菩薩來作佛事。　觀世音菩薩普門品第二十五：無盡意菩薩請問，佛爲説十四無畏、三十二應種種功德。　陀羅尼品第二十六：菩薩及天神等各各説呪護法。　妙莊嚴王本事品第二十七：明往古淨德夫人、淨藏、淨眼二子，同化父王見佛。　普賢菩薩勸發品第二十八：佛爲普賢重示四法，普賢説呪護持。

此一部經，乃如來究竟極談，具明施設一代時教所以然之線索，如家業之有總賬簿，如天子之有九鼎也。非精研智者大師玄義、文句，不盡此經之奧，仍須以荆谿尊者釋籤妙樂輔之。

正法華經十卷　木　西晉月支國沙門竺法護譯

與上經同。但藥草品中，有迦葉問答及生盲喻，授五百弟子決品〔一〕初有入海取寶喻；法師品名爲藥王菩薩〔二〕品，有寶蓋王及千子與善蓋太子法供養事；一切呪皆翻梵成華；囑累品在最後。

妙法蓮華經〔三〕八卷　前有序。　南蓋北賴　隋北天竺沙門闍那崛多共達摩笈多譯

多用什師譯文，但添藥草喻〔四〕品後生盲一喻耳。陀羅尼品在第二十一，囑累品在最後，提婆達多品合入見寶塔品，故止有二十七品。

薩曇芬利經半卷　草　附西晉録

即寶塔品、提婆達多品別出。

◎**觀世音菩薩普門品經**〔五〕一卷　南〔缺〕北草　鳩摩羅什譯文，闍那笈多譯頌

按：藏中法華經普門品無重頌，今既補入全經，則此品便爲重出。然舉世流通，功驗

〔一〕「授五百弟子決品」，底本作「五百弟子授記品」，係上部經品名，據北藏改。

〔二〕「菩薩」，原作「如來」，據北藏改。

〔三〕此經經名，北藏目録作「添品妙法蓮華經」。

〔四〕「喻」，原無，據北藏補。

〔五〕「經」，原無，據北藏補。

最多。智者大師有别行玄、疏〔一〕，四明尊者復有記、解〔二〕，最精最妙，不可不閲。

法華三昧經半卷　草　劉宋枳園寺沙門釋智嚴譯

衆會欲問佛，佛放口光徧十方，即不見佛身相。大衆各入三昧觀察，不可得。羅閲王辯通及女利行等來，佛從地涌，坐蓮華上。利行問佛，乃至得道，與衆問答，諸女發心皆出家。王亦出家，得授記。

廣博嚴浄不退轉法輪經四卷　髪　劉宋枳園寺沙門釋智嚴共寶雲譯

文殊師利以神通力，同舍利弗到十方世界供佛，集一切菩薩同到祇園請轉不退法輪，説堅信、堅法、八人、四果、聲聞、支佛密義，令諸衆會捨離諸想。其諸羅漢復作成就五逆、滿足五欲、遠離正見等密語。衆會驚疑，文殊釋之。佛現舌相，普授聞經不退轉記。波旬入會，佛復以密語遣之。大衆騰疑，佛爲解釋。次有三菩薩來，一自稱是如來，一自稱是世尊，一自稱是佛。衆又騰疑，佛爲解釋。於是衆菩薩各以偈讚。阿難請問較量功德。師子童女及比丘尼、居士婦發心受持，捨離女身。乃至明不信罪報，大衆悔過，請佛守護流通。

〔一〕「玄、疏」，書名當爲觀音玄義二卷、觀音義疏二卷，收入本書第三十六卷。

〔二〕「記、解」，當指觀音玄義記四卷、觀音義疏記四卷。

不退轉法輪經四卷　髪　安公涼土譯經，在北涼録

阿惟越致遮經四卷　南此北蓋　西晉月支國沙門竺法護譯

二經并與上同。

大薩遮尼犍子授記經十卷　豈　元魏北天竺沙門菩提留支譯

序品第一：佛住鬱闍延城嚴熾王園，於大衆中現殊勝身相。　問疑品第二：文殊偈讚請問，佛止之，文殊復問。　一乘品第三：明二種十二法能發菩提心〔一〕。又布施乃至方便，各十二種妙行。又如來有十二勝妙功德，淨佛國土，爲利衆生，示十二濁，實唯一乘，分別説三。　詣嚴熾王品第四：大薩遮詣王所也。　王論品第五：薩遮爲嚴熾説聖王法及小王法。　請食品第六：王請薩遮。　問罪過品第七：王問：智人亦有罪否？薩遮次第舉諸人過，并王過及自過。　如來無過功德品第八：薩遮爲王備演如來所有功德，所謂三十二相、八十種好、大慈、大悲、三念處、三不護、一切種智、十自在、三十七品、十力、四無所畏、十八不共法，及常無盡法身。　詣如來品第九：薩遮與王同來見佛。　説法品第十：舍利弗與薩遮論見佛聞法事，佛爲薩遮發迹。　授記品第十一：授薩遮大菩提記。

〔一〕「心」，原無，康熙本、乾隆本同，據北藏補。

信功德品第十二〔一〕

此經文義俱暢，宣説世出世法，曲盡其妙，急宜流通。

△**菩薩行方便境界神通變化經**〔二〕三卷　養　劉宋中天竺沙門求那跋陀羅譯

與上經同，缺王論品，而於如來功德亦有缺略。

金剛三昧經二卷　南賢北難　出北涼録

序品第一：佛於靈山〔三〕，先説大乘一味真實法，即入金剛三昧。阿伽陀比丘説偈讚歎。　無相法品第二：佛從三昧起，更宣一味法。　解脱菩薩更請爲末世衆生宣説入一味法。　無生行品第三：心王菩薩問得無生忍義。　本覺利品第四：無住菩薩問轉入唵摩羅義。　入實際品第五：大力菩薩問答。　真性空品第六：舍利弗問答。　如來藏品第七：梵行長者問答。　總持品第八：地藏菩藏問答，并囑阿難受持。

大法鼓經二卷　染　劉宋中天竺沙門求那跋陀羅譯

〔一〕「二」，底本和乾隆本作「一」，據康熙本改。
〔二〕「經」，康熙本缺，乾隆本和底本有。
〔三〕「靈山」，經文原作「耆闍崛山」。

佛在祇洹，海衆雲集，説有非有法門。波斯匿王擊鼓吹貝而來。佛言：我今當説大法鼓經。先命迦葉觀察衆會堪聞與否，乃有百千萬億阿僧祇分聲聞、緣覺、初業菩薩皆從座去，餘一切住。然後廣讚迦葉，命於此法少問其義，所謂如來常、樂、我、浄，不般涅槃，一切衆生皆有佛性，無有三乘，實唯一乘，一切空經是有餘説，惟有此經是無上説。亦説化城、窮子等喻，次囑迦葉於末世中護持此法。迦葉辭謝不堪。佛言：迦葉於我滅後，護持此法有四十年，若至正法餘八十年時，惟一切世間樂見童子能持。

佛説觀普賢菩薩行法經一卷　一名觀普賢觀經，一名出深功德經。　南冈北短　劉宋罽賓國沙門曇摩蜜多譯

阿難、迦葉、彌勒同問如來滅後修行大乘法要，佛爲説普賢觀門，及懺悔六根罪法。此與法華普賢勸發品相爲表裏，故智者大師法華懺儀全宗此經。

閱藏知津卷第二十五

北天目沙門釋智旭　彙輯

大乘經藏　涅槃部第五

述曰：大涅槃部，别在一日一夜，通該一代。凡是扶律談常，顯佛實不滅度者，皆此部收。又如遺教等經，雖在此時，以是小機所見，仍歸阿含。

大般涅槃經四十卷　南率賓歸王北賓歸王鳴　北涼中天竺沙門曇無讖譯

壽命品第一：佛在拘尸那城力士生地阿利羅跋提河邊娑羅雙樹間，二月十五日，臨涅槃時，大聲普告衆生：若有所疑，今悉可問，爲最後問。面門放光，徧照十方。爾時八十百千諸比丘，六十億比丘尼，一恒河沙菩薩，二恒河沙優婆塞，三恒河沙優婆夷，四恒河沙諸離車等男女大小，五恒河沙大臣長者，六恒河沙諸王眷屬，七恒河沙諸王夫人，八恒河沙諸天女等，九恒河沙諸龍王等，十恒河沙諸鬼神王，二十恒河沙金翅鳥王，三十恒河沙乾闥婆王，四十恒河沙緊那羅王，五十恒河沙摩睺羅伽王，六十恒河沙阿脩羅王，七十恒河沙陀那婆王，八十恒河沙羅刹王，九十恒河沙樹林神王，千恒河沙持呪王，億恒河沙貪色鬼魅，百億恒河沙天諸采女，千億恒河沙地諸鬼王，千萬億恒河沙諸天子，十萬億恒河沙四方風神，十萬億恒河沙主雲雨神，二十恒河沙大香象王，二十恒河沙師子獸王，二十恒河沙諸飛鳥王，二十恒河沙水牛、牛、羊，二十恒河沙諸神仙人，一切蠭王，一切山神、海神、河神，皆悉集會。樹林變白，猶如白鶴。四天王、三十三天，乃至第六天、大梵天王、阿脩羅王所設供養，倍倍勝前，佛皆不受。魔王獻供并護法呪，佛受其呪，不受其供。大自在天王設供倍前。東方虚空等佛，遣無邊身菩薩來獻香飯，大地震動。南、西、北方諸佛世界，亦有無量無邊身菩薩，所持供養倍勝於前。乃至毒蛇及惡業者，一切來集，唯除摩訶迦葉、阿難二衆，阿闍世王及其眷屬。佛面所出光明，燿覆大衆，所應作已，還從口入。純陀與同類十五人俱，願設最後供養，佛即許之。爲説二施果報無别：一者受已得菩提，二者受已入涅槃。純陀因大衆勸，説偈請佛住世，佛以偈答。純陀次答文殊，不應以如來法同於諸行。乃至既去辦供，地大震動。衆會哀請，佛慰諭之，令問所疑，并示祕密之藏，猶如∴字，略斥無常、苦、無我三修，無有實義，爲説勝三修法。又我所有無上正法，悉以付囑摩訶迦葉，當爲汝等作大依止。并説明醫禁乳、用乳之喻，次勸問戒律所疑。比丘再辭不堪。於是迦葉菩薩承佛神力，說偈問法。佛讚之曰：我初成道，有諸菩薩曾問是義。如是問者，則能利益無量衆生。次爲說菩提因業，得壽命長。佛視衆生，同於子想，愛念成就，諸毀禁者，囑令苦治，無有惡心。如來長壽最爲第一。如彼醍醐，賊不能得，法性無滅，三歸無異。金剛身品第二：佛爲迦葉菩薩說如來身常住不壞，由於往昔護法因緣，今得成就是金剛身。名字功德品第三：釋大般涅槃名義。如來性品第四：分別開示四義：一、自正，二、正他，三、能隨問答，四、善解因緣義。迦葉菩薩言：世尊唯有密語，無有密藏，咸令衆生悉得知見。佛讚印之。次說百句解脱之義；次說四人爲世間依；次明魔說、佛說經律種種差別之相；次明知常住者知四聖諦；次明四顛倒相；次說貧女金藏喻、塗乳洗乳喻、力士額珠喻、雪山樂味藥喻；次明方等經者，猶如甘露，亦如毒藥，消則爲藥，不消爲毒；次明大乘無有三歸分別之相；次明無二之性即是實性；次說金鎞抉膜，示一二三指之喻，又廣說十住菩薩見性少分之喻，又說夢語刀刀之喻；次明十四音名曰字本，應離半字，善解滿字；次明二鳥雙遊之喻；次說月無出没半滿之喻，日出三時長短之喻；次廣說喻明大涅槃經利益一切，唯不能益一闡提人；次說先陀婆一名四實之喻，以喻如來密語難解；次明自知有佛性者，名丈夫相；次爲文殊釋本無今有偈義。一切大衆所問品第五：佛面放光，照純陀身，受其供養。又化佛及僧受諸大衆供養，說偈慰喻。次廣明一切契經有餘無餘之義。爲欲調伏諸衆生故，現身有疾，右脅而卧，如彼病人。　現病品第六：迦葉菩薩勸佛起坐，放光徧照，利益一切。廣爲迦葉說祕密教，及說五人有病行處，所謂四果、辟支，非如來也。　聖行品第七：爲迦葉菩薩說五種行：一、聖行，二、梵行，三、天行，四、嬰兒行，五、病行。復有一行，是如來行，所謂大乘大涅槃經。次即廣明聖行，護戒如護浮囊，得四念處，住堪忍地，觀四聖諦，乃至住無畏地，得二十五三昧，壞二十五有。次答住無垢藏王菩薩，說從牛出乳喻，并說往昔捨身求半偈事。　梵行品第八：爲迦葉菩薩說住七善法，得具梵行：一、知法，謂知十二部經，二、知義，三、知時，四、知足，五、知自，六、知衆，七、知尊卑。復有梵行，謂慈、悲、喜、捨。因即廣明如來慈善根力，令諸衆生見種種事。又爲重釋本有今無偈義。又釋一切世間不知見覺，菩薩悉能知見覺義，於中廣明六念法門。次敘阿闍世王見佛之事，次結示天行品者如雜華說。　嬰兒行品第九：不能起住、來去、語言，是名嬰兒，如來亦爾。　光明徧照高貴德王菩薩品第十：佛告德王：修行大涅槃經，得十事功德：一者有五。一、所不聞者而能得聞，二、聞已能爲利益，三、能斷疑惑之心，四、慧心正直無曲，五、能知如來秘藏。二、昔所不得而今得之，昔所不見而今見之，昔所不聞而今聞之，昔所不到而今得到，昔所不知而今知之。三、捨世諦慈，得第一義慈。四、有十事。一、根深難可傾拔，二、於自身生決定想，三、不觀福田及非福田，四、修佛淨土，五、滅除有餘，六、斷除業緣，七、修清淨身，八、了知諸緣，九、離諸怨敵，

十、斷除二邊。五、有五事。一、諸根完具，二、不生邊地，三、諸天愛念，四、常爲天魔、沙門、刹利、婆羅門等之所恭敬，五、得宿命智。六、得金剛三昧。七、知四法爲大涅槃近因。一、親近善友，二、專心聽法，三、繫念思惟，四、如法修行。八、除斷五事，五陰。遠離五事，五見。成就六事，六念。修集五事，知定、寂定、身心受快樂定、無樂定、首愣嚴定。守護一事，菩提心。親近四事，大慈、大悲、大喜、大捨。信順一實，一道大乘。心善解脱，貪、恚、癡心永斷滅。慧善解脱。於一切法知無障礙。九、初發五事，悉得成就。一、信心，二、直心，三、戒，四、親近善友，五、多聞。十、修集三十七品，入大涅槃，常樂我淨，爲諸衆生分別解説大涅槃經，顯示佛性。若四果、辟支、菩薩信是語者，悉得入大涅槃；若不信者，輪迴生死。　師子吼菩薩〔一〕品第十一：佛告大衆：恣汝所問，吾當解説。師子吼菩薩請問：以何義故，名爲佛性？何故復名常樂我淨？若一切衆生有佛性者，何故不見？十住菩薩住何等法，不了了見？佛住何等法，而了了見？佛讚其具二莊嚴，并細答釋，於中具明觀十二緣智，凡有四種，下者得聲聞道，中者得緣覺道，上者住十住地，上上者得無上菩提。是故十二因緣，名爲佛性，即第一義空，名爲中道，即名爲佛，名爲涅槃。又凡有心者，定當得成菩提，故説一切衆生悉有佛性。又不可以有退心故，言無佛性。若有修集三十二相業

〔一〕「菩薩」，原無，康熙本、乾隆本同，據北藏補。

因緣者，得名不退菩薩。次明真修戒、定、慧相，次答何等比丘莊嚴雙樹之問。次答涅槃無十相故，名爲無相，色、聲、香、味、觸、生、住、壞、男、女。時時修習定、慧、捨相，能斷十相。次答成就十法，能見涅槃無相：一者信心具足，二者浄戒具足，三者親近善知識，四者樂於寂静，五者精進，六者念具足，七者輭語，八者護法，九者供給同學，十者具足智慧。次明能修身戒、心慧，是名智者，能令重業輕受；不修身戒、心慧，名爲愚癡，能令輕業重受。次説恒河七種人喻、衆盲觸象喻。次明菩薩當以苦行自試其心。次明大海有八不可思議，大涅槃經亦復如是。次答如來示同胎生之故。師子吼説偈讚佛。

迦葉菩薩品第十二：問善星比丘事，佛爲答之。問未來種種異説事，佛具釋之。又明如是諍訟，是佛境界，非諸二乘所知。若人於是生疑心者，猶能摧壞無量煩惱；若於是中生決定者，是名執著。次明斷善根者，非是下劣愚鈍之人，亦非天中及三惡道。次明佛性非有非無，亦有亦無，次明十二部經或隨自意説，或隨他意説，或隨自他意説。次説恒河七衆生喻。次説佛性常故，非三世攝，虚空無故，非三世攝。次明修無常等十想者，能得涅槃。迦葉菩薩以偈讚佛。

憍陳如品第十三：世尊告憍陳如：色是無常，因滅是色，獲得常住解脱之色，受、想、行、識亦爾，苦、空、無我、不浄亦爾。若離佛法，無有沙門及婆羅門，亦無沙門、婆羅門法。爾時外道聞已瞋恚，共往阿闍世所，求與瞿曇論議。王與外道同來佛所。

先答闍提首那婆羅門問，度令出家證果。次答婆私吒梵志問，亦令證果，即入涅槃。次答先尼梵志問，善來得果。次答迦葉梵志問，出家五日而證四果。次答富那梵志問，善來得果。次答清淨梵志問，出家十五日後得阿羅漢。次答犢子梵志問，出家十五日後得於初果，復來問法，佛爲説奢摩他、毗婆舍那，聞已修習，得阿羅漢，寄謝於佛，入般涅槃。次答納衣梵志問，善來得果。次答弘廣婆羅門問，并因憍陳如答發廣大心，佛爲發迹顯本。次明阿難具足八種不可思議，勅文殊師利以呪攝歸，命其往語須跋陀梵志，尋來見佛，問答實相深義，大衆獲益無量，須跋〔一〕得證四果。

⊙**南本大般涅槃經**三十六卷　南鳴至竹北鳳至白　北涼中天竺沙門曇無讖譯，劉宋沙門釋慧觀同謝靈運再治

序品第一　純陀品第二　哀歎品第三　長壽品第四從壽命品分出爲四。　金剛身品第五　名字功德品第六　四相品第七　四依品第八　邪正品第九　四諦品第十　四倒品第十一　如來性起品第十二　文字品第十三　鳥喻品第十四　月喻品第十五　菩薩品第十六

〔一〕「須跋」，此梵志名，經文中有須跋、須跋陀、須跋陀羅三種寫法。

於如來性品分出爲十六〔一〕 一切大衆所問品第十七 現病品第十八 聖行品第十九 梵行品第二十 嬰兒行品第二十一 光明徧照高貴德王品第二十二 師子吼菩薩〔二〕品第二十三 迦葉菩薩〔三〕品第二十四 憍陳如品第二十五此部文更精練，章安尊者依此作疏，但世罕流通，而舊本則久行世間矣。

大般泥洹經六卷 南白北食 東晉平陽沙門釋法顯共覺賢譯

共十八品，齊至如來現病而止，聖行以下皆未有。生公明闡提皆有佛性，而見擯斥，想依此經。

大般涅槃經後分二卷 白 唐南海沙門若那跋陀羅與會寧等譯

憍陳如品之末，敘須跋陀羅焚屍現神變事。遺教品第一：佛囑阿難、大衆護持大涅槃法。阿泥樓豆令阿難請問四事，佛答以十二因緣正觀教示車匿、尸波羅戒是汝大師、依四念處嚴心而住、一切經初當安「如是我聞」等語。次答滅後供物不得餘用。次答深心供養舍利如芥子許與現在供佛無異。次答荼毗方法當依轉輪聖王，及答荼毗處所、起塔處

〔一〕「六」，原無，據文義補。
〔二〕「菩薩」，原無，據北藏補。
〔三〕「菩薩」，原無，據北藏補。

所，并示辟支、四果、輪王塔式。止許帝釋一牙舍利。卻衣顯示金身，放光三告，二十四反上昇虛空，殷勤勸諭。應盡還源品第二：世尊三返從超入諸禪定，普爲大衆三返說法，於其中夜入第四禪，寂然無聲，便般涅槃。八樹變白，十方大暗。尸棄大梵、釋提桓因、樓豆、阿難各以偈歎。機感荼毗品第三：金棺自舉，遶拘尸城，待迦葉來，棺開身顯。灌洗纏已，棺門即閉，復現雙足。心胷火踊，七日火盡。聖軀廓潤品第四：七國興兵，圍拘尸城，煙婆羅門唱分八分，各各起塔。

佛說方等般泥洹經二卷　南駒北白　西晉月支國沙門竺法護譯

哀泣品第一：阿難述夢，那律偈歎，大衆哀泣。四童子現生品第二：東方善思義菩薩示生作阿闍世王子，南方喜信淨菩薩示生作師子長者子，西方空無菩薩示生作須福長者子，北方神通華菩薩示生作師子王兵臣子，皆生即跏趺說偈，導一切衆見佛。四童子品第三：佛爲阿難宣唱四童子德。囑累品第四：四菩薩說偈慰阿難。佛以阿難、羅云囑十萬比丘，又囑北方五百佛。度地獄品第五：佛身放無數光，光中現化佛說法。又放光度三類地獄：一、令生忉利，證初果；二、令生兜率，證三果；三、令生梵世，入泥洹。現諸佛品第六：佛放光照十方同名諸佛，同入泥洹者不可勝數，令此會皆得見，亦聞所說經。

佛國淨品第七：現此界清淨莊嚴，不異安樂等剎。天菩薩品第八：諸天來會，阿那律説偈哀歎，十方菩薩同來，興大供養。　如來化説法品第九：阿難偈讚佛，佛先入三昧，現無量化佛説法，後復説佛種種三昧勝用。

四童子三昧經三卷　南駒北食〔一〕　隋北天竺沙門闍那崛多譯

與上經同，但至第六品而止。

大悲經五卷　駒　高齊烏萇國沙門那連提黎耶舍共法智譯

梵天品第一：佛命阿難敷牀，右脅而臥，光掩大千，致大梵王問法生信。佛以大千界囑付之。　商主品第二：魔子商主請佛住世，佛爲授辟支記。　帝釋品第三：佛教帝釋加被之法，并化脩羅，使離鬬諍。　羅睺羅品第四：羅睺不忍見佛涅槃，往至東北方難勝佛處，佛慰喻之。復往上方商主佛處，佛更慰諭，令還此土。釋迦爲説見實諦品，大衆獲三乘益。　迦葉品第五：阿難悲泣，佛以迦葉能弘傳法化事慰之。　持正法品第六：明佛滅後有多弘法人：一、毗提奢比丘，二、提知迦比丘，三、優波毱多，四、阿輸婆毱多，五、鬱多羅，六、設陀沙荼上座，七、毗頭羅及删闍耶二人，八、大精進，九、末田提，十、迦葉，十一、闍知迦長者，十二、法增優婆塞，十三、祁婆迦比丘，十四、大施國王。　舍利品第七：極明

〔一〕「食」，原作「白」，康熙本、乾隆本同，據北藏改。

供養舍利，乃至散一華、一念佛之功德，必得涅槃大果。　禮拜品第八：摩竭大魚聞商人稱南無佛聲，命終生人道中，出家證四果，何况種深善根？　善根品第九：先説寄滴水喻，次明於佛所種善根，决不失滅。　布施福德品第十：施佛福田，設求不涅槃，亦决當涅槃，因現五華供燃燈佛之妙報。　植善根品第十一：明佛從燃燈佛後供養諸佛事。　以諸譬喻付囑正法品第十二：佛親執阿難手，囑令流通正法寶藏。　問教品第十三：預示結集法，并囑莫放逸。

大乘方廣總持經一卷　南五北才　隋北天竺沙門毗尼多流支譯

佛將涅槃，入如法三昧，令大千界普徧莊嚴。大衆雲集，佛出舌相，徧覆大千，勅彌勒問法决疑，於是淨居天等請佛説大乘方廣總持法門。佛告彌勒：一切法皆是佛説，不應横生分別去取，執小廢大，執大廢小。若謗法者，罪則無量。因説彌陀及自往因，致有佛國淨穢之别。又菩薩必具行六度，不可但言宜修般若；又菩薩不得謗他菩薩，其罪極重。

佛説濟諸方等學經一卷　南五北才　西晉月支國沙門竺法護譯

與前經同。

集一切福德三昧經三卷　南大北化　姚秦天竺三藏鳩摩羅什譯

佛三月後當入涅槃，千世界主那羅延菩薩請問護菩薩法，佛爲説三昧名。時有淨威力士懷慢而來，佛以父母生力示之，發菩提心。那羅延重請三昧之義，佛以發無上心答之。次明修此三昧，應成布施、持戒、多聞三種莊嚴。次明成就種種四法，能證無生。次爲力士授菩提記，及諸大菩薩各説菩薩所行法門。此一切菩薩所宜急急受持，令三寶種永不斷絶。

等集衆德三昧經三卷　南四北化　西晉月支國沙門竺法護譯

與上經同。

摩訶摩耶經二卷　一名佛昇忉利天爲母説法經。　南忘北彼　蕭齊沙門釋曇景譯

佛於忉利天放光現化，并勑文殊請母相見，令證初果，爲説神呪。後從天下，漸次化度。受魔王請，乃入涅槃。摩耶來赴棺所，佛復開棺，現千化佛，母子相見，以彰孝道。

大方等大雲〔一〕**經**四卷　南毀北男　北涼中天竺沙門曇無讖譯

大雲初分大衆犍度〔二〕第一：一切大衆從禪定起，俱集靈山〔三〕。大雲密藏菩薩雲興

〔一〕「大雲」，南藏、北藏與磧砂、普寧、徑山、乾隆藏同，趙城金藏等作「無想」，因本經卷末佛答以三名，諸藏所取不同。

〔二〕「犍度」，南藏、北藏皆作「楗度」，爲與他經統一，不改。下同。

〔三〕「靈山」，經文作「耆闍崛山」。

諸問，如來讚許。當説常、樂、我、浄之法，所謂大雲經總持大海，三昧大海，如來法印〔一〕，諸佛法城，法界甚深，常住不變，不可思議，常、樂、我、浄。此經中有四百不可思議解脱法門，及無量法門，亦説妙呪，令降甘雨，震動世界，致諸妙供。　三昧揵度第二　陀羅尼揵度第三　密語揵度第四　轉生有藏揵度第五　得轉生死業煩惱揵度第六　智狂入揵度第七　解脱轉福德藏法門揵度第八　解脱有德轉藏揵度第九　轉功德行揵度第十　大雲虚空生揵度第十一　電光轉揵度第十二　電轉揵度第十三　神通揵度第十四　寶雹〔二〕揵度第十五　金剛智揵度第十六　無盡揵度第十七　正行揵度第十八　師子吼揵度第十九　師子吼神通揵度第二十　善方便揵度第二十一　神通揵度第二十二　金翅鳥揵度第二十三　大捨揵度第二十四　無畏揵度第二十五　入行揵度第二十六　至心揵度第二十七　勇力揵度第二十八　善揵度第二十九　神通揵度第三十　智揵度第三十一　智寶藏揵度第三十二　施揵度第三十三　福田揵度第三十四　正法揵度第三十五：已上即是釋初品中法門，各出其差別名字也。每一揵度，各有一天女、天子等供養偈讚。　如來涅槃揵

〔一〕「印」，原作「師」，康熙本、乾隆本同，據北藏改。
〔二〕「雹」，原作「泡」，據北藏改。

度第三十六：健行梵王問法，無盡意天子答之。大雲密藏請説四百三昧義，佛讚許之。先説祈雨神呪，次釋甚深浄水大海三昧等名義及其勝用。次有善德婆羅門疑問提婆達多〔一〕及六羣事，大雲密藏答之。善德思求如來舍利供養，一切衆生樂見童子答之，善德開解。浄光天女問此二人來處，佛爲説其往因，并爲授記。增長揵度第三十七：南方諸天子來問經名，佛答以三名：一、大雲，二、大般涅槃，三、無想，并授記末法中事。乃至安樂世界無量壽佛遣無邊光菩薩來此法會，佛即授浄光天女大菩提記。

此經分分皆有「大雲初分」四字，當知經來未盡。

菩薩處胎經五卷　悲　姚秦涼州沙門竺佛念譯

天宫品第一：二月八日夜半，佛卧金棺，以神足力，示處母胎宫殿，集十方菩薩，爲文殊説法。遊步品第二：與彌勒及分别身觀菩薩説法。聖諦品第三：爲大衆説十住、四禪。佛樹品第四：化現寶樹，説希有法。三世等品第五：答喜見菩薩問，答彌勒菩薩問。想無想品第六：爲彌勒菩薩説，并答迦葉問。有盲人摸象喻。住不住品第七：答無住菩薩問。八種身品第八：説八方佛刹事，并説西方有懈慢世界，執心不牢固

〔一〕「多」，原無，據北藏補。

者生之。　全身舍利品第九：説諸佛舍利住在下方者。　常無常品第十：答觀見無常菩薩問。　隨喜品第十一：答東方頂王菩薩問。　五道尋識品第十二：現無量骨瑣，令彌勒敲，至佛舍利，則不能尋究其識。　諸佛行齊無差别品第十三：變一切菩薩盡作佛身，同音説法，度無量衆。　次答無盡意菩薩問，明往古諸天發心即成正覺之事。　行定不定品第十四：答常笑菩薩問，令大衆不復願樂在家俗業。　入六道衆生品第十五：答自在菩薩問，令衆生知六道苦。　轉法輪品第十六：放光感上方、東南方菩薩來，次説有盡、無盡法。　五神通品第十七：答妙勝菩薩問，令諸衆生捨俗五通，得六通慧。　識住處〔一〕品第十八：答普光菩薩問，明識與身非有先後。　善權品第十九：答舉手菩薩問，明菩薩權變適化。　無明品第二十：答智清淨菩薩問，明黑業受黑報，白業受白報。　又明補處菩薩生卑賤家，化度父母事。　苦行品第二十一：明六年苦行無益，思惟正道，乃得佛。　四道和合品第二十二：答徧光菩薩問，明不二入。　意品第二十三：答根蓮華菩薩問，明意在去、來、今，去、來、今無意。　定意品第二十四：答持空菩薩問，明真實四不思議。　光影品第二十五：佛現光影，令諸會者皆同一色。　次答賢光菩薩問，明佛光神德。　破邪見

〔一〕「處」，原無，據北藏補。

品第二十六：説光明佛時授記事。文殊身變化品第二十七：顯發文殊過去舍利，現在他方作佛。八賢聖齋品第二十八：答智積菩薩問，明過去化生龍，受八戒齋，化金翅鳥王，亦受八齋。五樂品第二十九：明往古帝釋憶佛功德，降阿脩羅。緊陀羅品第三十：信解脱菩薩過去本事。香音神品第三十一：世尊過去本生事。地神品第三十二：答善業菩薩問，明六大以識爲王。人品第三十三：答法印菩薩問，明人種法。行品第三十四：答造行菩薩問，明如來不免九惱。法住品第三十五：囑彌勒菩薩傳布此經。復本形品第三十六：世尊還在金棺，寂然無聲。迦葉趨到，説偈哀歎。起塔品第三十七：分舍利，各起塔供養。出經品第三十八：大迦葉與優波離、阿難、五百羅漢，并集他方羅漢，八億四千衆，同結法藏：一、胎化藏，二、中陰藏，三、方等藏，四、戒律藏，五、十住菩薩藏，六、雜藏，七、金剛藏，八、佛藏。

中陰經二卷　南絲北景　姚秦涼州沙門竺佛念譯

如來五弘誓入中陰教化品第一：佛示涅槃，碎身舍利入火燄三昧，離舍利七仞，坐寶蓮華，令大衆見。放光普照，集一切中陰，與彌勒論中陰法。次捨釋迦牟尼名，轉名妙覺如來，放舌相光，集十方菩薩而爲説法。妙覺如來將諸菩薩入中陰教化品第二　妙覺如來入中陰分身品第三　賢護菩薩問事品第四　道樹品第五　神足品第六　破愛網品第七

三世平等品第八　無生滅品第九　空無形教化〔一〕品第十：如來捨中陰身，入虚空藏三昧，但以聲教，不覩其形。　有色無色品第十一　歡喜品第十二：佛見所度已畢，將遊他方，歡喜説偈。

佛説蓮華面經上下仝卷　南詩北景　隋烏萇國沙門那連提黎耶舍譯

佛將入涅槃，勅阿難諦觀金身，爲説舍利弗所作佛事。又爲現將來壞法惡事，令生厭離。次至菩提樹下，諸天哀歎。佛爲懸記蓮華面破佛鉢及破鉢所作佛事。

〔一〕「化」，原無，康熙本、乾隆本同，據北藏補。

閱藏知津卷第二十六

北天目沙門釋智旭　彙輯

小乘經藏之一 即阿含部

述曰：阿含，亦云阿笈多，此翻教，又翻無比法，又翻法歸，蓋是萬法之淵府，總持之林苑。是故通則大小二教，皆號阿含，别則小開四部，謂增一明人天因果，長破邪見，中明深義，雜明禪法。又復約别，雖云在第二時，實則通該一代，良由一類衆生始終見小，直至示入涅槃，不聞大教。凡是三印所印，悉宜收入此部。

增壹阿含經五十卷　前有釋道安序。　形端表正空　苻秦兜佉勒國沙門曇摩難提譯

序品第一：先偈讚述意，次彌勒菩薩告賢劫大士及諸天，共流布法。阿難以此法囑累優多羅尊者。大迦葉隨問：何以獨囑此增壹阿含？何以獨囑優多羅？阿難答曰：增一即是一切法，優多羅曾受持七佛之法故也。　十念品第二：念佛、念法、念僧、念戒、念施、

念天、念休息、念安般、念身非常、念死。　廣演品第三：廣説十念法門。　弟子品第四：佛説百比丘各有第一法。　比丘尼品第五：説五十尼功德。　清信士品第六：説四十優婆塞功德。　清信女品第七：説三十優婆斯功德。　阿須倫品第八：説阿須倫欲犯日而不能，喻波旬不能得如法比丘六根之便。　次説如來一人出世，饒益多人，令人入道，有智慧光，消滅無明，現助道法。　如來若没，人民失蔭。　若復出世，人民光澤，三惡減少，無能及者。　一子品第九：説一子一女喻，誡比丘善念專心，求於果證。　次説不見一法疾於心者。　次説不見一法眩惑於人如女色者。　次説亂想過失，不浄想力用。　護心品第十：謂無放逸修善法，及説施主果報，亦勸比丘修福修信。　不還品第十一：説滅一法，成阿那含，謂欲也，恚也，癡也，慳也。　次説心難降伏，則受苦，心易降伏，則受樂。　次説財利爲害最重，提婆達兜〔一〕因利養入泥犁。　一入道品第十二：説一入道，能證泥洹，謂滅五蓋，思惟四意止。　次勸修慈三業。　説佛爲世尊。　説瞻病功德、阿練若頭陀功德，讚迦葉年老不捨頭陀行，能令佛法久住於世，成就三乘道果。　次説提婆達兜因利養障無上道。　次明提婆達兜愚人，不知善惡報，故作是説：何處有惡？　惡從誰生？　誰作此惡而受其報？　次更

〔一〕「兜」，原無，康熙本、乾隆本同，據南藏、北藏補。　本書以下各處都予以據補，不再出注説明。

二番訶利養過。　利養品第十三：説脩羅陀因利養退道，佛滅昧欲而證道。摩利夫人説愛别離苦，以悟王心。佛及舍利弗爲長者説身心有患無患法。佛爲婆羅門説二十一結必墮惡趣：一、瞋，二、害，三、眠，四、調，五、疑，六、怒，七、忌，八、惱，九、嫉，十、憎，十一、無慚，十二、無愧，十三、幻，十四、姦，十五、僞，十六、諍，十七、憍，十八、慢，十九、妒，二十、增上慢，二十一、貪。息此二十一結，修慈、悲、喜、護，便證三明。佛以偈答帝釋。釋〔一〕問須菩提病。

五戒品第十四：説殺等墮三塗，不殺等人天得道。

有無品第十五：二法初。説有無二見過患。分别二施、二業、二恩、智愚二像貌。思惟二法，禮如來，禮法塔寺。二因緣起正見，謂受彼教誨，内思止觀。火滅品第十六：難陀成道，魔擾之而不動，爲波斯匿王説法。佛爲比丘説二涅槃，烏、豬二喻，驢、牛二喻，善、不善二行，邪正二法，燭明之法，忍、思惟二力。阿那律爲梵志説法。佛記羅云漸當得道。安般品第十七：佛爲羅云説安般法，令證果位。説如來、輪王出世甚難，支佛、羅漢亦難。二法甚爲煩惱。邪見一切不可貴，正見一切可貴。欲無厭足，如頂生王。善惡知識如黑白月。貢高爲惡知識，不貢高爲善知識。周利槃特及舍利弗化世典婆羅門。提婆達兜勸太

〔一〕「釋」，即帝釋，經文作「釋提桓因」。

子弑父，佛爲比丘説當捨非法，行正法。　慚愧品第十八：讚慚愧二法。分别二無厭足。當習法施，勿習食施。佛令迦葉受梵志婦食，俾其夫婦證果。降伏醉象，令大衆獲益。執難陀見天堂、地獄，而令證果。爲大愛道説禮佛法。説二人謗佛，謂法説非法，非法説法。二人獲福，謂稱譽應稱譽者，不稱不應稱者。　勸請品第十九：佛初成道，梵王請轉法輪。爲五比丘説捨苦樂二事，行八正中道。爲天帝説斷欲法，目連重往驗之。佛説二人無恐怖，師王及羅漢；二法無智慧，不問、不精進；二法常貧賤，阻施及不施；二法生貧家，不孝、不事勝。佛涅槃後，須深女問大拘絺羅：優蹋藍弗等二人，何時盡苦際？迦遮延爲婆羅門説老地、壯地法。佛説二人難得：一、説法，二、聞法奉行。爲諸童子説應念返復，不忘小恩。　善知識品第二十：歎善知識功德。爲五百比丘訶惡知識過，受其懺悔而證道果。因曇摩留支，説錠光佛時之事。爲比丘説似〔一〕師子、似羊法。讚知返復人。訶懈怠法。勸修止觀。勸修恭敬、精進。説無信及慳貪人，難與説法。供養父母及一生補處菩薩，得大果報，勸供養父母。教朱利槃特誦掃箒，悟除垢義。教比丘除愛，則離愛、怨二苦。

三寶品第二十一：三法初。首明三自歸之德，次明三福業：一、施，二、平等四無量心，

〔一〕「似」，原無，據北藏補。

三、思惟七覺支。次明三緣受胎，應方便求斷。次明欲起慈心，應緣三寶。次因瞿波離謗二尊者，墮大地獄，而勸修三善行。次明三法盡漏，謂諸根寂静，飲食知節，不失經行。次明風、痰、冷三患，酥、蜜、油爲良藥，貪、瞋、癡三患，不浄、慈心、因緣爲良藥。次明三惡應捨，三善應修。次明欲、色、痛各有味、有過、有捨離法。次明應於三不牢要求成牢要，謂身、命、財。三供養品第二十二：如來、羅漢、輪王應供養。於三寶所，種善根不可盡。當以四念處滅三痛。三事宜覆，女人、呪術、邪見；三事宜露，日、月、佛法。應觀三有爲相。愚有三相三法，智有三相三法，即三業也。戒、定、慧三法不可覺知，覺則成道。三法可愛而不可保，謂少壯、無病、長壽〔一〕。三事速入惡趣，謂貪欲、睡眠、調〔二〕戲。三法無厭足，謂貪欲、飲酒、睡眠。地主品第二十三：佛爲波斯匿王説作福無厭，宜如昔王。帝釋試婆拘盧能説法。佛以琴喻，化二十億耳比丘。佛爲波斯匿王説婆提長者因緣，勸行廣施。佛爲阿難説戒、聞、施三妙香。佛因提婆達兜，爲比丘説不著利養，能獲戒、定、慧法。

〔一〕「長壽」，北藏作「壽命」。
〔二〕「調」，底本作「掉」，據北藏改。

說三不善根墮三惡，三善根生人、天。分別三聚，謂邪、等〔一〕、不定。分別三惡觀、三善觀果報。高幢品第二十四：念三寶得無畏，猶諸天念三幢勝脩羅。爲毗沙鬼説法，救那優羅小見。爲釋種説法王勝於輪王。爲比丘説無常。爲五比丘説法，乃至度三迦葉，度釋種。爲比丘説三齋日，天王使者、太子及自身觀察世間，應受八齋法。爲比丘説三事現在前，獲福無量：一、信，二、財，三、持梵行者。爲鬬諍比丘説長壽王事，爲大將讚阿那律等三人。爲比丘説三結使過患：一、身邪，二、戒盜，三、疑。爲比丘説三三昧。

四諦品第二十五：四法初。説知四諦者出苦，不知者墮五道中。説四法饒益：一、親近善知識，二、聞法，三、知法，四、法法相明。説如來出世，便成四未曾有法。説擔、持擔、擔因緣、捨擔。説四生應捨離。舍利弗説四人，謂有結、無結，各論知與不知。佛説生熟四果，似四種人。説鳥聲形四料簡，説雲雷雨四料簡，皆喻比丘。四意斷品第二十六：説無放逸修行四意斷，如地，如輪王，如月，如婆斯華。爲匿王説先闇後明等四人。爲比丘説老、病、死、愛別離，四不可喜，應覺四法，謂戒、定、慧、解脱。爲匿王説老、病、死、無常，猶四山來合。説諸行無常、苦、無我，涅槃休息。舍利弗爲衆説四辯。佛爲舍利弗説四不可

〔一〕「等」，原作「正」，據北藏改。

思議事，謂世界、衆生、龍及佛土。因舍利弗、目連〔一〕滅度，佛爲阿難説四人應起塔，謂輪王、聲聞、支佛、如來。説婆迦梨比丘得四諦，魔欲覓其生處，不可得。　等趣四諦品第二十七：佛勑人親近舍利弗、目連，聞其廣演四諦義。佛説外道不能分别四受，謂欲受、見受、戒受、我受。佛爲長者説至心布施，及作房、三歸、五戒、慈心、厭離，功德轉勝，佛爲比丘説日出喻。爲彌勒説四法具足六度。爲比丘説四無畏。説四衆多聞，博古通今，爲第一。説四金翅鳥食四龍，而不能食事佛者，以如來行四等心故。説惠施有四功德不可稱量，謂知時、自手、浄潔、極妙。説四人可敬，謂持信、奉法、身證、見到。　聲聞品第二十八：目連、迦葉、阿那律共化跋提長者，賓頭盧化老母難陀。佛因長者，爲比丘説授三歸五戒法，許分分受。佛説日月四翳，喻欲、恚、癡、利养四结。佛爲童子说四種座，卑座、天座、梵座、佛座。佛令鹿頭梵志擊骨，辨男女病原及所生處，惟不能辨阿羅漢骨，梵志因出家成道，説四界、八界義。佛爲比丘説四大廣演之義，謂契經、律、阿毗曇、戒，或非經本，或是義説，或戒行與味相應，或真是佛説。佛爲匿王説世間四事先苦後樂，亦爲比丘説四事先苦後樂，謂梵行、誦習、坐禪、數息，能得四禪四果之樂。佛説四果，一如黄藍花，一如芬陀利，

〔一〕「目連」，北藏作「目揵連」，智旭可能故意用流行稱謂。

一似柔輭，一柔輭中柔輭。　苦樂品第二十九：説先苦後樂等四人。説身樂心不樂等四人。説四梵福：一、起塔，二、治故寺，三、和合聖衆，四、請轉法輪。説四食宜捨離。説四辯宜求成就。説四事不可思議，當思四諦。説四神足當修行。説四起愛法莫貪著，謂四事供養。説四姓出家，同名釋子，如四河入海。説四等心，名爲梵堂。　須陀品第三十：須陀沙彌隨佛問隨答，佛讚印之，許其即爲比丘。老比丘舒腳眠，小沙彌正身坐，佛説眠者當生龍中，坐者當見四諦。阿那邠邸長者女修摩提嫁滿財長者子，令其家供佛、僧，同悟道。

增上品第三十一：爲生漏梵志説閒居處修成道法。爲比丘説善知識應以四事教諸父母知親，謂恭敬三寶，受持戒律。爲比丘説四事行迹，謂苦、樂各有愚惑、速疾，應奉行苦速疾行迹。爲四梵志不免無常，説四法本，所謂無常、苦、無我、滅盡爲涅槃。説諸天四園四池，比丘亦四園四池，四等爲園，四三昧爲池。説四蛇、五持刀、六怨家喻。説身、口、意、命，善生善處，惡生惡處，修四禪得盡漏。説初苦行不得道，依戒、定、慧、解脱四賢聖道而成佛。爲天人説四流、四樂、四諦法。説比丘當修無常想。爲二弟子訶勝負心。

善聚品第三十二：五法初。説信等五根爲善聚，貪等五蓋爲不善聚。説禮佛五功德。説佛以天眼，見閻羅王將五天使詰責罪人，及説地獄衆苦，誡諸比丘當滅五結，修行五根。説自恣時衆僧清淨，印讚多耆奢造偈第一。説天子五衰相現，歸佛得免惡道，爲長者子，出家證道。尊者那羅陀爲文荼〔一〕王説除憂經，謂除去五愁憂刺。佛説病人五法難差，五法易差。又説瞻病人五法難差，五法易差。佛爲師子大將説惠施五德。又爲比丘説惠施五功德。又説應時施有五事。五王品第三十三：五國王各論一塵偏妙。佛言：平等論之，隨所好則各妙，然各有過失，各有出要。佛爲月光長者記其子尸婆羅當出家，後果同五百童子出家，福德第一，并説其往因。佛兩番説五戰鬭人，皆喻比丘。佛説掃地五事、掃塔五事。説長遊五難，不多遊五功德。説恒一處止五非法。又説不一處住五功德。佛因大火燒樹，説破戒受供，倍於猛火。等見品第三十四：舍利弗説戒成就人，乃至阿那含人，皆當思惟五陰苦惱。敘流離王滅釋因果本末。佛説諸天有五衰相。説出家有五毁辱法：一、髮長，二、爪長，三、衣垢，四、不知時宜，五、多有所論。雞頭梵志以二兩〔二〕金錢營供，諸天助之，乃至出家成道。佛説世間五事最不可得，謂不喪、不盡、不老、不病、不死。説五人不可療治：一、諛諂，二、姦邪，三、惡口，四、嫉妬，五、無反復。説脩羅謂諸天非法，則被天縛，比丘興結使，則被魔縛。爲阿難説五陰名盡法。爲生漏梵志説使民減少因緣。邪

〔一〕「荼」，原作「茶」，據北藏改。

〔二〕「兩」，原無，據北藏補。高麗藏等作「三兩金錢」。

聚品第三十五：說五事知是邪聚：應笑不笑，應喜不喜，應慈不慈，作惡不恥，聞善不著意；反是爲正聚相。說如來出現必爲五事：一、轉法輪，二、度父母，三、無信令信，四、使發心，五、授佛決。說五施無福：一、刀，二、毒，三、野牛，四、婬女，五、神祠；五施福大：一、園觀，二、林樹，三、橋梁，四、大船，五、住處。說女人以五力輕夫，夫以富貴力蔽之，魔以五塵力縛人，人以無放逸力勝之。說女人有五想，比丘亦應有五想，謂戒、聞、定、慧、解脱。說五時不應向人禮，塔中、衆中、道路、病卧、飲食。因度毗舍羅長者而說湯施之德。爲欲捨戒比丘說女人五難。多耆奢比丘觀五陰而斷欲證果。僧伽摩比丘七返降魔。聽法品第三十六：說隨時聽法五功德。說作浴室五功德。說施楊枝五功德。說屠牛等人無善根。目連降二龍，佛往忉利爲母說法，優填王造栴檀像，波斯匿王造金像，佛從天下，五王起大神寺。

六重品第三十七：六法初。說六重法，謂身、口、意三業慈，同利、同戒、同見。說舍利弗所入三昧，目連不知名字，然目連其實神足第一。舍利弗等各說牛師子園快樂之法，佛咸印之。佛說呪願六德，施主成就信、戒、聞，彼物成就色、味、香。佛說比丘欲求佛教，欲得四事，欲求知足，欲多知識，欲求四禪，欲求八解，欲求天耳，欲求心通，欲得神足，欲知宿命，欲求天眼，欲求漏盡，皆當念戒德具足。舍利弗爲比丘說六法入地獄，六法生天，六法至涅槃。佛爲比丘説第一空法，謂觀六入因緣生滅。佛爲生漏梵志説刹利乃至比丘所欲、所行、所著、所究竟，各各不同，又爲梵志説不修梵行事。薩遮尼犍子受佛化，命終生天。

力品第三十八：説凡常六力：小兒啼，女人恚，沙門、梵志忍，國王慢，羅漢專精，佛大慈悲。應學大慈悲力。説應修無常想，不修者生三惡道，修者生人、天，得涅槃。佛爲梵志説内外六塵六入法。佛説未成道時，思惟十二因緣，如見古昔王城。佛訶阿那律睡眠，阿那律不眠失目，證天眼，當補衣時，佛爲貫鍼，因説六法無有厭足：一、施，二、教戒，三、忍，四、法説義説，五、將護衆生，六、求無上道。佛降央〔一〕掘魔，令痞如來滅六見法，出家證果，以至誠言而救産難，忍打駡辱，并爲比丘説其往因。佛説諸山前後各有異名，唯仙人山更無異名。佛勑比丘專念修己，謂觀六情。佛勸修無常想，述古時女人因辟支説法，思惟六情無主，得生梵天。佛爲波斯匿王説正法治化，增六事功德，王亦讚佛以六事應受禮拜。佛爲毗舍離除疫病苦，説二千五百寶蓋夙因所致。輸盧比丘尼降伏六師。佛説六情染著則流轉，思惟不浄即成道迹。

等法品第三十九：七法初。明七法得樂、得果，謂知法、知義、知時、自知、知足、知入衆、

〔一〕「央」，康熙本、乾隆本同，北藏作「鴦」。

觀察衆人。法者，十二部經；義者，如來機趣；時者，止觀、語默等；自者，善能修己；足者，行住進止之宜，皆知止足；衆者，刹利、梵志、長者、沙門等語默法則；觀察衆人者，知其根原勝劣。說晝度樹七喻，喻賢聖弟子發心、出家、游四禪、成無漏。說七事水喻，喻無善、退善、不進及四果證。說王治七法，喻浄戒、護根、多聞、方便、四增上心、四神足、分別陰界入緣起。說七神識住處。勅病比丘均頭說七覺意而病愈。說輪王七寶，法王七覺。有比丘慕輪王快樂，佛令修梵行證果。有天語童真迦葉，此舍七喻，迦葉問佛知義而證果。滿願子爲舍利弗說七車喻。七日品第四十：說七日出時，世界無常，及說成劫，漸有四姓。說跋祇〔一〕人修七法，不爲外寇所壞，比丘亦有七不退轉法，魔不得便。說貪欲、瞋恚、憍慢、癡、疑、見、欲七使，七覺治之。說七人可事可敬：一、慈，二、悲，三、喜，四、護，五、空，六、無相，七、無願。說毗羅先長者七日應命終墮落，阿難度令出家，一日修十念，生天上。說浄諸漏法，或緣見，或恭敬，或親近，或遠離，或娛樂，或威儀，或思惟。說七事增益功德：起僧藍，施牀座，施食，施雨衣，施藥，作井，作近道舍。說思惟死想，宜於出入息中。爲波斯匿王說七倮形等非是梵行人。迦旃延廣演佛所說不著世、不住世義。莫畏

〔一〕「跋祇」，底本依北藏著録，趙城金藏等作「拔祇」。

品第四十一：説斷三結，名不退轉義，勑摩訶男莫生怖畏。那伽波羅度長老梵志成道。佛勑比丘觀七處善，又察四法，謂慈、悲、喜、護、空、無相、願，及四念處。舍利弗爲北游比丘説八道、七覺法。迦葉不捨頭陀行，佛以法寶付囑之，并付阿難。

八難品第四十二：八法初。説地獄、畜生、餓鬼、長壽天、邊地、根缺、邪見、無佛世爲八難。説八大地獄因果，應修八正道離之。佛以父母力起石，令力士降伏，次説神力智慧遠勝目連、舍利。又度君荼羅比丘尼。又讚阿難有四未曾有法。又爲阿難説待女人法、罰車匿法。又度五百摩羅及摩須跋〔一〕。佛因阿須倫説八法如海。佛説八緣天地大動。佛爲阿那律説戒勝於聞，及説八大人念：一、少欲，二、知足，三、閒居，四、戒，五、三昧，六、智慧解脱，七、多聞，八、精進。佛説八部衆：一、刹利，二、婆羅門，三、長者，四、沙門，五、四王，六、三十三天，七、魔，八、梵，佛以八法勝之。阿那邠邸長者八處惠施，佛讚歎之，并爲説福田勝劣。佛説惠施八德：一、隨時，二、鮮潔，三、親手，四、誓願，五、不望報，六、求滅度，七、施良田，八、迴向衆生。佛説八邪趨泥犁，八正向涅槃。

馬血天子品第四十三：佛爲馬血天子説惟八正道得盡世界邊際。佛説八關齋法及發願功德，引古本生事爲證。佛因

〔一〕「摩須跋」，北藏作「須拔」。

水漂木，説無八事，便漸至海，喻人得至涅槃。牧牛難陀因發心出家，并問其義，佛言：此岸是身邪，彼岸身邪滅，中没者欲愛，岸上者五欲，人捉求王福，非人捉求天，迴轉是邪疑，腐敗是八邪。佛因提婆達多説利養能害八正道。佛爲比丘説筏喻，敘昔降魔之事。佛説牧牛度水愚黠喻。佛度阿闍世王得無根信。佛説比丘應除世八法。説佛不著八法。説八人不住生死，謂四果、四向。

九衆生居品第四十四：九法初。説九衆生居。説嚫願九德：施主三法，信、願、不殺；物三法，色、香、味；受者三法，戒、慧、定。説惡比丘成九法不成道：一、强顔，二、耐辱，三、貪心，四、慳著，五、健忘，六、少睡〔一〕，七、隱匿，八、無返復，九、念不捨離。説孔雀九法，喻比丘九善法：一、端正，二、清澈，三、庠序，四、知時，五、知節，六、知足，七、念不分散，八、少睡，九、少欲，知返復。説女人九法繫縛男子，當念捨之。佛爲比丘説諸法之本，謂不著地等，乃至涅槃。佛躬看病比丘，勅比丘看病。佛説九人可敬〔二〕，謂四果、四向及

〔一〕「少睡」，原作「邪思」，據北藏改。
〔二〕「敬」，原作「教」。北藏原文爲「有九種人可敬可貴，供之得福」，據改。

種性人〔一〕。佛爲滿呼王子顯朱利槃特之德。佛爲阿難説善知識是全梵行。佛爲天帝説衆生性行不同。

馬王品第四十五：婆羅門獻女於佛，佛不受之，有一比丘欲受，佛爲説女人九惡，并説往昔商人墮羅刹國，乘馬王度難因緣。佛爲舍利弗、目犍連説九法不得長大，九法有所成辦。佛説比丘應念少欲知足。佛爲惡魔説拘留孫佛時事，明世間四食，段、觸、思、識〔二〕，出世五食，禪、願、念、解脱、喜。佛勸比丘應修慈心，如食金剛。佛爲舍利弗讚空三昧。佛應尸利掘長者火坑、毒食之請，令其見諦。

結禁品第四十六：十法初。説十事功德結戒。説聖賢所居之處有十事。説如來成就十力，知五陰、四諦、因緣生滅。説如來十力、四無所畏。説十念法，謂念佛、念法、念僧、念戒、念施、念天、念止觀、念安般、念身、念死。説比丘親近國家，有十非法。説國王十非法、十法，比丘亦十非法、十法。十法者，一、持戒，二、敬佛，三、敬法，四、敬僧，五、少欲知足，六、隨戒，七、坐禪，八、閒静，九、與善知識從事，十、多聞。佛爲比丘説十論、十義、十演：一、依食，二、名色，三、受，四、諦，五、根，六、重，七、神止處，八、世法，九、衆生居，十、念。

〔一〕「種性人」，底本據北藏著録，高麗藏等作「向種性人」。

〔二〕「段、觸、思、識」，此爲流行用法，北藏原文作「摶食、更樂食、念食、識食」。

佛勸比丘修十想：一、白骨，二、青瘀，三、胖脹，四、食不消，五、血，六、噉，七、無常，八、貪食，九、死，十、不可樂。佛爲比丘訶欲想，令重修十想證果。善惡品第四十七：説十惡墮落，十善生天，十念滅度。説十惡果報。説知善惡罪福，名知幻者。警世論比丘當論十功德論，亦警求四事者，亦警分別國主善惡者，亦警評論波斯匿王者。爲羅云施主説平等施法。爲均頭説十善，除滅邪見。論壽命長短事。十不善品第四十八：廣説十不善果報。説七佛略廣二戒因緣。説彌勒佛時事。説七佛事。爲師子長者説供僧福多，及讚平等行施。説金剛三昧力，鬼不能害，火不能燒。

牧牛品第四十九：第四分別誦。佛説牧牛得失，各十一法，比丘得失亦各十一法：一、知色；二、知相；三、知摩刷，謂離惡念；四、知護瘡，謂護根；五、知起煙，謂多聞説法；六、知良田茂草，謂八正道；七、知所愛，謂愛法寶；八、知擇道行，謂行十二部經；九、知渡處，謂四意止；十、知止足，謂不貪食；十一、恭奉長老比丘。佛説比丘應成就十一法：戒、定、慧、解脱、解脱見慧、根寂、知足、修法、知方便、分別義、不著利；并讚十一苦行迦葉比丘。佛因十大弟子并提婆達兜各將徒衆游行，因説善惡各各以類相從。象舍利弗還俗，重出家證果，爲諸人民説十一法，阿羅漢所習：一、捨戒，二、不淨，三、殺生，四、盜，五、殘食，六、妄語，七、羣黨，八、惡言，九、狐疑，十、恐懼，十一、受餘師及受胞胎。又分別五通、六通不同。佛爲比丘釋十二因緣法，并爲阿難説其甚深。翅甯梵志聞法請佛，施羅梵志出家證果。佛讚一坐食法。佛説有習行沙門，有誓願沙門，及説沙門法行、婆羅門法行。敘提婆達兜出家得神足，造逆墮地獄，悔心蒙授記，及目連往訊始末。佛説慈心十一果報：卧安，覺安，無惡夢，天護，人愛，不毒，不兵，水、火、盜賊俱不侵，得生梵天。禮三寶品第五十：説禮佛寺十一法，禮法十一法，禮僧十一法。説過去轉輪王以法相繼事，勑阿難莫增減所受持法。説四人泥犂罪報相。説佛明知五趣及涅槃因果。説雪山樹五事長大，人亦如是，當求信、戒、聞、施、慧。説婬欲決定障道，及説受持十二部經，須善知義，不知義者如捉蛇尾，反被其害，知義者如捉蛇頸。佛爲生漏梵志説三世劫數無量。佛爲異比丘説辟支佛出名小劫，佛出名大劫。非常品第五十一：説生死中墮淚多於恒水，流血亦多於恒水。勸修無常想，説音響王求得子，成辟支，起塔供養事以證之。説比丘及尼應除心五弊，斷心五結。五弊者，疑佛、法、僧，犯戒不悔，爲生天而修行。五結者，懈怠、眠寐、心亂、根不定、喜在閙。佛説比丘應精進持戒，勝犯戒衆，如王治國。佛説寧常睡眠，不於覺寤亂想造業。佛説長者以金誘四子歸依三寶，得無量福報。舍利弗爲阿那邠邸長者説法，令其生天。佛説四種婦人法，令長者兒婦改過見道。佛爲舍利弗説生死苦，亦説生者宜在豪貴。大愛道般涅槃品第五十二：大愛道等五百比丘尼及二沙彌尼滅度，佛自供養大愛道，以報養育之恩。婆陀比丘尼憶宿命而笑，因爲衆尼説之。佛爲比丘説生死劫長，應生厭患，一作大城芥子喻，一作天衣拂石喻。佛説隨時聞法五功德。佛爲師子大將説施主五功德。爲波斯匿王説福田有勝劣，施心宜平等。因波斯匿王殺庶母百子而悔過，爲説四苦難免，十惡報劇，應正法治化，莫以非法。佛爲王釋十夢，而王歸信。

佛説阿羅漢具德經八紙半　南夙北臨　宋中印土沙門法賢譯

佛在祇園，説百弟子之德，及説比丘尼、優婆塞、優婆夷之德。此與增壹阿含弟子、比丘尼等品同本。

△**佛説四人出現世間經**三紙欠　南福北緣　劉宋中天竺沙門求那跋陀羅譯

爲波斯匿王説先後醜妙四人不同。出增壹阿含四意斷品。

佛説波斯匿王太后崩塵土坌身經二紙半　南緣北善　西晉沙門釋法炬譯

説四恐畏，如四山合逼，無能避者。亦名除憂患經，亦出四意斷品。

◤**須摩提女經**一卷　南緣北善〔一〕　吳月支國優婆塞支謙譯

〔一〕「善」，原作「敬」，據北藏改。

佛說三摩竭經九紙　南尺北善〔一〕　吴天竺沙門竺律炎〔二〕譯

○佛說給孤長者女得度因緣經三卷，南作二，北作一〔三〕　南蘭北薄　宋北印土沙門施護譯

三經俱出增壹阿含須陀品。

佛說婆羅門避死經一紙欠　南緣北善　後漢安息國沙門安世高譯

出增壹阿含增上品。

○食施獲五福報經一紙餘　亦名佛說施色力經。　南緣北善　東晉録

謂命、色、力、安、辯也。出增壹阿含善聚品。

頻婆娑羅王詣佛供養經四紙半　南緣北善　西晉沙門釋法炬譯

出增壹阿含等見品。

佛說長者子六過出家經二紙欠　南緣北善　劉宋沙門釋慧簡譯

出增壹阿含邪聚品。

〔一〕「善」，原作「敬」，據北藏改。

〔二〕「竺律炎」，原作「竺炎律」，康熙本、乾隆本同，據南藏、北藏等改。

〔三〕「三卷，南作二，北作一」，南藏上、中卷合裝一册，下卷爲一册；北藏上、中、下三卷合裝一册。

佛説鴦崛摩〔一〕經五紙　南緣北善　西晉月支國沙門竺法護譯

出增壹阿含力品。

佛説鴦〔二〕崛髻經五紙　南緣北善　西晉月支國沙門竺法護譯

與上經同。

佛説力士移山經四紙半　南緣北善　西晉月支國沙門竺法護譯

出增壹阿含八難品。

佛説四未曾有法經一紙餘　南緣北善　西晉月支國沙門竺法護譯

説阿難同輪王四法，亦出八難品。

佛説舍利弗目犍連游四衢經二紙餘　南緣北善　後漢康居國沙門康孟詳譯

衆聲喧鬧，佛不許見，因諸天請，佛召見之。出增壹阿含馬王品。

七佛父母姓字經三紙　南緣北善　曹魏失譯人名

出增壹阿含十不善品。

〔一〕「鴦崛摩」，原作「央崛魔」，據南藏、北藏正文改。

〔二〕「鴦」，原作「央」，據總目和南藏、北藏正文改。

△**佛説放牛經**三紙餘　南緣北善　姚秦天竺沙門鳩摩羅什譯

出增壹阿含放牛品。以放牛十一法，喻比丘十一法也。

緣起經二紙欠　南緣北善　唐大慈恩寺沙門釋玄奘譯

亦出放牛品，釋十二緣起義。

佛説十一想思念如來經一紙　南緣北善　劉宋中天竺沙門求那跋陀羅譯

共二經，初明十一想，次明十一果報。出增壹阿含禮三寶品。

佛説四泥犁經一紙半　南緣北善　東晉西域沙門竺曇無蘭譯

説提舍、瞿波離等四人苦果，及出其因，亦出禮三寶品。

阿那邠邸化七子經三紙餘　南緣北慶　後漢安息國沙門安世高譯

出增壹阿含非常品。

玉耶女經三紙欠　慶　西晉録失譯人名

給孤〔一〕長者兒婦不行婦禮，長者請佛，爲説女人十惡，又説五善三惡之法，分別七種婦之差別。乃悔過，求受十戒：一、不殺生，二、不偷盜，三、不婬泆，四、不妄語，五、不飲

〔一〕「孤」下，北藏有「獨」字。

酒，六、不惡駡，七、不綺語，八、不嫉妬，九、不瞋恚，十者信善得善。此優婆夷所行戒，亦出增壹阿含非常品。

○**玉耶經**四紙欠　慶　東晉西域沙門竺曇無蘭譯

△**阿遬達經**一紙半　慶　劉宋中天竺沙門求那跋陀羅譯

二經並同上，而宋譯先更説子報父母恩法。

佛説大愛道般涅槃經六紙餘　南緣北慶　西晉河内沙門白法祖譯

佛母般泥洹經三紙餘　南緣北慶　劉宋沙門釋慧簡譯

後附佛般泥洹後變記半紙，次第説十百年事。

舍衛國王夢見十事經三紙半　南緣北善　失譯人名，附西晉録

佛説國王不黎先尼十夢經四紙欠　南緣北善　東晉西域沙門竺曇無蘭譯

四經俱出大愛道般涅槃品。

閱藏知津卷第二十七

北天目沙門釋智旭　彙輯

小乘經藏之二

中阿含經六十卷　作聖德建名立　東晉罽賓國沙門瞿曇僧伽提婆譯

○七法品第一：一、善法經：謂知法、知義、知時、知節、知己、知衆、知人勝如。　二、晝度樹經：以天樹從葉萎至華敷，喻比丘從捨家至證四果。　三、城喻經：以王舍城七事具足，四食豐饒，喻比丘七財具足，四禪成就。七財，謂信、慚、愧、進、聞、念、慧。　四、水喻經：以常卧水中乃至住岸等七人，喻常作惡乃至成四果者。　五、木積喻經：寧抱火木，不抱女人；寧斷骨髓，不以破戒身受按摩；寧截髀，不以破戒身受禮敬；寧鍱絡身，不以破戒身受衣服；寧吞鐵丸，不以破戒食人信施；寧卧鐵牀，不以破戒身受卧具；寧倒入釜中，不以破戒入温室等。　六、善人往來經：七種那含喻。　七、世間福經：施房、牀、座、衣等，爲世間七種福。聞佛名及弟子，極喜乃至受戒，爲出世七種福。　八、七日經：以劫盡七日並出，而觀無常。　九、七車經：滿慈子爲舍梨子説波斯匿七車速行之喻，喻戒浄、心浄、見浄、疑蓋浄、道非道知見浄、道迹知見浄、道迹斷智浄，展轉施設無餘涅槃。　十、漏盡經：謂有漏，或從見斷，或從護斷，或從離斷，或從用斷，或從忍斷，或從除斷，或從思惟斷。

〇業相應品第二：一、鹽喻經：不修身戒心智者，作不善業，必招地獄之報。能修身戒心智者，設有不善業，受現輕報。如一兩鹽投少水中，則不可飲，投恒水中，則不覺鹽〔一〕。又作奪羊、負債二喻。　二、和破經：佛爲和破外道説無明盡者不受後有，及説六善住處，謂眼見色不喜不憂等。　三、度經：破外道宿命、尊祐、無因緣三種論，顯正教六處法、六界法。　四、羅云經：傾水覆器，誡羅云莫妄語。又説象護鼻喻、人照鏡喻。　五、思經：説故作十惡，必受惡報，若不故作則不定受，及勸修四無量心。　六、伽藍經：爲伽藍國衆人説戒十惡，修慈、悲、喜、捨，得四安隱住處。　七、伽彌尼經：爲伽彌尼天子説黑白果報，如石如油，一沈一浮。　八、師子經：爲師子大臣説宗本不可作、可作等義。　九、尼

〔一〕「鹽」，康熙本、乾隆本同，北藏作「鹹」。

犍經：爲比丘説破尼犍義，説尼犍五可憎惡，如來得五稱譽。　十、波羅牢經：爲波羅牢説知幻非即幻，及説現法不定受報，并示四無量心，遠離法定，能斷疑惑。

〇舍梨子相應品第三：一、等心經：舍梨子爲諸比丘分别内結、外結。等心天以此白佛，佛於衆中讚之。　二、成就戒經：舍梨子説成就戒、定、慧者，現法證滅定。設不究竟，生意生天中，必知滅定。烏陀夷非之。如是至三，次於佛前亦三説三非。佛乃訶烏陀夷，并訶阿難。次因白浄尊者説五法可愛敬尊重，勅諸比丘尊重舍梨子。　三、智經：舍梨子答黑齒比丘之問，黑齒白佛，佛設種種問，舍梨子一一善答，佛讚許之。　四、師子吼經：有一梵行於佛前誣舍梨子輕慢之，佛召舍梨子，故問虚實。舍梨子説截角牛、截手旃陀羅、地、水、火、風、掃箒、晡旃尼、破膏瓶、死屍繫等喻，明無此事。彼比丘乃求悔過，佛勅舍梨子受之。　五、水喻經：舍梨子説五除惱法，謂於身、口、意浄不浄等，皆莫生惱，四喻於水，一喻曠野病人。　六、瞿尼師經：瞿尼師比丘在無事室調笑憍擾，舍梨子乃於衆中説無事比丘當學敬重，不調笑，不畜生論，不憍慠，護根，食知止足，精進，正念智，知時，知善坐，論律、阿毗曇，論息解脱，論漏盡智通，人間比丘亦爾。　七、梵志陀然經：舍梨子爲知友陀然説法，令信佛。次又爲其病時，説四無量心。　八、教化病經：舍梨子爲給孤長者説法，令病得愈。長者自説造園因緣。　九、大拘絺那經：舍梨子問比丘成就見、得正見、入正法事於拘絺那，拘絺那答之，知不善不善根，知善善根，知食集滅道，知漏集滅道，知苦集滅道，乃至從老死一一説至無明。若無明已盡，明已生，無所復作。十、象迹喻經：一切善法皆四聖諦所攝，如諸迹中象迹第一，因廣説内外四大觀。十一、分别聖諦經：佛讚舍梨子善能説法已，入於静室。舍梨子即爲大衆廣釋四諦義。

〇未曾有法品第四：一、未曾有經：阿難述佛種種未曾有事，佛教令更受持如來知生住滅智。二、侍者經：目連勸阿難侍佛，阿難乞三願，佛讚其種種未曾有法。三、薄拘羅經：因一異學問薄拘羅八十年來行欲事否，薄拘羅爲説種種未曾有知足之行。四、阿脩羅經：阿脩羅説大海八未曾有法，佛亦爲説佛法中八未曾有法。五、地動經：説三因緣地動，及説如來於天人中説法，不可思議。六、瞻波經：目連牽犯戒比丘去，佛爲目連重説八種海喻。七、郁伽長者經上：郁伽大醉，見佛得醒，聞法證果，以妻施人。佛讚其八未曾有法。八、郁伽長者經下：長者恒設大施。海中没失大船，衆比丘令阿難辭其施會，郁伽但願如轉輪王，希求出家。九、手長者經上：以四攝攝衆，修四無量心，天讚之而不喜。佛歎其七未曾有法。十、手長者經下：佛又讚其八未曾有法。少欲、信、慚、愧、進、念、定、慧。

〇習相應品第五：一、何義經：阿難問持戒爲何義，佛言：令不悔義。如是展轉問不悔、歡悦、得喜、得止、得樂、得定、見知如實、得厭、無欲，即得解脱婬、怒、癡。　二、不思經：明持戒便得不悔，不須思量等。　三、念經：謂多忘，無正智，便害正念正智，害護諸根、護戒，乃至害涅槃。　四、慚愧經上：明有慚愧，便習愛恭敬，便有信，有正思惟、正念、正智，護根護戒，乃至涅槃。　五、慚愧經下：舍梨子復説壞樹皮喻。　六、戒經上：明犯戒便害不悔等。　七、戒經下：舍梨子復説害樹根喻。　八、恭敬經上：明恭敬能具威儀，具學法，具戒身、定、慧等，乃至涅槃。　九、恭敬經下：明恭敬能展轉護根，乃至無欲涅槃。　十、本際經：謂無明爲愛習，五蓋爲無明習，三惡行爲五蓋習，不護根爲惡行習，不正念智爲不護根習，不正思惟爲不正念智習，不信爲不正思惟習，聞惡法爲不信習，近惡知識爲聞惡法習，惡人爲近惡知識習；七覺爲明脱習，四念處爲七覺習，三妙行爲念處習，護根爲妙行習，乃至正念智、正思惟、正信聞法、近善知識、善人，展轉爲習。　十一、食經上：食與習同，而説大海以大河爲食，乃至雨爲食喻。　十二、食經下：法同，喻稍略。十三、盡智經：謂盡智以解脱爲習，乃至不悔以護戒爲習，護戒又以護根爲習。　如是正念智、正思惟、正信、觀法忍、玩誦法、受持法、觀法義、耳界聞善法、往詣奉事善知識，展轉爲習。　十四、涅槃經：明涅槃以解脱爲習，乃至正信以苦爲習，苦以無明爲習，稱觀十二因緣而得涅槃。　十五、彌醯經：彌醯侍佛，辭佛往静處學斷，反起欲、恚、害三惡念，乃歸佛所。佛爲説心解脱未熟，欲令熟者有五習法：一、與善知識俱，二、護戒威儀，三、説聖法，四、精進斷惡修善，五、觀興衰法。又修四法：惡露斷欲，慈斷恚，出入息斷亂，無常斷慢。而皆以與善知識俱，乃得成後四事及四法。十六、即爲比丘説經：重説上義也。

○王相應品第六：一、七寶經：佛法有七覺，如輪王七寶。二、三十二相經　三、四洲經：説頂生王不知足而死之事。四、牛糞喻經：佛以手爪抄少牛糞而告比丘：不見有少色常住不變，而一向樂也，覺、想、行、識亦復如是。五、頻鞞娑羅王迎佛經：爲説無常等法，令證果。六、鞞婆麗陵耆經：説迦葉佛時，難提波羅陶師勸優多羅童子見佛出家事。七、天使經：説閻王以生、老、病、死、治罪五種事詰責罪人，名爲五天使者，及説地獄衆苦。初一日誦竟。八、烏鳥喻經：説比丘莫如獺、究暮、鷲、食吐鳥、犲、烏，當如猩猩。九、説本經：阿那律説過去因，佛更爲説未來彌勒佛事。十、大天〔一〕㮈林經：説往古大天輪王髮白出家，教子孫亦如是出家，凡八萬四千世，最後王名尼彌，廣行戒善，帝釋請到天上事，并囑阿難轉相繼法，莫令佛種斷。十一、大善見王經：説往古王於拘尸城修四無量，六返捨身，今如來入滅爲第七。十二、三十喻經：戒德爲嚴飾具，乃至心解脱爲

〔一〕「㮈」，原作「捺」，康熙本、乾隆本同，據北藏改。

珠寶，自觀己心，爲身極浄。　十三、轉輪王經：説增減劫由善惡業，誡諸比丘應如螺轉輪王，謂念處爲自境界，如意足爲壽，戒爲色，禪爲樂，無漏爲力，能降伏魔。　十四、蜱肆經：鳩摩羅迦葉以種種喻斷蜱肆王無後世見，又以種種喻令捨見，捨欲、恚、怖、癡，乃受三歸，行布施，但不至心，僅生叢樹林空宫殿中，反不如監布施人，得生四王天。

〇長壽王品第七：一、長壽王本起經：爲鬭諍比丘説長壽王及長生太子事，比丘不改過。佛以神足至阿那律等三人住處，見其習行無事而讚之，并爲説修天眼法。　二、天經〔一〕：佛爲比丘説自己修行得光明事，凡八行，謂見形色，乃至知曾生此天等。　三、八念經：阿那律陀作是七念：道從無欲、非有欲得，及知足、遠離、精勤、正念、定意、智慧，一一對明。佛知其所念，便往讚之，并爲説道從不戲、樂不戲、行不戲得，非從戲、樂戲、行戲得，是名八大人念。　四、浄不動道經：説三種浄不動道、三種浄無所有處道、一浄無想道，及説涅槃、聖解脱。　五、郁伽支羅經：爲一比丘略説法要，謂四念處應與三定、四共俱禪並修，亦修四無量心，必得果證。　六、娑雞帝三族姓子經：爲阿那律等三年少説離欲法，乃至説授四輩生處記義。　七、梵天請佛經：佛知梵天邪見，無常計常，往爲説法，

〔一〕「天經」，原作「天品經」，康熙本、乾隆本同，據北藏删「品」字。

并訶魔説，令梵天得正見。　八、有勝天經：仙餘財主請阿那律飯，問大心、無量心義，阿那律爲分別之，并説光天、浄光、偏浄光差別因果。　九、迦絺那經：八百比丘并世尊共爲阿那律作衣，佛勅阿那律爲衆説法，從信心出家、持戒、護根、棄蓋、得禪，乃至證六通、三明，是名迦絺那法。　十、念身經：爲諸比丘廣説念身法，成就十八功德。　十一、支離彌梨經：拘絺羅訶質多羅象子比丘不恭敬，不善觀，并爲其親友比丘説種種退失法喻，於後象子果捨戒還俗。　十二、長老上尊睡眠經：因目連晝眠，佛爲説除睡法，并説究竟梵行法。　十三、無刺經：因諸比丘知聲爲定刺，佛爲更説犯爲戒刺，嚴飾爲護根刺，乃至欲、恚、癡三刺，惟阿羅訶離之。　十四、真人經：佛爲比丘説：恃善法者，爲不真人法；不自貴賤他，爲真人法。　十五、説處經：爲阿難説教訶、訓誨年少比丘説處，謂應説五盛陰、内六處、外六處、六識身、更樂、覺、想、思、愛、六界、緣起、念處、正斷、如意、四禪、四諦、四想、四無量、四無色、四聖種、四果、五熟解脱想、五解脱處、五根、五力、五出要界、七財、七力、七覺、八正，又説頂法及頂退法。

○穢品第八：一、穢經：舍梨子分別内有穢、内無穢各有二種，不知如真者皆最下賤，知如真者皆最勝。爲説買銅盤喻，又説盛糞盛食喻。　二、求法經：佛説比丘宜求法，莫求飲食，又説上、中、下弟子隨師不隨師功過。　舍梨子因即廣明三可毀、三可稱法，及説中道斷欲、斷貪等，又有中道謂八聖道。　三、比丘請經：目連説比丘應請諸尊教我訶我，莫難於我，及説成就戾語法與善語法者過失功德，并説照鏡之喻。　四、知法經：周那説比丘知法、不知法者，猶貧稱富及富稱貧。　五、周那問見經：佛爲周那説漸損法、發心法、對法、昇上法、涅槃法。　六、青白蓮華喻經：佛説有法從身滅，有法從口滅，有法但從慧見滅，謂能修身戒心智，如蓮水生水長而不著水。　七、水淨梵志經：佛因水淨梵志，告諸比丘：有二十一穢汙於心者，必至地獄，謂邪見、非法欲、惡貪、邪法、貪、恚、睡眠、掉悔、疑惑、瞋纏、不語結、慳、嫉、欺誑、諛諂、無慚、無愧、慢、大慢、憍傲、放逸。若不汙心，必至善處。兼爲梵志説淨洗以善法偈，令梵志悟。　八、黑比丘經：因黑比丘喜鬬諍，佛爲説不可愛及可愛法，亦説惡馬良馬喻。　九、住法經：佛説比丘於善法有退、有住、有增，須自觀知善不善法，求斷、求增，如救頭然。　十、無經：舍梨子説淨法衰退及轉增之由，又述斷惡修善，如救頭然之喻。

○因品第九：一、大因經：佛爲阿難廣明緣起甚深，又明七識住及二處，於此知如真者，名慧解脱，兼修八解脱者，名俱解脱。　二、念處經：説三世諸佛皆斷五蓋、住四念處、修七覺支而證道，因廣明四念處觀。　三、苦陰經上：因異學亦言知斷欲、斷色、斷覺，比丘以此白佛。佛爲分別欲味、欲患、欲出要，色、覺亦爾。　四、苦陰經下：釋摩訶男生染、恚、癡法，佛爲説欲味、欲患，若知如真，不爲所覆，便得無上息。　五、增上心經：比丘欲得增上心者，當數數念於五相：一、念相善相應，二、觀念惡患，三、不念念，四、以思行漸減念，五、以心修心，受持降伏。　六、念經：分別諸念作二分：欲、恚、害念作一分，無欲、恚、害念作一分。若生欲、恚、害念，須不受斷除吐。若生無欲、恚、害念，須速修習廣布。次應治内心，常住在内止息，一意得定，向法次法，乃至證四禪，斷諸漏。　七、師子吼經：謂斷一切受，知欲受、戒受、見受、我受以無明爲本，無明盡者，不復更受此四受。尊信此師，信此法，具戒德，敬同學，乃堪師子吼曰：此有第一、第二、三、四沙門，此外更無沙門、梵志。　八、優曇婆羅經：實意居士詣異學園，異學欲以一論滅瞿曇，如弄空瓶。佛至其園，爲説苦行穢不穢法，總名不了，亦説正解脱法。異學屈服，但以魔力所持，而不發心。九、願經：因一比丘心願佛與慰勞，共語説法，得具足戒而不廢禪，成就觀行於空静處。佛乃廣説比丘所應願事。　十、想經：謂若計地是神，便不知地，不計地即是神，彼便知地，乃至一切悉皆如是。

○林品第十：一、林經上：料簡四種所住林：或不得正念等，雖有四事，不應住；或可得正念等，雖乏四事，不應去；或二俱不得，應夜半而去，莫與彼别；或二俱得，應盡命住。二、林經下：四料簡與上同，此約得沙門義説。　三、自觀心經上：料簡止觀得不得有四句，不得者方便令得，得者當求漏盡。　四、自觀心經下：觀增伺、瞋恚乃至惡慧等多少有無，有惡須斷，有善須求漏盡。　五、達梵行經：知漏，知漏因，知報，知勝如，知盡，知滅道，如是覺、想、欲、業、苦，一一知因，乃至知道，是謂達梵行，能盡一切苦。　六、阿奴波經：記提和達多〔一〕入地獄，并爲阿難說大人根智，善知六種人。　七、諸法本經：欲爲諸法本，更樂爲和，覺爲來，思想爲有，念爲上主，定爲前，慧爲上，解脱爲真，涅槃爲諸法訖。　八、優陀羅經：說優陀羅不知癰本，雖生非非想處，還墮貍中。　比丘應知身爲癰，愛爲癰本，六更觸處爲一切漏。　九、蜜丸喻經：先爲執杖釋說宗本法，執杖不是不非而去。　次爲比丘略說，即入室坐。　諸比丘轉問大迦旃延，然後白佛印可。　十、瞿曇彌經：大愛道三求出家，佛三止之。　因阿難爲請，乃制八尊師法。　後又請求少年比丘禮敬老尼，佛爲說減正法事。第二小土城誦訖。

〇大品第十一：一、柔輭經：佛說在家時受用，但爲老病死而出家。　二、龍象經：佛說惟佛爲大龍，烏陀夷因作頌讚。　三、說處經：比丘有三說處，謂三世有。　又以二種四處觀人，知可共說、不可共說。　四、說無常經：謂觀五陰無常，得證果。　五、請請經：

〔一〕「多」，康熙本、乾隆本同，北藏作「哆」。

佛因説戒時唱言：我是後邊身，汝等真法子。身口意清浄，無枝亦無葉。舍梨子因作頌讚。六、瞻波經：説戒時有犯戒者，佛默不説。目連牽犯戒者出，佛種種訶犯戒之罪。

七、沙門二十億經：二十億比丘精進而不證果，心生退悔，佛爲説彈琴喻，遂盡諸漏，向佛善説所證之義。八、八難經：謂學道有八難，惟有一不難。九、貧窮經：以無善法財喻貧窮，以惡行喻舉貸，以覆藏喻長息，以梵行所知爲責索，以頻生三惡念爲數往求索，以墮惡道喻被收縛。十、行欲經：爲給孤居士説十種行欲人，非法三，法非法三，如法四。十一、福田經：爲給孤獨居士説二種福田，謂十八學人、九無學人。十二、優婆塞經：佛説優婆塞善護五戒，及念佛、法、僧戒，必得證果。十三、怨家經：謂瞋恚是怨家，妨人七事：一、妨好色，二、妨安眠，三、妨得利，四、妨友朋，五、妨名稱，六、妨大富，七、妨生善處。十四、教曇彌經：曇彌罵責比丘，比丘皆去。諸優婆塞乃逐曇彌。佛爲曇彌説樹神喻，令彼住沙門法。十五、降魔經：魔入目連腹中，目連喚出，爲説昔日波旬擾佛弟子，招大苦報，汝即我甥事。魔乃怖而降伏。十六、賴吒和羅經：賴吒和羅居士子聞佛説法，發心出家，父母不許，臥地不食，許已方起，出家證果。後還父家，不被財色所動，爲父母説法。次爲拘牢婆王説信如來所説四事故出家：一、此世無可依恃，二、必趨老，三、必無常，四、無厭足。十七、優婆離經：苦行尼犍與佛論議，立身罰最重，佛立意業最重。

優婆離居士從尼犍處欲來難佛，反受佛化，證果斷邪，不聽尼犍入門。十八、釋問經：天王先遣五結樂子，以琴歌見佛，次來問法。佛爲説因思有念，因念有欲，因欲有愛不愛，因愛不愛有慳嫉結，生大苦陰，及説八正道、護六根等。天王證初果，發願來生出家。十九、善生經：善生居士奉父遺命，敬禮六方。佛爲説離四惡業、四惡行、六非道、四似親，應知四善親及内法六方，謂東爲父母，南爲師尊，西爲妻子，北爲婢使，下爲友臣，上爲沙門、梵志。二十、商人求財經：先説往古商人入海，墮羅刹國，乃至乘天馬時，若稍念男女情愛，即便墮落。次正説比丘若計根、塵、陰、界是我者，必皆被害。二十一、世間經：明如來知苦斷集，證滅修道，自覺覺他，從成道至涅槃，所説皆實。二十二、福經：明往昔七年行慈福報，勸人修福。二十三、息止道經：謂初學比丘常應念骨相、青相、腐相、食相、骨鎖相，除欲恚病。二十四、至邊經：謂欲盡苦，甘行乞食，而復不修沙門法行，如墨浣墨，如血除血，從冥入冥。二十五、喻經：謂無量善法以不放逸爲本，如地、如沈水、栴檀、青蓮、須摩、象迹、師王，乃至如如來等。

〇梵志品第十二：一、雨勢經：未生怨遣雨勢大臣問佛跋耆國事，佛爲説彼國行七不衰法，必當得勝。大臣去後，因爲比丘説七種七不衰法，及説六慰勞法。二、傷歌羅經：此摩納始謂作齋行無量福迹，學道行一福迹，阿難三問而屈服之。佛爲説三輪示現法，摩納歸信。　三、算數目犍連經：此梵志以堂及算法爲喻，問佛法中次第，佛爲分別說之。次問何緣有得究竟、不得究竟者，佛爲說問路之喻。　四、瞿默目犍連經：佛涅槃後，阿難往此田作人所，彼問可有比丘與佛等者。適遇雨勢大臣來到，重復問之。阿難答以無有此人，次說有法可依及有十德可敬，又說訶貪等四伺，讚四禪四伺。雨勢去後，又答三種解脱無有勝如。　五、象迹喻經：異學卑盧爲生聞梵志說象迹喻，以讚於佛。生聞見佛，佛爲具足說此法喻，謂從出家、護根、除蓋、成四禪、證無漏，方爲極大象迹。　六、聞德經：爲生聞說博聞誦習差別功德，謂從捨家，乃至證滅。　七、何苦經：答生聞所問在家、出家苦樂之事，及答饒益天人法，觀善惡知識，如黑白月。　八、何欲經：生聞梵志問刹利、居士、婦人、偷劫、梵志、沙門，各何欲、何行、何立、何依、何訖，佛一一答之。　九、鬱瘦歌羅經：此梵志向佛說四種奉事，及四種自有財物，佛展轉破之，謂如强與他肉而取其直。次正作虛空、慈心、洗浴、取火等喻，明四姓平等。　十、阿攝和經：諸梵志自恃其種獨浄，遣阿攝和與佛辯之，佛亦爲說虛空乃至取火等喻，又說父母、驢馬等喻以屈之。第三念誦訖。　十一、鸚鵡經：佛爲此摩納分別在家、出家事，摩納述梵志所施設五法功德，佛詰以現知現覺義，彼則瞋恚。佛爲說五法障礙，謂欲、恚、身見、戒取、疑，及說法從心起。　十二、鬚閑提經：此異學見佛卧室而起敬，聞佛名而毁訾，見佛說離欲法喻，而出家證果。所謂喻者，癩人炙火、盲著垢衣也。　十三、婆羅婆堂經：婆私吒及婆羅婆二人，皆梵志種出家，被諸梵志訶責。佛爲説劫初漸立四姓事，及説善惡業報無差別。　十四、須達多經：爲此居士説施心差別，非關麤妙之物。次較勝田，從凡人、四果、支佛、如來，不若作四方僧房，又不若受歸戒，修慈心，及作無常觀。　十五、梵波羅延經：佛答今之梵志，久已越梵志法，無復學者。　十六、黄蘆園經：佛在園中，有百二十歲老梵志來責佛不敬一切，佛言：若如來起迎請坐者，彼人必當頭破七分。梵志又訶佛無味、無怖、不入胎，佛言：於五欲無味、無怖，證四禪、三明，故不入胎。梵志乃終身自歸。　十七、頭那經：爲頭那説五種梵志法：一、如梵，二、如天，三、不越界，四、越界，五、旃陀羅。　十八、阿伽羅訶那〔一〕經：此梵志問梵志經典何所依住，佛言：依於人住。展轉問人、稻麥、地、水、風、空、日月、四王，乃至大梵依忍辱温良，忍辱温良又依涅槃，涅槃無依。　十九、阿蘭那經：諸比丘共論人命極少，宜力行善。佛讚印之，并説昔時阿蘭那梵志出家，説無常法，利益無量，即佛往因也。　二十、梵摩經：梵志梵摩先遣摩納優多羅觀佛三十二相，及觀威儀，優多羅發心出家。次後梵摩自來見佛，諦觀諸相，信心歸依，證那含果。

〔一〕「那」，原無，康熙本、乾隆本同，據北藏補。

閲藏知津卷第二十八

北天目沙門釋智旭　彙輯

小乘經藏之三

○根本分别品第十三：一、分别六界經：佛於陶師屋中，爲弗迦羅娑利比丘説六界衆、六觸處、十八意行、四住處法。　二、分别六處經：爲比丘説六處、六更樂、十八意行、三十六刀、斷彼成就是、無量説法、内三意止、調御士趣一切方法。　三、分别觀法經：佛略説如是觀，心灑散，不住内，不受而恐怖；如是觀，心不灑散，住内，不受不恐怖。説已入室。衆比丘請大迦旃延廣説之，謂根著塵則心灑散，著四禪八定則不住内，不離五陰則恐怖；反是便不灑散等。　四、温泉林天經：天勸三彌提尊者受持跋地羅帝偈，尊者問佛，佛説偈曰：慎莫念過去，亦勿願未來。過去事已滅，未來復未至。現在所有法，彼亦當爲思。念無有堅强，慧者覺如是。若作聖人行，孰知愁於死。我要不會彼，大苦災患終。如是行精勤，晝夜無懈怠。是故常當説，跋地羅帝偈。説已入室。比丘請大迦旃延廣釋，迦旃延約根塵釋之。五、釋中禪室尊經：又一天問盧夷强耆尊者偈并義，尊者問佛，佛爲説偈，并約五陰釋義。六、阿難説經：阿難以偈及義，爲比丘説，佛讚印之。七、意行經：佛爲比丘説八定及八天處，二俱等等，及説滅定爲最勝。八、拘樓瘦無諍經：佛爲比丘分别諍無諍法。九、鸚鵡經：鸚鵡摩納父轉生爲白狗，見佛而吠。佛言：汝不應爾，謂汝從護至吠。狗瞋極卧地。鸚鵡怒而見佛，佛爲説其成驗，再來見佛，佛爲説業報差别之法。十、分别大業經：異學與三彌提論三業義，周那與阿難以此問佛。佛訶其不善分别，次正説三報受時差别及臨終善惡念不同，雖天眼所見，不宜執一非餘，惟佛知其所以然耳。兼説柰果生熟四料簡，以喻於人。

〇心品第十四：一、心經：有一比丘問：誰將世間去？誰爲染著？誰起自在？佛言：一切唯心，多聞聖弟子不隨心，而心隨多聞。次又問多聞義、智慧義、黠慧廣慧義，佛言：順梵行爲多聞，知四諦爲智慧，能利人爲廣慧。二、浮彌經：浮彌为王子説梵行得果，或願，或無願，或願無願，或非有願非無願義。佛爲浮彌説四喻，榖角及乳，抨水及酪，壓沙及麻，取火毋溼及乾，喻邪梵行、正梵行得果不得。三、受法經上：現在、未來、苦、樂四料簡也。婬欲，現樂後苦；强制煩惱，現苦後樂；外道苦行，現苦後苦；歡喜修行，證三果，現樂後樂。　四、受法經下：亦四料簡，而約苦樂心修十善、行十惡論。　五、行禪經：料簡四種行禪：一、熾盛而謂衰退，二、衰退而謂熾盛，三、知衰退，四、知熾盛。八定皆爾。　六、説經：分別八定中皆有退、住、進及漏盡義，修者應知。　七、獵師經：以四種鹿羣喻沙門、梵志，三不脱魔境，一能脱之，謂修四禪、四無量、四空，斷漏者。　八、五支物主經：此物主先詣異學文祁子處，文祁子立四事爲第一義，謂身不作惡，口不惡言，不行邪命，不念惡念。　物主以此白佛，佛言：此則嬰孩皆第一義，若多聞聖弟子，當知善戒不善戒、善念不善念何由生，何由滅。知已，具足八正道，乃至正解脱、正智，是名第一義質直沙門。　九、瞿曇彌經：大愛道以金縷衣供佛，佛令施比丘衆，三勸不從。佛爲阿難説七施衆、十四私施，皆得大福報，乃料簡施受浄不浄四句。　十、多界經：阿難作是思惟：一切恐怖及災患等，皆從愚癡生，不從智慧。佛爲廣申明之。次問：云何名愚癡？云何名智慧？佛言：不知界、處、因緣、是處非處者爲愚癡，知者爲智慧。界者，眼等十八，地等六，欲、無欲等六，樂、苦、憂、喜、捨、無明亦爲六，覺、想、行、識爲四，欲、色、無色三，色、無色、滅三，過、現、未三，妙、不妙、中三，善、不善、無記三，學、無學、俱非三，漏〔一〕、無漏二，

〔一〕「漏」，藏經原文作「有漏」。

爲〔一〕、無爲二，共名六十二界。處者，十二處。因緣者，十二緣生。是處非處者，若因若果。

○雙品第十五：一、馬邑經上：説沙門法，須身行清淨，口行清淨，意行清淨，命行清淨，守護諸根，正知出入，斷除五蓋，成就四禪，趨向漏盡。二、馬邑經下：謂應息貪伺、恚伺乃至邪見，成就四無量心乃至漏盡。三、牛角娑羅林經上：舍梨子與阿難等各説發起此林之法，佛皆讚之，并説不解趺坐乃至漏盡，是名發起此林。四、牛角娑羅林經下：阿那律等三人在此林中，佛往問之，各言安隱，并説上人之法，佛讚歎之。長鬼天等展轉讚歎，乃達梵天。五、求解經：佛説求解於如來，正知如來法。第四分别誦訖。六、説智經：爲比丘説與梵行成立人問答法。七、阿夷那經：因異學阿夷那，爲比丘略説知法非法、義非義，令學如法、如義。諸比丘請阿難廣釋，謂邪見乃至邪智爲非法，因此生不善惡法，爲非義；正見等爲法，所生善法爲義。八、聖道經：正定爲一道，有習，有助，有具，共七支，正見最在前。一一釋已，并正解脱、正智，爲十支。約邪、正、斷、修，成四十大法品。九、小空經：從不念人想，不念村想，不念無事想，次第至不住無想心定。十、大空經：

〔一〕「爲」，藏經原文作「有爲」。

因衆比丘集加羅差摩精舍，佛爲阿難説遠離法，及説修内空、外空、内外空、不移動法，又説正知法，讃不放逸法，分别煩師、煩弟子、煩梵行法。又誡弟子不恭敬順行者，名於師行怨事；能恭敬順行者，名於師行慈事。

○後大品第十六：一、迦〔一〕樓烏陀夷經：烏陀夷念世尊恩深，讃斷過中食，佛印可之，深訶不順此戒，謂爲小事者，如彼癡蠅。二、牟犁破羣那經：此比丘與比丘尼數共集會，護過瞋諍。佛呼而誨之，謂以信捨家，應修無欲，如調馬、治林，於時非時等五言道，皆習慈心、悲、喜、捨心，如大地不可壞，如恒河不可沸，如虚空不可畫，如治皮無瓦聲，乃至應數數念利鋸刀喻，則所遊皆安，堪證學無學道。三、跋陀和利經：佛讃歎一坐食法，跋陀和利固辭不堪。夏三月竟，復來見佛，佛種種訶之，爲説出要，又答其苦治不苦治之問，次説清浄馬喻法。四、阿濕具經：此比丘與弗那婆修二人，不遵佛戒，過中暮食。佛呼而責之，爲説樂覺、苦覺修不修義，及説修行不放逸義。五、周那經：周那述尼犍諍事於阿難，阿難問佛，佛爲説六諍本、七滅法、六慰勞法。六、優波離經：問答七滅諍等如法不如法事。七、調御地經：王童子不信阿夷那和提所説法，阿夷那和提白佛，佛爲説山下不見

〔一〕「迦」，北藏作「加」。

園林喻，及說調野象喻。　八、癡慧地經：說癡、慧各三相，謂思、說、作也，各受現法三苦樂，謂惡名、治罰、惡死，爲三苦；善名、無罪、善死，爲三樂。又有地獄、天宫苦樂果報。　九、阿梨吒經：阿梨吒說欲不障道，諸比丘諫而不捨。佛呼而責之，謂比丘於法尚應知如筏喻，況執非法。　十、嗏帝經：嗏帝執此識往生不更異，諸比丘諫而不捨。佛呼責之，爲比丘細明十二因緣生滅。

○晡〔一〕利多品第十七：一、持齋經：爲毗舍佉說放牛尼揵齋無福，應持聖八支齋，更修五念：念佛如沐首，念法如浴身，念僧如浣衣，念戒如磨鏡，念天如煉金。　二、晡〔二〕利多經：爲此居士說八支斷俗事：一、離殺，二、離盜，三、離婬，四、離妄，五、離貪，六、離恚，七、離嫉惱，八、離增上慢。更有八支，謂欲如骨，如小肉，如手把炬，如火坑，如毒蛇，如夢，如假借，如菓樹。離欲得禪，盡漏作證。居士悟道。　三、羅摩經：於此梵志家爲諸比丘說聖求、非聖求，隨說未成道時，先學二定，次坐菩提樹，求得正覺，度五比丘事。　四、五下分結經：說依道、依迹斷結，猶如入林求實，亦如度河、度山水。　五、心穢經：說比丘

〔一〕「晡」，原作「脯」，據北藏改。

〔二〕「晡」，原作「脯」，據北藏改。

須拔心中五穢，謂疑佛、疑法、疑戒、疑教、疑梵行者。又須解心中五縛，謂身縛、欲縛、説縛、衆會縛、昇進縛。次應修五法，謂四如意足及堪任。六、箭毛經上：此異學説瞿曇有五法，令諸弟子恭敬不離，謂麤衣、麤食、少食、麤卧具、晏坐。佛言：不以此五法，更有五法，謂無上戒、無上慧、無上知見、説四諦、宿命漏盡通。七、箭毛經下：爲此異學説天眼、宿命通事，彼述邪師所説上色，佛展轉以螢、火、星、月、日、天光等破之，及爲説四禪道迹。八、鞞摩那修經：亦爲此異學破上色邪見，又爲説置前世後世，但令質直無諂誑，隨教化，必得知正法，如火不益油，柴不益薪，必期於滅。九、法樂比丘尼經：毗舍佉問，此比丘尼答。問答已，尼往白佛，佛印可之。十、大拘絺羅經：舍利弗問，此尊者答。

○例品第十八：一、一切智經：佛爲波斯匿王説四姓勝如義，阿難與大將論遣退天義，年少與大將互推謬説義。王因多事，讚佛而去。二、法莊嚴經：波斯匿信佛種種法靖而稱述之。王去之後，佛令比丘受持此説。三、鞞訶提經：波斯匿以佛身行問於阿難，阿難具答行不行義。王喜，以衣布施。阿難白佛，佛印可之。四、第一得經：佛言：一切變易有異法，從人王乃至十一切處，多聞聖弟子總不欲之，況下賤法，惟應廣布八正道耳。五、愛生經：梵志兒死，愁憂見佛。佛言：愛生便生愁苦。梵志不悟。波斯匿王聞之，以告末利夫人，夫人所説同佛。王遣人問佛，佛爲廣説。人還白王，夫人更爲王詳説，王乃信佛自歸。六、八城經：阿難爲此居士説十二禪，居士信心施食及房。七、阿那律陀經上：尊者爲諸比丘説四禪及漏盡，爲賢死、賢命終。八、阿那律陀經下：又説見質直，得聖戒，修念處、四無量、四空定，得漏盡，爲不煩熱死、不煩熱命終。九、見經：阿難爲異學説，如來不一向説有常無常等。十、箭喻經：鬘童子欲如來一向説世有常等，佛訶責之，爲諸比丘説拔毒箭喻。十一、例經：佛説欲斷無明，別知無明乃至老死者，應修念處、正勤、如意、四禪、根、力、覺、道、十一切處、十無學法。第五後誦訖。

佛説七知經二紙　南積北緣　吳月支國優婆塞支謙譯

即知法、知義等。中阿含善法經同本。

佛説園生樹經一紙半　南淵北斯　宋北印土沙門施護譯

中阿含晝度樹經同本。

佛説鹹水喻經一紙半　南積北緣　失譯人名，附西晉録

即中阿含七水喻經。

△**佛説薩鉢多酥哩踰捺野經**三紙餘　南履北臨　宋中印土沙門法賢譯

説劫盡七日出時相狀，警人精進，早求解脱。中阿含七日經同本。

佛説一切流攝守因經四紙欠　南積北緣　後漢安息國沙門安世高譯

説智者、見者得流盡，不智者、不見者流不盡，及説七種斷流。中阿含漏盡經同本。

佛説四諦經七紙半　南積北善　後漢安息國沙門安世高譯

中阿含分别聖諦經同本。

佛説恒水經三紙欠　南積北善　西晉沙門釋法炬譯

中阿含瞻波經同本。

佛説本相倚致經二紙欠　南積北善　後漢安息國沙門安世高譯

佛説緣本致經一紙餘　南福北善　失譯人名，附東晉録

二經皆即中阿含本際經。

佛説輪王七寶經三紙半　南淵北斯　宋北印土沙門施護譯

中阿含七寶經同本。

佛説頂生王故事經五紙欠　南福北善　西晉沙門釋法炬譯

佛説文陀竭〔一〕**王經**三紙欠　南福北善　北涼中天竺沙門曇無讖譯

〔一〕「陀竭」，原作「竭陀」，康熙本、乾隆本同，據總目和南藏、北藏改。

二經皆即中阿含四洲經同本。

佛說頻婆娑羅王經五紙　南興北臨　宋中印土沙門法賢譯

王來見佛，及佛令優樓頻螺迦業釋衆疑事。即中阿含頻〔一〕婆娑羅王迎佛經。

佛說鐵城泥犁經四紙餘　南福北緣　東晉西域沙門竺曇無蘭譯

說五使，并地獄苦狀。

△**佛說閻羅王五天使者經**二紙餘　南福北緣　劉宋沙門釋慧簡譯

二經皆即中阿含天使經。

佛說古來世時經四紙餘　南福北緣　失譯人名，附東晉録

阿那律說往昔施支佛飯福報，佛讚歎之，并爲比丘說未來輪王及彌勒事，以衣施彌勒，令轉施衆僧。即中阿含說本經。

△**大正句王經**上下合卷　南興北深　宋中印土沙門法賢譯

即中阿含蜱肆王〔二〕經。

〔一〕「頻」，康熙本、乾隆本同，北藏之中阿含經作「鞞」。
〔二〕「王」，北藏之中阿含經無。

佛説阿那律八念經三紙餘　南福北緣　後漢西域沙門支曜譯

即中阿含八念經。

佛説離睡經二紙餘　南福北緣　西晉月支國沙門竺法護譯

佛爲目連説離睡法。即中阿含長老上尊睡眠經。

佛説是法非法經二紙半　南福北緣　後漢安息國沙門安世高譯

説恃善生慢爲非法，不慢爲是法。即中阿含真人經。

佛説求欲經九紙餘　南福北緣　西晉沙門釋法炬譯

即中阿含穢經。

佛説受歲經三紙餘　南福北緣　西晉月支國沙門竺法護譯

即中阿含比丘請經。

佛説梵志計水浄經一紙半　南福北緣　失譯人名，附東晉録

即中阿含水浄梵志經。

〇**佛説大生義經**六紙半　南清北薄　宋北印土沙門施護譯

阿難思念緣生法義甚深，問佛，佛爲廣説逆從老死，推至識支。即中阿含大因經。

佛説苦陰經四紙餘　南福北緣　失譯人名，在後漢録

即中阿含苦陰經上。

佛說苦陰因事經四紙半　南福北緣　西晉沙門釋法炬譯

即中阿含苦陰經下。

佛說釋摩男本經三紙餘　南福北緣　吴月支國優婆塞支謙譯

亦即苦陰經下。

佛說樂想經一紙欠　南福北緣　西晉月支國沙門竺法護譯

說外道計一切爲樂，佛不計不樂。即中阿含想經。

佛說漏分布經五紙餘　南福北緣　後漢安息國沙門安世高譯

說五陰苦、集，乃至八正道法。即中阿含達梵行經。

佛說阿耨颰經五紙　南福北緣　東晉西域沙門竺曇無蘭譯

說提婆達兜斷善根，墮地獄，及說如來大人根相，謂善知諸根。即中阿含阿奴波經。

佛說諸法本經一紙欠　南福北緣　吴月支國優婆塞支謙譯

說欲爲諸法本。即中阿含諸法本經。

佛說瞿曇彌記果經六紙欠　南福北緣　劉宋沙門釋慧簡譯

即中阿含瞿曇彌經。

佛説瞻婆比丘經二紙半餘　南福北善　西晉沙門釋法炬譯

即中阿含大品瞻波經。

佛説伏婬經二紙餘　南福北緣　西晉沙門釋法炬譯

即中阿含大品行欲經。爲阿那邠祇居士分別求財及受用勝劣不同。非法求財，蕩然無禮之謂婬。

佛説魔嬈亂經七紙欠　南福北緣　失譯人名，附後漢録

佛説弊魔試目連經五紙欠　南福北緣　吴月支國優婆塞支謙譯

二經皆即中阿含降魔經。

佛説賴吒和羅經九紙餘　南福北善　吴月支國優婆塞支謙譯

即中阿含賴吒和羅經。

△**佛説護國經**半卷　南温北薄　宋中印土沙門法賢譯

佛從俱盧城至覩盧聚落。護國長者子願樂出家，父母不許，絶食苦求。既出家已，十夏依佛，乃還本處，住樹下。爲俱盧大王説法，令歸依三寶。亦即賴吒和羅經。

○**佛説帝釋所問經**十一紙餘　南温北深　宋中印土沙門釋法賢譯

即中阿含釋問經。

佛説善生子經六紙半　南福北善　西晉沙門支法度譯

即中阿含、長阿含善生經。

佛説數經四紙餘　南福北善　西晉沙門釋法炬譯

即中阿含算數目犍連經〔一〕。

佛説梵志頞波羅延問種尊經六紙　南福北善　東晉西域沙門竺曇無蘭譯

即中阿含阿攝和經。

佛説須達經三紙欠　南緣北善　蕭齊中天竺沙門求那毗地譯

即中阿含須達多經。

△**佛説長者施報經**六紙餘　南臨北盡　宋中印土沙門法天譯

佛爲給孤獨説過去長者明彌羅摩行大施會，因展轉較量功德，不如歸戒、慈心。亦即須達多經。

○**三歸五戒慈心厭離功德經**〔二〕一紙欠　南緣北善　附東晉録

〔一〕「犍」，原無，據北藏補。

〔二〕「三歸五戒慈心厭離功德經」，此經名和解題，康熙本、乾隆本皆放在佛説須達經之前，底本根據總目後移。

亦即須達多經少分。

佛爲黄竹園老婆羅門説學經三紙餘　南緣北善　失譯人名，今附宋録

即中阿含黄蘆園經。

佛説梵摩喻經八紙欠　南緣北善　吴月支國優婆塞支謙譯

即中阿含梵摩經

佛説尊上經三紙欠　南緣北善　西晉月支國沙門竺法護譯

即中阿含釋中禪室尊經。

佛説兜調經三紙餘　南緣北善　失譯人名，附西晉録

佛説鸚鵡經八紙欠　南緣北善　劉宋中天竺沙門求那跋陀羅譯

㊀**分别善惡報應經**上下合卷　南力北竭　宋中印土沙門天息災譯

三經皆即中阿含鸚鵡經。

佛説意經二紙餘　南緣北善　西晉月支國沙門竺法護譯

即中阿含心經。

佛説應法經三紙餘　南緣北善　西晉月支國沙門竺法護譯

即中阿含受法經下。

⊙**佛説分別布施經**三紙欠　南清北薄　宋北印土沙門施護譯

即中阿含瞿曇彌經。

佛説息諍因緣經半卷　南斯北夙　宋北印土沙門施護譯

即中阿含周那經。

佛説泥犂經十一紙欠　南福北緣　東晉西域沙門竺曇無蘭譯

説惡人墮泥犂之苦，亦説五天使者問辭。即中阿含癡慧地經。

◎**佛説齋經**〔一〕四紙　南福北緣　吴月支國優婆塞支謙譯

即中阿含持齋經。

佛説優婆夷墮舍迦經三紙欠　南福北緣　附宋録

亦即上經，而五念法稍異。

八關齋經一紙餘　敬　劉宋居士沮渠京聲譯

説前五戒皆盡壽，第六齋去，乃一日一夜。與前經大同小異，但無五念法門。

佛説八種長養功德經一紙　南馨北清　宋中印土沙門法護譯

〔一〕「佛説齋經」，此經與卷三十三末小乘律中佛説齋經重複。

略明發心受齋戒法，疑附齋法中行。

佛說鞞摩肅經四紙半　緣　劉宋中天竺沙門求那跋陀羅譯

即中阿含鞞摩那修經。

佛說婆羅門子命終愛念不離經三紙餘　緣　後漢安息國沙門安世高譯

即中阿含愛生經。

佛說十支居士八城人經二紙餘〔一〕　緣　後漢安世高譯〔二〕

即中阿含八城經。

佛說邪見經一紙　緣　失譯人名，今附宋録〔三〕

即中阿含見經。

佛說箭喻經三紙餘　緣　附東晉録，失譯人名

即中阿含箭喻經。

〔一〕「餘」，康熙本、乾隆本正文無，總目有。

〔二〕底本未著録譯者，康熙本、乾隆本同，據北藏、南藏補。

〔三〕「宋録」，據南藏、北藏著録，大明釋教彙目義門作劉宋録。

閲藏知津卷第二十九

北天目沙門釋智旭　彙輯

小乘經藏之四

佛説長阿含經二十二卷　前有僧肇序。　南克念北習聽　姚秦罽賓國沙門佛陀耶舍共竺佛念譯

○第一分：初大本緣經第一：説七佛事。　遊行經第二：因阿闍世王問伐鄰國事，廣爲比丘説七法、六法，乃至歷敘入涅槃、分舍利事。　典尊經第三：般遮翌〔一〕子述梵童爲忉利天説過去大典尊臣事，以之問佛，佛爲説究竟梵行法。　闍尼沙經第四：此云勝結使，乃摩竭國王命終生四王天，爲毗沙門作子，述梵童爲諸天所説法。佛即以之酬阿難請。

〔一〕「翌」，康熙本、乾隆本同，北藏作「翼」。

○第二分：四姓經〔一〕第一：爲二出家婆羅門説四姓平等，作惡墮落，作善超昇，見諦證道。　轉輪聖王修行經第二：誡勅比丘當自熾然，當自歸依，謂修四念處觀。并説古先聖王治世，末後出家，至第七王，不如法治，漸生惡法，致成減劫，刀兵劫後，漸次修善，倍倍壽增，至八萬歲時，慈氏出世。是故比丘當修善法，則壽命延長，謂四神足；顔色增益，謂具戒品；安隱快樂，謂成四禪；財寶豊饒，謂行四等；威力具足，謂見四諦，力能降魔。　弊宿經第三：童女迦葉爲弊宿婆羅門種種説法，破其斷見，皈依設會，死得生天。　散陀那經第四：此居士往梵志尼俱陀處。梵志毁佛，佛至其處，爲説苦行浄不浄法，折伏梵志。　衆集經第五：佛勅舍利弗説法，因説種種增一之法。　十上經第六：佛勅舍利弗説法，因説十上法，謂多成法、修法、覺法、滅法、退法、增法、難解法、生法、知法、證法，各各增一至十，共五百五十法。　增一經第七：佛爲比丘説多成法、修法、覺法、滅法、證法，皆增一至十。　三聚經第八：佛爲比丘説三法聚，謂趨惡趣、趨善趣、趨涅槃法，各增一至十。　大緣方便經第九：爲阿難廣説十二因緣甚深義。　釋提桓因問經第十：爲帝釋説因調有想，因想有欲，有愛憎，有貪嫉，乃至共相傷害。　阿㝹夷經第十一：爲房伽婆梵志説善宿

〔一〕「四姓經」，趙城金藏等稱「小緣經」。

比丘事，及説破世見事。　善生經第十二：爲善生長者子説離四惡行，禮敬六方法。　清浄經第十三：因周那沙彌述外道徒衆鬭諍事，佛爲説無諍正法。　自觀喜經第十四：舍利弗向佛師子吼，稱説如來難及之法。　大會經第十五：諸天集會，佛爲結呪。

第三分：阿摩晝經第一：沸伽羅娑羅遣其弟子阿摩晝觀佛相好，阿摩晝輕慢釋種。佛出其種姓之因，并爲説妙法，如大小持戒犍度所明，次令得見相好。還白厥師，師來見佛，覩相設供，爲阿摩晝悔過，除白癩病，自復悟道，生不還天。　梵動經第二：佛誡比丘，於毁三寶者不得懷忿，於稱讚者亦勿歡喜。　凡夫寡聞，直讚小緣威儀戒行，唯賢聖弟子能以甚微妙大法光明讚佛，謂佛善知六十二見本末因緣，知已不著，而得解脱。　種德經第三：種德婆羅門見佛，佛問以婆羅門法，於五法中以次揀去生、誦、端正，惟持戒、智慧缺一不可。　佛讚印之，并爲説比丘戒、慧，彼即受三歸、五戒。　究羅檀頭經第四：佛爲此婆羅門説大祀法，及説歸戒、慈心、出家功德，此婆羅門即放牛羊等物，受歸戒，供佛證果，生不還天。　堅固經第五：堅固長者子三請佛勅弟子現神足，佛言：我但教弟子於空閒處静默思道，覆德露過，以現神足能起謗故。　倮形梵志經第六：爲此梵志説苦行亦有善惡二趣，不皆訶責，但非出要，惟如來大師子吼，能令人出家成道。　此梵志即出家證果。　三明經第七：爲二梵志弟子破三明所説梵道虚妄，及爲正説梵道。　沙門果經第八：爲阿闍世説沙門現在得果，并受其懺。　布吒婆樓經第九：破梵志相違論，爲説有因緣想生，有因緣想滅。　露遮經第十：此婆羅門見佛，請佛，尋起惡見，謂不應爲人説法。佛受供時破之。

第四分：世記經第十一：閻浮提洲品第一　鬱單越品第二　轉輪聖王品第三　地獄品第四　龍鳥品第五　阿須倫品第六　四天王品第七　忉利天品第八　三災品第九　戰鬬品第十　三中劫品第十一　世本緣品第十二

△**佛説七佛經**一卷　南深北命　宋中印土沙門法天譯

佛在祇園，爲比丘説七佛氏族名字及大弟子等，又廣説毗婆尸佛降生瑞應。長阿含初大本緣經前分同本。

△**毗婆尸佛經**上下合卷　南臨北盡　宋中印土沙門法天譯

佛爲苾芻説過去毗婆尸佛遊觀四門，出家轉法輪事。長阿含初大本緣經後分同本。

佛般泥洹經二卷　南禍北福　西晉河内沙門白法祖譯

因阿闍世王遣雨舍大臣問伐越祇國事，佛爲説七不衰法。大臣去後，爲比丘説七七之法，次説四痛八戒之法。乃至受柰〔一〕女供，展轉遊行，至雙樹間入滅，梵身起塔，結集

〔一〕「柰」，原作「奈」，康熙本、乾隆本同，據北藏改。

經典。

大般涅槃經三卷　南禍北駒　東晉平陽沙門釋法顯譯

佛三語阿難，設得四神足者，欲住壽一劫，皆得隨意。阿難不解勸請。魔來請佛涅槃，佛遂許之。周歷諸處，詔告四衆，於雙樹間入滅荼毗。二經皆長阿含遊行經同本。

佛說方等泥洹經二卷　南禍北駒　附東晉録

與前經大同小異。

佛說大堅固婆羅門緣起經上下同卷　南淵北斯　宋北印土沙門施護譯

長阿含典尊經同本。

佛說人仙經六紙半餘　南興北臨　宋中印土沙門法賢譯

頻婆娑羅王命終，作毗沙門天王太子，名曰人仙，來述忉利天梵王説法事。長阿含闍尼沙經同本。

佛說白衣金幢二婆羅門緣起經上中下合卷　南馨北夙　宋北印土沙門施護譯

二婆羅門近佛，而恒見佛問法，佛爲説世界四姓起因，即出家證果。長阿含初四姓經同本。

佛說尼拘陀梵志經上下合卷　南馨北夙　宋北印土沙門施護譯

彼則默不能答。長阿含散陀那經同本。

和合長者至拘尼陀梵志所，彼方止其世論，長者問之，反言瞿曇慧何能轉。佛往問之，

△**佛説大集法門經**二卷　南斯北薄　宋北印土沙門施護譯

佛遊末利城，有末利優婆塞新造一舍，請佛及僧安止，佛示安卧，舍利子説增一至十法。長阿含衆集經同本。

長阿含十報法經二卷，今作一卷〔一〕　南聽北因　後漢安息國沙門安世高譯

即十上經五百五十法。

佛説人本欲生經一卷　南禍北福　後漢安息國沙門安世高譯〔二〕

長阿含大緣方便經同本。

佛説尸迦羅越六方禮經五紙　南禍北福　後漢安息國沙門安世高譯

長阿含善生經同本。

〔一〕「二卷，今作一卷」，南、北藏皆標上下二卷，南藏分二册，千字文編號爲「聽十二、聽十三」，北藏合爲一册，千字文編號爲「因十」。

〔二〕底本未著録譯者，康熙本、乾隆本同，據南藏、北藏補。

△**佛說信佛功德經**八紙　南興北深　宋中印土沙門法賢譯

佛在菴羅園中，舍利弗歎佛種種最勝功德。長阿含自歡喜經同本。

△**佛說大三摩惹經**四紙半　南臨北盡　宋中印土沙門法天譯

佛在迦毗羅林，四梵王各以頌讚。大衆雲集，有大黑神祖蹲那作惡，佛說聲聞法調伏之。長阿含大會經同本。

〳**佛說梵志阿颰經**一卷　南禍北善　吴月支國優婆塞支謙譯

長阿含阿摩晝經同本。

佛說梵網六十二見經一卷　南禍北福　吴月支國優婆塞支謙譯

長阿含梵動經同本。

佛說寂志果經一卷　南禍北善　東晉西域沙門竺曇無蘭譯

長阿含沙門果經同本。

佛說樓炭經六卷　南積北福　西晉沙門釋法炬共法立譯

即長阿含世紀經，品稍不同，文亦簡拙。

○**起世經**十卷　南因北積　隋北天竺沙門闍那崛多等譯

亦即世記經，而品次稍異，文義俱暢。

△**起世因本經**十卷　惡　隋北天竺沙門達摩笈多等譯

與上經同。

雜阿含經五十卷　谷傳聲虚堂　宋天竺三藏求那跋陀羅譯〔一〕

第一品不出名，然多就五陰，廣破愛見。　誦六入處品第二：皆就内六入、外六塵及六識、六觸、六受、六想、六思、六愛等，廣明無常、苦、空，破於愛見。　雜因誦品第三　弟子所説誦品第四　第五誦道品第一品名多缺略。

△**别譯雜阿含經**二十卷，今作十六卷〔二〕　南習聽北禍因　附秦録

大約有小半與中阿含、增一阿含相同，而文順暢。

丶**雜阿含經**一卷　南聽北因　附吴魏二録

右二經，皆於大部中撮要，譯出别行。

佛説七處三觀經上下仝卷　南緣北慶　後漢安息國沙門安世高譯

出雜阿含第二卷及三十四卷。

〔一〕譯者係抄録南藏、北藏原文，其中「宋」字，大明釋教彙目義門作「劉宋」。

〔二〕「二十卷，今作十六卷」，此指北藏而言，南、北藏皆標二十卷，北藏合爲十六册，故稱十六卷，南藏仍爲二十册。

五蘊皆空經半紙餘　南緣北善　唐大薦福寺沙門義浄譯

初爲五比丘説苦、空、無常義。亦出雜阿含第二卷。

〇**佛説聖法印經**一紙餘　南緣北慶　西晉月支國沙門竺法護譯

説空、無欲、無我、無常、清浄之業。出雜阿含第三卷。

△**佛説法印經**一紙餘　南清北薄　宋北印土沙門施護譯

説三解脱門爲聖法印。出雜阿含第三卷。

△**五陰譬喻經**二紙欠　南善北慶　後漢安息國沙門安世高譯

沫、泡、燄、蕉、幻五喻也。出雜阿含第十卷。

佛説水沫所漂經二紙欠　南善北慶　東晉西域沙門竺曇無蘭譯

與上經同。

佛説不自守意經一經欠　南善北慶　吴月支國優婆塞支謙譯

説自守、不自守法。出雜阿含第十一卷。

△**佛説滿願子經**二紙欠　南善北慶　附東晉録

請略説法，而往化惡國。出雜阿含第十三卷。

轉法輪經一紙半　南善北慶　後漢安息國沙門安世高譯

於鹿野樹下，手撫飛輪，三轉四諦行法。

佛説三轉法輪經二紙欠　南善北慶　唐大薦福寺沙門釋義浄譯

即最初爲五比丘説法。二經出雜阿含第十五卷。

佛説八正道經一紙半　南善北慶　後漢安息國沙門安世高譯

出雜阿含第二十八卷。

難提釋經三紙半　南善北慶　西晉沙門釋法炬譯

爲此釋説五法六念。出雜阿含第三十卷。

佛説馬有三相經一紙欠　南善北慶　後漢西域沙門支曜譯

説官馬三善相。

佛説馬有八態譬人經一紙　南善北慶　後漢西域沙門支曜譯

説惡馬八態，喻惡比丘。

二經出雜阿含第三十三卷。

佛説戒德香經一紙餘　南福北緣　東晉西域沙門竺曇無蘭譯

説戒香順逆普聞，勝世間諸香。出雜阿含三十八卷。

○**佛説戒香經**一紙　南興北深　宋中印土沙門法賢譯

與上經同。

佛説相應相可經一紙欠　南善北慶　西晉沙門釋法炬譯

説善惡人各以類相聚。出單卷雜阿含中。

本事經七卷　南與北孝　唐大慈恩寺沙門釋玄奘譯

一法品第一：無明蓋。　貪愛結。　一劫身骨。　心意染汙，墮惡趣。　心意清浄，昇善趣。　皆由自業。　意爲前導。惡善。　破僧。　僧和。　一結斷時餘亦斷，所謂我慢。　不放逸。　捨貪、捨欲、捨瞋、捨恚、捨癡、捨覆、捨惱、捨忿、捨恨、捨嫉、捨慳、捨嗜、捨慢、捨害。　念佛、念法、念衆、念戒、念施、念天、念休息、念安般、念身、念死。　知貪、知瞋、知癡、知覆、知惱、知忿、知恨、知嫉、知慳、知耽、知慢、知害、知一切。　修慈。　外强緣，無如善知識。　内强緣，無如正作意。　惠施果報。　犯戒報。　持戒報。　安語，無慚愧，有慚愧。　最勝有情八。　邪見過。　正見益。　心速疾迴轉。

二法品第二：根門不守護，飲食不知量。　守護根門，飲食知量。　惟作罪，不修福。　惟修福，不作罪。　樂苦二速行。　二遲行。　惡戒、惡見。　善戒、善見。　作、不作各二。　法智、類智。　世間智、出世智。　不真出家，真出家。三番。　於惡應了知，應厭背。　不浄斷貪，慈悲斷瞋。　有餘涅槃、無餘涅槃。　有見、無有見二纏。　隨證有餘，或不還果。二番。　有慚、有愧。　静慮、聽法。　聖尋求、非聖尋求。　慚、愧。　不害尋思，永斷尋思。　力、法二輪。　奢摩他、毗鉢舍那。　慧及解脱。　無明、慧明，爲惡善上首。　斷無明愛，轉於法輪。　剃髮、乞求二苦。　二有情墮地獄：一、破戒，二、謗他。　父母恩難報。　業智無欺誑。　父母應供養。　財施、法施。　財祠祀、法祠祀。法言、宴默。　言説、宴默，各有善惡。　思擇力、修習力。　業、壽相隨。　短壽、長壽行。　所緣行相、作意行相。　生死相乖無間。　不調伏死、調伏死。　雜染法、清净法。有見、無有見，互爲怨害。　世間正見、出世正見。

三法品第三：　劣勝解、妙勝解有情，三世各相親近。　三因三緣，能感後有，無明、愛、業。　貪欲、耽著、受用，不見過患，三因緣生多過患。　三欲天，不出生死。　三似驢鳴。增上三學。四番。　調善戒、法、慧。　無學戒、定、慧。　三種樂事，應持净戒。　三種香，不如戒香。　等子、勝子、劣子。　應修三善根、四念處等。　三尋思能令退失：一、親里，二、利養，三、妒勝。　又一、事業，二、談話，三、睡眠。　净信、施物、福田，三法和合現前，生無量福。　三不堅，易三堅，身、命、財。　三無漏根。　三有情應親近：一、劣，二、學。　二、等，三、勝。　身不净觀，息隨念，行無常、苦、無我。　老、病、死，三怨賊。　施、戒、修，三福業。　佛、法、僧最勝。　三大師：一、佛，二、無學，三、有學。　三時諸天集會歡喜：一、發心出家，二、如法持戒，三、依法證果。　三事天勝於人，長壽、端嚴、快樂，然亦無常。

佛本行集經六十卷　南父事君曰嚴北父事君曰嚴與〔一〕　隋北天竺沙門闍那崛多譯

發心供養品第一　受決定記品第二　賢劫王種品第三　上〔二〕託兜率品第四　俯降王宮品第五　樹下誕生品第六　從園還城品第七　相師占看品第八　私陀問瑞品第九　姨母養育品第十　習學技藝品第十一　遊戲觀矚品第十二　捔術爭婚品第十三　常飾納妃品第十四　空聲勸厭品第十五　出逢老人品第十六　淨飯王夢品第十七　道〔三〕見病人品第十八　路逢死屍品第十九　耶輸陀羅夢品第二十　捨宮出家品第二十一　剃髮染衣品第二十二　車匿等還品第二十三　觀諸異道品第二十四　王使往還品第二十五　問阿羅邏品第二十六　答羅摩子品第二十七　勸受世利品第二十八　精進苦行品第二十九　向菩提樹品第三十　魔怖菩薩品第三十一　菩薩降魔品第三十二　成無上道品第三十

〔一〕「父事君曰嚴與」，康熙本、乾隆本皆作「加『與』字」。
〔二〕「上」，原無，康熙本、乾隆本同，據北藏補。
〔三〕「道」，原無，康熙本、乾隆本同，據北藏補。

三　昔與魔競品第三十四　二商奉食品第三十五　梵天勸請品第三十六　轉妙法輪品第三十七　耶輸陀因緣品第三十八耶輸陀，即耶舍，此云上傘。　耶輸陀宿緣品第三十九　富樓那出家品第四十即富樓那彌多羅尼子，此云滿慈子，亦云滿願子。　那羅陀出家品第四十一即迦旃延也。　娑毗耶出家品第四十二　教化兵將品第四十三：先明三歸得戒，次化提婆大婆羅門夫婦證初果。　迦葉三兄弟品第四十四　優波斯那品第四十五即三迦葉波之甥，亦有二百五十人，同出家證果。　布施竹園品第四十六　大迦葉因緣品第四十七　跋陀羅夫婦因緣品第四十八即紫金光比丘尼也。　舍利目連因緣品第四十九　五百比丘因緣品第五十　斷不信人行品第五十一　說法儀式品第五十二　尸棄佛本生地品第五十三　優陀夷品第五十四　優波離品第五十五　羅睺羅因緣品第五十六　難陀出家因緣品第五十七　婆提唎迦等因緣品第五十八　摩尼婁陀品第五十九　阿難因緣品第六十

摩訶僧祇師名爲大事，薩婆多師名此經爲大莊嚴，迦葉維師名爲佛往因緣，曇無德師名爲釋迦牟尼佛本行，尼沙塞師名爲毗尼藏根本。

○**佛說諸佛經**三紙　南履北臨　宋北印土沙門施護譯

佛本行集經初品同本。

過去現在因果經四卷　南慶北尺　劉宋中天竺沙門求那跋陀羅譯

説佛於過去普光佛所得授記已，生生行菩薩道，乃至生兜率，示入胎、出胎、出家、降魔、成道、轉法輪，度五比丘、三迦葉、舍利弗、目犍連、大迦葉等事，一一結示往因。中有與仙人論破冥諦非想事。

修行本起經二卷　南善北尺　後漢西域沙門竺大力共康孟詳譯

過去現在因果經同本。

太子瑞應本起經二卷　南慶北尺　吴月支國優婆塞支謙譯

異出菩薩本起經十一紙　維　西晉清信士聶道真譯

二經並同上。

中本起經二卷　次名四部僧始起，出長阿含。　南積北緣　後漢西域沙門曇果共康孟詳譯

轉法輪品第一　現變品第二　化迦葉品第三　度萍沙王品第四　舍利弗大目連來學品第五　還本國品第六　須達品第七　本起詃〔一〕容齋品第八　瞿曇彌來作比丘尼品第九　無常品第十　自愛品第十一　大迦葉始來學品第十二　度柰〔二〕女品第十三　尼犍

〔一〕「詃」字，原作「該」，據康熙本、乾隆本和北藏改。

〔二〕「柰」字，原作「奈」，康熙本、乾隆本同，據北藏改。

問疑品第十四　佛食馬麥品第十五　略敘如來行迹，文筆古雅。

佛説初分説經上下合卷　南馨北夙　宋北印土沙門施護譯

即是度三迦葉及舍利弗、目連事，與他經大同小異。

佛説興起行經三卷，北作二卷　一名嚴成〔一〕宿緣經。　南與北當　後漢康居國沙門康孟詳譯

佛在阿耨達池，爲舍利弗説夙緣十品：孫陀利、奢彌跋、頭痛、骨節煩疼、背痛、木槍刺腳、地婆達兜擲石、婆羅門女旃沙謗、食馬麥、苦行。

佛説衆許摩訶帝經十三卷，南作九卷，北作七卷〔二〕　南深北命　宋中印土沙門法賢譯

佛在迦毗羅國，釋衆欲聞過去種族之事，佛勅目連説之。次敘摩耶及摩賀摩耶生緣，次敘降神因緣，阿私陀占相因緣，童子時學書、學射等緣，耶輸陀羅等三夫人緣，出家因緣，成道因緣，初受商主布薩婆梨迦食石鉢因緣，度五比丘因緣，度耶舍因緣，度彼四友因緣，度五十人因緣，度六十賢衆作優婆塞因緣，度難那及長女作近事因緣，度三迦葉波因緣，受

〔一〕「成」，原作「威」，據康熙本、乾隆本和北藏改。

〔二〕「十三卷，南作九卷，北作七卷」，南藏目録稱「十三卷，今合爲九卷」，實際南、北藏仍標十三卷，分别合爲九册、七册。

民彌娑囉王請因緣，給孤長者請佛因緣，舍利弗議論降伏外道因緣，立祇園名因緣，化迦羅城因緣。烏波黎出家爲上座，衆釋禮足，并説其往昔因緣。

佛垂般涅槃略説教誡經五紙餘　亦名佛遺教經。　南行北食　姚秦天竺沙門鳩摩羅什譯

囑諸比丘，以戒爲師，離諸惡法，對治諸苦及諸煩惱，勤修出世大人功德，所謂無求、知足、遠離、精進、不忘、禪定、智慧及不戲論。蓋是最後丁寧，不啻一字一血，宜深玩而力行之。

佛臨涅槃記法住經四紙欠　南賢北食　唐大慈恩寺沙門釋玄奘譯

説從初百年，乃至第十百年事。

佛説當來變經二〔一〕紙　南賢北景　西晉月支國沙門竺法護譯

説當來壞法事，增一至五，并示修持要法。

佛説法滅盡經二紙欠　南賢北景　僧祐附劉宋録

佛在拘夷那竭國，當般涅槃，默無所説，光明不現。阿難三問，佛爲説末世衆魔比丘不如法事，乃至袈裟變白。

〔一〕「二」，乾隆本同，康熙本正文作「三」，總目作「二」。

般泥洹〔一〕**後灌臘經**一紙餘　南賢北食〔二〕　西晉月支國沙門竺法護譯

預問四月八日、七月十五日浴佛陳供之法，佛誡不得口許而負其物，此物衆僧應分，或施貧窮孤老。

佛滅度後棺斂葬送經二紙半　南當北食　附西晉録

阿難請問荼毗之法，佛言：應如轉輪聖王。又懸記千年後鉢顯神變事。

迦葉赴佛般涅槃經二紙欠　南宜北既　東晉西域沙門竺曇無蘭譯

迦葉趨赴涅槃，悲哀説偈。

佛入涅槃密跡金剛力士哀戀經五紙餘　南宜北既　失譯人名

力士哀戀，帝釋慰止。

〔一〕「泥洹」，原作「涅槃」，康熙本、乾隆本同，據總目和南藏、北藏改。

〔二〕「南賢北食」，康熙本作「仝上」，而上部經千字文編號爲「南賢北景」，乾隆本和底本改。

閱藏知津卷第三十

北天目沙門釋智旭　彙輯

小乘經藏之五

正法念處經七十卷　非寶寸陰是競資　元魏中天竺婆羅門瞿曇般若流支譯

十善業道品第一：因外道説佛法與彼無別，新學比丘不能答，告舍利弗。舍利弗令問佛，佛爲具説十不善果報差別，及説十善世出世果。　生死品第二：説比丘應觀察生死過患，次第修十地行等。　地獄品第三：説十惡因，感得種種地獄苦報差別，善能觀察，乃至得十三地。　餓鬼品第四：説三十六種餓鬼因果差別，觀察得十五地。　畜生品第五：説畜生品類差別最多，及説脩羅與天鬬戰事，觀察得十七地。　觀天品第六：觀察四王及三十三天，得十八地。又觀夜摩天有三十二處，隨業受果，樂盡苦生。有夜摩天王及鵝王、孔雀王、諸天鳥等，説種種訶放逸法。　身念處品第七：説内身觀，四大調與不調，户蟲行業，諸風作用等。作外身觀，四洲衆生苦樂因果，生死不斷，觀已厭離。

◎**妙法聖念處經**八卷，今作四卷〔一〕　忠　宋中印土沙門法天譯

說十善法及厭離行等，訶酒過失及十惡等，讚歎護戒，及說天上諸偈。大意與正法念處經同。

佛說生經五卷　璧　西晉月支國沙門竺法護譯

一、那賴經：說佛昔爲仙人，名那賴，此云無樂，說法令方迹王斷愛。今復說法斷比丘欲想，令證果。　二、分衞比丘經：說此比丘昔爲鼈時，亦曾係意獼猴，而不遂所願。　三、和難經：說和難釋子輒度人，昔時亦曾受博掩子所欺。　四、邪業自活經：亦說和難釋子往事。　五、是我所經：說慳鄙長者曾爲烏，名我所。　六、野雞經：說野貓巧誘野雞因緣，貓即旃遮比丘，雞即佛是。　七、前世諍女經：說調達最初結怨之由。　八、墮珠著海中經：說佛昔時抒海事。　九、旃闍摩暴志謗佛經：說尼謗佛夙緣。　十、鼈獼猴經：亦說暴志昔爲鼈婦，調達爲鼈，佛爲獼猴。　十一、五仙人經：說一仙人侍四仙人事，四仙人即前後四佛，梵志即調達。　十二、舅甥經：亦佛及舍利弗、調達往事。　十三、閒

〔一〕「八卷，今作四卷」，南、北藏仍標八卷，合爲四册，故稱四卷。

居經：爲梵志説出家閒居行。　十四、舍利弗般涅槃〔一〕經：説尊者雖入滅，五分法身不滅，人宜自求歸依，處於法地，歸命於法，不處他地，不歸餘人。　十五、子命過經：爲喪子墮憂者説法，令悟無常。　十六、比丘各言志經：與中阿含牛角娑羅林經上同。　十七、迦旃延説無常經　十八、和利長者問事經：佛問長者四大諸法，長者一一能答。　十九、心總持經：説大乘法，而有呪。　二十、護諸比丘呪經　二十一、吉祥呪經　二十二、總持經：大似華嚴經中略出少許。　二十三、所欣釋經：説所欣釋今昔羸獱事。　二十四、國王五人經：説舍利弗、阿那律、阿難、輸輪及佛往因，與今事同。　二十五、蠱狐烏經：説調達與拘迦利，昔爲狐、烏，互相謬歎，今亦復然。　二十六、比丘疾病經：即佛躬看病比丘事。　二十七、審裸形子經：外道遣人覓佛短，反受佛化，得見道迹，因説夙事。　二十八、腹使經：阿難勸匿王於饑世供佛及僧，佛説其往因，曾以腹使之語利益衆人。　二十九、弟子命過經：有弟子命過生天，見佛得道。　其師憶之，佛爲安慰説法，并説昔時仙人愛小象緣。　三十、水牛經：説昔時水牛王忍獼猴辱，而梵志殺此獼猴。　今外道亦然。　三十一、兔王經：説兔王捨身奉仙人事。　仙人即錠光佛，兔王即釋迦也。　三十二、無懼

〔一〕「涅槃」，康熙本、乾隆本同，北藏作「泥洹」。

經：說昔人行道，死時無懼，得生内院。　三十三、五百幼童經：童子行善，遇水厄，生内院。　三十四、毒草經：說大林毒草喻，警人勤去三毒。　三十五、鼈喻經：喻三界無安。　三十六、菩薩曾爲鼈王經：說鼈王忍苦，不害商人事。　三十七、毒喻經：說子息不肯行毒以爲喻，喻人不宜行毒，宜去三毒，行六度等行。　三十八、誨子經：說母善誨子事，歎後世人子有從不從。　三十九、負爲牛者經：說佛救牛因緣。　四十、光華梵志經：說維衛佛時梵志即是今佛，衆眷屬即今衆會。　四十一、變悔喻經：居士出家，後又變悔，樹神現尼身以覺悟之，乃得證道。　四十二、馬喻經：馬能調良，則受快樂，佛調衆生亦復如是。　四十三、比丘尼現變經：二尼現變，化度惡人。　四十四、孤獨經：說昔時孤獨人能作福，有子反受其累，以喻迷心而生五陰六衰之患。　四十五、梵志經：佛爲梵志一家說法，令各得益，因說昔事亦爾。　四十六、君臣經：說調達昔爲大猶王，佛爲密善財大臣。　四十七、拘薩國烏王經：說四將昔爲四烏事。　四十八、蜜具經：授梵志施蜜者緣覺記，并說其往因。　四十九、雜讚經：有比丘尼子出家，不順道法，母誨不從，父勑不順，後遇大苦。　佛因說其曾爲烏時，亦遭此苦。　五十、草驢馳經：比丘妄授客比丘籌，後取衣鉢辱主乃去，佛說草驢馳梵志往因。　五十一、孔雀經：說往時孔雀令烏無光，今佛令外道失彩。　五十二、仙人撥劫經：即往古仙人觸女失通事。　五十三、清信士阿夷扇持父子經：父不喜其子，子他出後，方思之，喚不肯歸。佛因說昔時獼猴師事。五十四、夫婦經：夫不喜其妻，妻出家證果，後方喚之。佛因說其夙緣。五十五、譬喻經：一、說昔時比丘化油供佛緣，比丘即然燈佛，老母施油者即釋迦佛也。二、說大魚救荒結緣事。三、說首達謗惟先墮獄事，首達即釋迦，惟先即阿彌陀佛。四、說梵志、儒童爭座成怨事。梵志即調達，儒童即釋迦。梵志發惡願已，大修功德，乃得世世與佛相值。五、說驢隨馬，則與馬相似；隨驢，則仍似驢。誡人宜隨善知識。六、說盜天像金頭，稱南無佛，即得取去，人方知天不如佛。七、說狗伏牀下聽經，得爲比丘尼，證果。八、說貧人乞得天帝瓶，墮地破之，便無所堪。喻人初聞佛法，能行精進，所願必得；後小懈怠，忘失經戒，譬如瓶破也。

雜有大乘法。

佛說義足經二卷　壁　吳月支國優婆塞支謙譯

桀貪第一　優填王第二　須陀利第三：殺女謗佛事。　摩竭梵第四　鏡面王第五：盲人摸象喻。　老少俱死第六　彌勒難第七　勇〔一〕辭梵志第八　摩因提女第九　異學摘飛第十　猛觀梵志第十一　法觀梵志第十二　兜勒梵志第十三　蓮華色比丘尼第十

〔一〕「勇」，康熙本、乾隆本和北藏作「甬」。龍龕手鏡注：同「勇」。

四：佛從忉利天來事。　子父共會第十五：佛與父王相見，令證果事。　惟樓勒太子第十六：即瑠璃王害釋種事。

十六經各有義足偈，故總名義足經，而譯文甚爲難曉。

佛說大安般守意經 二卷　有康僧會序。　敬　後漢安息國沙門安世高譯

佛在越祇國、舍羈瘦國說，大似論體。　六行、四諦、十黠法門。

禪祕要法經 三卷　南尺北竭　姚秦天竺沙門鳩摩羅什譯

一爲迦絺那難陀說繫念觀左腳大指法。　次爲大衆說：第一、繫念額上；第二、觀白骨；第三、津膩慚愧觀；第四、膖〔一〕脹膿血及易想觀；第五、觀薄皮；第六、厚皮蟲聚觀；第七、極赤淤泥濁水洗皮雜想；第八、新死想；第九、具身想；第十、節節解觀；第十一、白骨流光觀；第十二、四大觀，亦名八十八使境界；第十三、結使根本觀；第十四、易觀法及地大觀，又觀外四大，亦名漸解學觀空；第十五、四大觀；第十六、四大觀〔二〕；第十七、身念處觀；第十八、一門觀，具見七佛等；第十九、觀佛三昧，亦名灌頂法；第二十、數息觀，

〔一〕「膖」，原作「肨」，據北藏改。

〔二〕第十五、第十六皆爲「四大觀」，經文原文稱呼如此，而內容不同。

爲禪難提比丘説；第二十一、煖法觀，爲槃直迦説；第二十二、觀頂法；第二十三、觀助頂法方便；第二十四、火大觀；第二十五、火滅觀；第二十六、正觀，得須陀洹道；第二十七、真無我觀，滅水大想，向斯陀含〔一〕；第二十九、水大觀，得斯陀含；第三十、風大觀，成阿那含。次爲阿祇達説往昔因緣，教修慈心，及説賢聖空相應心境界，分别十一切入相。阿難請問經名，并示四法，及囑修者慎勿輕與人知。

治禪病祕要經二卷　南善北慶　北涼安陽侯沮渠京聲譯

治阿練若亂心病七十二種法。尊者舍利弗所問，出雜阿含阿練若雜事中。　治噎法。　治行者貪婬患法。　治利養瘡法。　治犯戒法，念七佛，念三十五佛，念諸菩薩，念大乘心，觀於空法，想佛提〔二〕水灌頂，復想墮獄，稱三寶名，蒙光救拔，然後八百日苦役，七日觀白毫相。又教作毒蛇觀，更作苦役，更觀一佛，更修不淨觀成，又誦戒，經八百徧，然後復淨。治樂音樂法。　治好歌唄偈讚法。　治水大猛盛，因是得下法。　治因火大頭痛、眼痛、耳聾法。　治入地三昧，見不祥事驚怖失心法。　治風大法。　初學坐者鬼魅所著，種種

〔一〕南藏、北藏等諸本皆無第二十八。
〔二〕「提」，原作「捉」。北藏原文爲「提澡罐水，以灌其頂」，據改。

不安，不能得定，治之之法。尊者阿難所問。

此經雖云出阿含部，而多有大乘法要。

陰持入經二卷　南孝北竭　後漢安息國沙門安世高譯

說五陰、六入等法相，及說三十七品等。

五百弟子自說本起經一卷　孝　西晉月支國沙門竺法護譯

前二十九品，諸弟子各說本因，第三十品，佛說九惱本因。似未完。

佛說光明童子因緣經四卷，今作二卷〔一〕　南斯北夙　宋北印土沙門施護譯

王舍城善賢長者妻懷妊，長者問佛，佛記其生男，受天福，出家證果。長者悮信外道語，以毒藥摩妻腹，妻死，焚之。佛與大衆往視，子從火中坐蓮華生。佛命頻婆娑羅王取以爲子，後仍歸長者家，能辨白氎新舊，受天福樂，畏阿闍世，遂求出家證果。佛爲比丘說其夙因。

摩登伽經二卷　南善北慶　吴天竺沙門竺律炎共支謙譯

度性女品第一：說一呪護阿難，又說六句神呪。　明往緣品第二：帝勝伽欲聘蓮華

〔一〕「四卷，今作二卷」，南、北藏仍標四卷，分別合爲二册，故稱二卷。

實女爲息。　示真實品第三：破五祠邪，示真菩提法。　衆相問品第四：帝勝伽説三章二十一句呪、三章八句呪。　説星圖品第五：説二十八宿事。　觀災祥品第六之一：説人生所逢星紀善惡之相。　六之二：説月在衆星所應爲事，及地動等吉凶。　明時分別品第七：説四時晝夜長短等法，及出古今夙習因縁。

舍頭諫經一卷　南善北慶　西晉月支國沙門竺法護譯

此云虎耳〔一〕，阿難昔名也。即摩登伽經異出。

摩鄧女經二紙餘　慶　後漢安息國沙門安世高譯

爲此女説眼、鼻、口、耳、聲、步不净而證果。

摩登〔二〕女解形中六事經二紙餘　慶　附東晉録

同上。二經皆摩登伽經第一品異出。

佛説柰女耆域因縁經一卷　南慶北尺　後漢安息國沙門安世高譯

説柰女生柰樹上，後与萍沙王生耆域，爲世名醫，治種種奇病，并出往因。

〔一〕「耳」，原作「直」，康熙本、乾隆本同，據北藏改。

〔二〕「登」，原作「鄧」，康熙本、乾隆本同，據南藏、北藏改。

佛説㮈女耆婆經一卷　南慶北尺　後漢安息國沙門安世高譯

與上經同，而文稍略。

佛説福力太子因緣經上中下合卷　南馨北夙　宋北印土沙門施護譯

阿難聞二百億、阿尼樓陀、舍利子各言色相、精進、工巧、智慧、行業，多獲義利，以問世尊。佛言：智慧爲最勝，而修福因又爲極勝。即説往時眼力王四子，及最後一子事。

佛説業報差別經一卷　南與北當　隋洋川郡守瞿曇法智譯

佛在舍衛國祇園〔一〕，爲力提耶子首迦長者説一切衆生繫屬於業，依止於業，隨自業轉，因廣明一切業各有十種，最爲詳明。

佛説輪轉五道罪福報應經四紙欠　南孝北當　劉宋中天竺沙門求那跋陀羅譯

佛在迦維羅大樹下，説罪福報應。慈悲懺法中廣引之。

佛説十八泥犁經五紙欠　敬　後漢安息國沙門安世高譯

説十八地獄受苦及壽命長遠。

雜藏經八紙餘　南善北壁　東晉平陽沙門釋法顯譯

〔一〕「祇園」，藏經原文作「祇樹給孤獨園」。

前半皆鬼問，目連答。後半更有多種因果，又有現在國王出家等種種緣，又一華獻佛，羅漢及彌勒亦不知其果報邊際，俟成佛乃知之。

鬼問目連經三紙欠　南善北壁　後漢安息國沙門安世〔一〕高譯

出雜藏經。

△**餓鬼報應經**六紙欠　南善北壁　失譯人名，附東晉録

與上經同，而多幾則。

佛説十二品生死經半紙餘　南孝北當　劉宋中天竺沙門求那跋陀羅譯

從聖至凡，生死有十二品不同，以勸誡人。

佛説浄意優婆塞所問經四紙半　南斯北夙　宋北印土沙門施護譯

佛在祇園，浄意來問長壽短壽，乃至愚癡智慧八種因緣，佛具答之。

無垢優婆夷問經二紙餘　當　元魏中天竺婆羅門瞿曇般若流支譯

答掃佛塔地，乃至禪、四梵行、歸戒功德差別，并現舌相，以決其疑。

阿難問事佛吉凶經五紙餘　南善北慶　後漢安息國沙門安世高譯

〔一〕「世」，原無，據康熙本、乾隆本和北藏補。

佛答以持戒敬信則得吉，毁犯輕慢則得凶。復問答殺生及惡意向師、向善人二種惡報，復問答末世俗弟子理生之事。阿難重頌，請佛住世。

慢法經一紙　南善北慶　西晉沙門釋法炬譯

阿難分別經四紙半　南善北慶　乞伏秦沙門釋聖堅譯

皆阿難問事佛吉凶經同本。

佛說分别善惡所起經一卷　敬　後漢安息國沙門安世高譯

明十善、十惡所有果報，中明飲酒三十六失，後有偈，頌善惡二報。

佛說較量壽命經八紙餘　南力北則　宋中印土沙門天息災譯

說娑婆一切壽命長短之數。

十二緣生祥瑞經上下合卷　南盡北則　宋北印土沙門施護譯

以十二月一日，各從一有支算起，斷種種吉凶事，後說十二生肖。

佛說處處經一卷　敬　後漢安息國沙門安世高譯

似律中雜雜因緣。

天請問經二紙餘　當　唐大慈恩寺沙門釋玄奘譯

說福非火所燒，少欲最安樂等，共九問九答，皆切於開示衆生者。

佛説分別緣生經一紙餘　南清北薄　宋中印土沙門法天譯

佛初成道，思念世間苦樂諸法，無有能了知者，梵王便來證成。佛更爲梵王説十二緣生之法。

嗟韈曩法天子受三歸依獲免惡道經三紙餘　南力北則　宋中印土沙門法天譯

天子應墮豬身，帝釋教以三歸，乃生兜率陀天。

佛説出家功德經四紙餘　當　失譯人名，附三秦録

佛聞鞞羅羡那王子樂音，記彼七日命終。阿難勸令一日一夜出家，命終之後，七返生六欲天，當得辟支佛道。阿難因問放人出家之福、障人出家之罪，佛具答之。

佛説大迦葉本經四紙餘　南孝北當　西晉月支國沙門竺法護譯

佛爲大迦葉説制心法。

佛説龍王兄弟經二紙欠　南尺北敬　吴月支國優婆塞支謙譯

即目連降伏二龍事。

佛説羅云忍辱經二紙半　南孝北當　西晉沙門釋法炬譯

因羅云受打，佛乃廣讚忍辱之道。

佛説梵摩難國王經一紙餘　當　失譯人名，附西晉録

王子均鄰儒出家證果，爲父説法，亦證初果。佛因勅衆僧臨飯時説僧跋。僧跋者，衆僧飯皆悉平等。

佛説普達王經 三紙欠　當　失譯人名，附西晉録

夫延國王禮沙門足，諸臣諫之，王命覓一切頭賣之，惟人頭不可賣，乃至丐者亦不肯受，因勸人生信心。遥請佛來國説法，佛并説其夙緣。

佛説末羅王經 一紙餘〔一〕　南孝北當　劉宋居士沮渠京聲譯

爲移石人説四力：一、精進力，二、忍辱力，三、布施力，四、父母力。又生、老、病、死爲四力。

佛説摩達國王經 一紙　南孝北當　劉宋居士沮渠京聲譯

羅漢比丘以宿業，爲王養視官馬。七日後現神通，化王歸佛，證初果。

佛説旃陀越國王經 二紙半餘　南孝北當　劉宋居士沮渠京聲譯

王小夫人懷孕，大夫人以金賂婆羅門，譖殺埋之。兒於塚中得産，其母半身不朽，飲乳三年。至六歲時，佛度出家，證阿羅漢。乃以神通化其父王，令歸三寶。佛因具説夙緣，無數人聞之得道。

〔一〕「一紙餘」，乾隆本正文作「三紙餘」，總目作「紙餘」。

萍〔一〕**沙王五願經**六紙　璧　吴月支國優婆塞支謙譯

先敘萍沙王五願，後敘弗迦沙王出家，宿窯家。佛夜爲説法，證三果，次日命終。

佛説五王經四紙餘　當　失譯人名，附東晉録

五王共相友善，四王各説世樂，惟普安王説出世樂，因引四王見佛。佛爲説世間八苦，遂同出家修道。

犍陀國王經一紙餘　敬　後漢安息國沙門安世高譯

婆羅門譖殺毁樹者，牛不害折角者，王乃從此信佛，佛因説其往因。

未生怨經三紙欠　敬　吴月支國優婆塞支謙譯

説瓶沙王受害事，與律中大同小異。

瑠璃王經六紙　璧　西晉月支國沙門竺法護譯

説滅釋種，墮地獄始末。

阿闍世王問五逆經四紙餘　南尺北敬　西晉沙門釋法炬譯

預記王當一墮獄，即出，二十劫不墮三惡道，最後成辟支佛，名無穢。

〔一〕此處及下文「先敘萍沙王五願」句中之「萍」字，康熙本、乾隆本同，南藏、北藏作「蓱」。

閲藏知津卷第三十一

北天目沙門釋智旭　彙輯

小乘經藏之六

佛説解憂經三紙欠　南深北命　宋中印土沙門法天譯

先有偈讚、偈述，次長行，乃佛在祇〔一〕園，爲諸比丘説一切無常，應求解脱。

佛説無上處經半紙餘　當　失譯人名，附東晉録

即指三寶爲三無上處。

佛説無常經三〔二〕紙欠　南當北孝　唐大薦福寺沙門釋義净譯

〔一〕「祇」，原作「衹」，據北藏改。

〔二〕「三」，康熙本、乾隆本作「一」。

說老、病、死三法不可愛。經前有偈讚、偈述絶妙，經後有五言偈頌、七言呪願頌，并臨終方訣二紙〔一〕。

佛説信解智力經五紙　南興北臨　宋中印土沙門釋法賢譯

說佛五力、十力。

佛説四無所畏經二紙欠　南履北臨　宋北印土沙門施護譯

佛在祇園，說四無畏及八大衆中無畏。

佛説四品法門經四紙　南思北斯　宋中印土沙門法賢譯

佛在祇園，阿難請問：世間所有驚怖等事，愚人所有，智者即無？佛言：愚人不了界法，不了處法，不了緣起法，不了處非處法；智人善了此四品法。

佛説法乘義決定經上中下合卷　南言北之　宋西夏沙門金總持等譯

佛在祇園，有一比丘名甚深勇猛，請問鹿野苑中所説法乘決定之義。佛爲廣說五蘊、五取、十二處、十八界、十二緣生、四聖諦、二十二根、五三摩地、四禪、四無色定、四無量心、四三摩地、四念處、四正斷、四神足、五根、五力、七覺支、八聖道、十六心念、四果、十力、四

〔一〕「經前有」至「二紙」，康熙本、乾隆本作「後附五言頌十二首、七言頌四首，并臨終方訣二紙」。

無所謂、四無礙辯、十八不共法、三十二相，及行所感八十種好。

佛説決定義經九紙半　南温北薄　宋中印土沙門法賢譯

佛在祇園，爲諸苾芻説五藴、五取藴、十八界、十二處、十二緣生、四聖諦、二十二根、如來十力、四無所畏、四禪定、四無色定、四無量行、四無礙智、四三摩地想及三十七品。

佛説廣義法門經八紙欠　出中阿含一品。　南福北緣　陳優禪尼國沙門真諦譯

舍利弗爲比丘説十二離難隨順道時，當爲如理而説，聽法之人具十六相，心得清浄，十法成熟般若，十相應法，十四違障不浄想，六障無常、苦想，十一障生光明想，三多恩德，十四於不浄觀多恩德，二十勤修障，十一於伏滅障多恩德，二十多恩德，二十二〔一〕處當觀，七相能滿，二十種行，未得道者當爲恐意，二十種行速得依住，十一障礙法爲難，十勝智，十三喜樂依止法，依四法行，令五法滿，能滅八刺，得無學十法。

佛説普法義經七紙餘　緣　後漢安息國沙門安世高譯

與上經同，而文苦澀。

佛説海八德經二紙餘　南尺北璧　姚秦天竺沙門鳩摩羅什譯

〔一〕「二二」下，原有「時」字，康熙本、乾隆本同，北藏等經文無，據删。

因牽犯戒者出，爲衆説八法如大海。阿含及律俱有之。

佛説法海經二紙半　南尺北璧　西晉沙門釋法炬譯

與上經同。

佛説身毛喜竪經三卷，南作卷半，北作一卷〔一〕　南馨北夙　宋譯經院沙門惟淨等譯

善星捨離佛法，以多種緣謗佛、法、僧。舍利子聞之，白佛，佛爲廣説佛法，所謂九次第定、十力、四無畏等，及説樹下證果之相。龍護尊者請名奉持。

黑氏梵志經二紙半　敬　吴月支國優婆塞支謙譯

閻羅王聽梵志説法，悲其七日當死，死當墮落。梵志懼而見佛證果。

長爪梵志請問經二紙餘　當　唐大薦福寺沙門釋義淨譯

佛爲梵志説八支戒所獲佛身果報，梵志遂受八支齋戒。

佛説婦人遇辜經一紙餘　孝　乞伏秦沙門釋聖堅譯

婦人親戚一時亡絶，見佛得道。

〔一〕「三卷，南作卷半，北作一卷」，南藏上、中卷合訂一册，下卷與佛説八種長養功德經合訂一册，故稱一卷半；北藏上、中、下卷合訂一册，故稱一卷。

須摩提長者經七紙餘　一名會諸佛前，亦名如來所説示現衆生。　敬　吴月支國優婆塞支謙譯

長者子死，痛苦，佛説一切法無常，以開喻之。

盧至長者因緣經一卷　當　失譯人名，今附東晉録

長者生平最慳，節會日，飲醉自歌。帝釋化作相似人以惱亂之，乃令見佛，證初果。

佛説耶祇經一紙半餘〔一〕　南孝北當　劉宋居士沮渠京聲譯

迦奈國婆羅門〔二〕耶祇捨外道歸佛，受五戒，不能持，向佛還戒，佛默不答。有五鬼神來競害之，佛放光救令得蘇，懺悔更受戒，即得初果，仍出家，證四果。

佛説貧窮老公經二紙　南尺北敬　劉宋沙門釋慧簡譯

年百二十，而甚貧窮。欲來見佛，釋、梵斷之。佛令阿難唤來，説其夙因，出家證果。

佛爲阿支羅迦葉自化〔三〕**作苦經**一紙半　敬　後漢安息國沙門安世高譯〔四〕

爲説苦非自作、他作、共作、無因作，見諦得道。牛觸死，入滅。

〔一〕「一紙半餘」，康熙本、乾隆本正文作「一紙半」，總目作「紙半餘」。

〔二〕「門」，原無，康熙本、乾隆本同，據北藏補。

〔三〕「自化」，原作「説自他」，康熙本、乾隆本同，據南藏、北藏改。

〔四〕譯者據南藏著録，北藏作「失譯人名」。

佛説長者音悦經三紙餘　南尺北敬　吴月支國優婆塞支謙譯

長者得四吉祥，佛往歎之，令其植福。後得四不吉祥，尼犍往歎，乃得痛打。佛因説其夙緣。

佛説鬼子母經三紙欠　當　失譯人名，附西晉録

鬼子母喜盜食人間兒子〔一〕，佛令比丘取其多子藏之，化令見佛受法，立願保護世間。

佛説孫多耶致經二紙欠　當　吴月支國優婆塞支謙譯

梵志自謂日三浴，噉果，飲水，行勝沙門。佛爲説二十一惡行，不得受好衣食，及説洗心垢法，彼即出家得道。

佛説八師經三紙餘　南尺北敬　吴月支國優婆塞支謙譯

梵志邪旬問佛何師，佛以八師答之：殺、盜、邪淫、妄語、飲酒、老、病、死。

佛説九横經一紙　當　後漢安息國沙門安世高譯

一、不應飯爲飯，乃至九、可避不避，皆招横死。慧人當識當避。

佛説沙曷比丘功德經二紙　南孝北當　西晉沙門釋法炬譯

〔一〕「喜盜食人間兒子」，經文原作「喜行盜人子煞噉之」。

即莎伽陀比丘也，佛讚説其降龍功德，并非實醉，有似大乘發迹顯本之意。

佛説得道梯隥錫杖經五紙欠　附佛説持錫杖法。　南尺北敬　失譯人名，附東晉録

此與律制錫杖迥異，已於毗尼集要〔一〕杖法中略辯之。

佛説呵鵰阿那含經一紙半　孝　東晉西域沙門竺曇無蘭譯

佛讚呵鵰優婆塞有八事而不欲人知。

佛説燈指因緣經八紙欠　孝　姚秦天竺沙門鳩摩羅什譯

説長者子燈指先富中貧，後又大富，皆由宿因。

佛説五無返復經二紙　南孝北當　劉宋居士沮渠京聲譯

羅閲祇梵志遊學舍衛國，見耕者子死，而父不哭，乃至舉家不哭，問佛決疑。

佛説五無返復經〔二〕二紙　南孝北當　此經與竺本前後異同，義理俱好，故依竺本重出，竹堂講主校定〔三〕。

〔一〕「毗尼集要」，全稱重治毗尼事義集要，智旭撰。

〔二〕此經南、北藏皆重出，譯者相同，字句微異。

〔三〕此夾注在磧砂藏、南藏經名下，北藏無。

說長者子於天中、人中、龍中，一時令三處哭泣。

五母子經一〔一〕紙半　南善北慶　吳月支國優婆塞支謙譯

沙彌憶五世令母哭事而笑。

沙彌羅經一紙餘　慶　失譯人名，安公云關中異經。

與上經同。

佛說栴〔二〕檀樹經二紙　當　失譯人名，附漢録

窮人依栴〔三〕檀樹神得活，後報王伐此樹，身死樹下。佛微笑放光，説其夙緣。

佛說佛大僧大經五紙半　南孝北當　劉宋居士沮渠京聲譯

王舍國有富者名爲厲，求生二子：一名佛大，二名僧大。僧大出家，佛大貪其弟婦，弟婦不從，佛大遣賊往殺僧大。僧大臨死，截四肢，得四果。弟婦哭死，得生天。佛大遂墮地獄。

〔一〕「一」，康熙本、乾隆本正文無，總目有。

〔二〕「栴」，康熙本、乾隆本作「旃」，南藏、北藏皆作「栴」。

〔三〕「栴」，康熙本、乾隆本作「旃」，南藏、北藏皆作「栴」。

阿鳩留經三紙　敬　後漢失譯人名，出僧祐録古典經。

賈客阿鳩留不信後世，於曠野樹下得遇豪薜茘，乃深信因果，勤行布施，後得生天。然不如施迦葉者。

佛説頞多和多耆經一紙餘　當　失譯人名，附西晉録

栴檀調弗天啓請於佛〔一〕，佛爲諸弟子説布施八事，及説愚人不知布施，有十因緣。

佛説越難經一紙半　南尺北敬　西晉清信士聶承遠譯

越難長者大富而慳，死作盲乞兒，乞食至其家，爲子所打。佛因之説偈。

佛説摩訶迦葉度貧母經四紙欠　孝　劉宋中天竺沙門求那跋陀羅譯

迦葉度最貧母生天，天帝釋化作貧人以供迦葉。

佛説布施經二紙　南臨北則　宋中印土沙門法賢譯

佛在給孤獨園，説三十七種布施感果不同，并爲國王説布施及十善法。

佛説五大施經十行　南思北之　宋北印土沙門施護等譯

能持五戒，是爲五種大施。

〔一〕「天」，經文中作「天人」。

佛説四天王經二紙欠　孝　劉宋枳園寺沙門釋智嚴共寶雲譯

說六齋日，四王下巡人間善惡，而生喜慼。

佛説出家緣經一紙餘　敬　後漢安息國沙門安世高譯

爲難提優婆塞説犯五戒過，前四事各十惡，飲酒三十五惡。

孝子經二紙欠〔一〕　敬　失譯人名〔二〕

明供養，不若勸親爲善去惡。

佛説進學經十七行〔三〕　南尺北敬　劉宋居士沮渠京聲譯

一、孝順，二、仁慈，三、惠施，四、捨俗。又聖默然及聖説法。又財、法二施，法施爲最。

佛説賢者五福經〔四〕一紙欠　當　西晉河内沙門白法祖譯

明説法得五種福：一、長壽，二、大富，三、端正，四、名聞，五、聰智，并出其因。

佛説解夏經二紙餘　南温北深　宋中印土沙門法賢譯

〔一〕「二紙欠」，康熙本、乾隆本正文作「一紙半餘」，總目作「二紙欠」。

〔二〕譯者，北藏目録作「失譯人名，附西晉録」，大明釋教彙目義門同。

〔三〕「十七行」，康熙本、乾隆本正文作「大半紙」，總目作「十七行」。

〔四〕經名據南藏著録，北藏作「佛説賢者五福德經」。

佛向舍利弗等問三業可忍，舍利弗亦向佛求可忍，并爲五百比丘求可忍。尊者嚩儗舍説伽陀讚。

佛説蟻喻經二紙欠　南淵北斯　宋北印土沙門施護譯

佛放大光普照，告諸苾蒭：於一時中有諸蟻聚，夜中出煙，晝日火然。婆羅門見，乃作是言：若有執持快利刀者，必能破散其聚。次復見龜，見諸蟲等，皆作是言，乃至最後見一大龍。托一苾蒭問我，我爲彼言：蟻聚即是五蘊，煙即尋伺，火即身、語二業，龜即五障染法，蟲等即是忿恚、慳嫉、五欲、無明、疑惑、我慢，龍者即阿羅漢，婆羅門者即是如來，快利者即有智人，刀者即是智慧，破散者即發起精進勝行。

佛説自愛經四紙欠　南孝北當　東晉西域沙門竺曇無蘭譯

佛受舍衛國王四街道請，説三種自愛之法。有兩商人見之，一人心念讚佛，一人心念毁佛。毁者隨即轢死，讚者尋得作國王，請佛至其國内供養。佛爲説最重五罪：一、不忠孝，二、惡心向羅漢，三、謗佛，四、破僧，五、毁盗三寶物。

佛説罵意經十三〔一〕紙餘　敬　後漢安息國沙門安世高譯

〔一〕「三」，康熙本、乾隆本正文作「二」，總目作「三」。

多似律中語，及雜説一切善惡法。

佛説堅意經一紙餘　南尺北當　後漢安息國沙門安世高譯

囑比丘雖受人謗，當如水火，又囑人一心聽經。

佛説佛治身經一紙欠　南宜北既　失譯人名，今附西晉録

説當學工語，不離法行。

佛説佛醫經三紙餘　南終北明　吴天竺沙門竺律炎共支越譯

説人身中四大、得病因緣〔二〕，及九横、四飯、食多五罪、財屬五家。

佛説治意經一紙欠　南宜北既　失譯人名，今附西晉録

説安般守意。

佛説大魚事經一紙餘　孝　東晉西域沙門竺曇無蘭譯

借大魚勑小魚，以喻大比丘囑小比丘。若小比丘不守根門，如彼小魚隨線就死。

佛説法受塵經半紙餘　敬　後漢安息國沙門安世高譯

誡諸男勿染女，女勿染男。

〔二〕「得病因緣」，經文原文有十得病因緣。

佛説阿含正行經三紙欠　敬　後漢安息國沙門安世高譯

説五陰爲賊，五根相欺，及説十二因緣，誡持五戒，修四念處，得度五道。

佛説所欲致患經四紙半　南尺北敬　西晉月支國沙門竺法護譯

佛爲比丘代答外道之問。

佛説八無暇有暇經三紙餘　南當北孝　唐大薦福寺沙門釋義净譯

有八無暇：一、地獄，二、餓鬼，三、畜生，四、長壽天，五、邊地，六、聾瘂，七、邪見，八、無佛世。惟一有暇，可修道業，誡人勿致後悔也。

佛説譬喻經一紙　當　唐大薦福寺沙門釋義净譯

佛爲勝光王説空井、樹根、二鼠、四蛇、毒龍、蜜滴、蜂螫、火燒之喻。

四願經四紙欠　敬　吴月支國優婆塞支謙譯

爲純陀説人間四願皆不可保，復説思、想、識等法門。前後文不相蒙，頗似錯簡。

佛説四自侵經四紙欠　南孝北當　西晉月支國沙門竺法護譯

先説夙夜不學，老不止婬，得財不施，不受佛言，爲四自侵，次説一切警策之語。

佛説諸行有爲經一紙餘　南力北忠　宋中印土沙門法天譯

佛在給孤獨園，説一切行遷流，乃至佛亦不免棄捨此身。

佛説木槵經一紙餘　當　失譯人名，附東晉録

波瑠璃國王遣使求佛法要，佛示以木槵百八，稱佛陀、達磨、僧伽名，并分別功德淺深。

佛説醫喻經一紙餘　南馨北夙　宋北印土沙門施護譯

説醫王有四種，法王亦爾，説四諦法。

佛説中心經四紙餘　與阿含正行經同本別譯。　孝　東晉西域沙門竺曇無蘭譯

先由目連神通，化彼移山梵志，令得信心，佛乃爲説五賊、五欺諸法。

佛説身觀經二紙欠〔一〕　南當北孝　西晉月支國沙門竺法護譯

説身不淨，無可愛樂。後附偈頌，七言七首，五言十首，皆妙絶〔二〕。

佛説禪行三十七品經二紙　南當北孝　後漢安息國沙門安世高譯

明少時修三十七品，亦非愚癡食人信施，何况能多？

禪行法想經半紙餘〔一〕　敬　後漢安息國沙門安世高譯

〔一〕「二紙欠」，康熙本、乾隆本正文作「紙半餘」，總目作「二紙欠」。

〔二〕「後附偈頌」至「妙絶」，康熙本無，乾隆本增加，底本因襲。此經在南藏、北藏中皆排在本卷開頭佛説無常經之前。

〔一〕「半紙餘」，康熙本、乾隆本正文作「大半紙」，總目作「半紙餘」。

一彈指間思惟死想等〔二〕，不是愚癡食人信施。

佛説新歲經四紙　當　東晉西域沙門竺曇無蘭譯

坐夏既畢，佛集衆僧各相懺悔，諸天興供偈歎。

佛説時非時經二紙　南孝北當　西晉外國沙門若羅嚴譯

分别十二月，各有時與非時。

佛説護淨經二紙　當　失譯人名，附東晉録

因見大池中蟲，乃説食不淨食之報，并示護淨之法，亦明齋法，得六十萬世餘糧。似結集家結撮語。

佛説因緣僧護經一卷　南當北竭　失譯人名，今附東晉録

龍變形受具戒，佛遣之歸。五百商人入海，請僧護爲説法師。逮至海中，龍王乞去授四龍子四阿含經。商人還時，僧護出海同還，路中相失，見地獄中五十六事。次至五百仙人處，寄宿一夜，度令證果。還來見佛，問佛因緣，佛一一答之。

比丘避女惡名欲自殺經一紙欠　南當北孝　西晉沙門釋法炬譯

〔二〕「死想等」，康熙本作「死想不淨想等」，乾隆本和底本删「不淨想」三字。

比丘因惡名，欲往林中自殺，正〔一〕住天神説偈曉之，即得道〔二〕。

阿難同學經二紙餘　南緣北善　後漢安息國沙門安世高譯

掘多比丘思返俗，阿難啓佛開示之，證果入滅。

佛説月喻經二紙欠　南馨北夙　宋北印土沙門施護譯

説比丘法，及讚迦葉。

佛説灌頂王喻經一紙欠　南馨北夙　宋北印土沙門施護譯

説王有三時受灌頂法，常所思念。苾芻於出家、浄法眼、盡漏三時，亦常思念。

佛説比丘聽施經二紙餘　當　東晉西域沙門竺曇無蘭譯

聽施比丘不樂法，佛方便爲説曉道徑、不曉道徑之喻。

佛説見正經五紙半　孝　東晉西域沙門竺曇無蘭譯

見正比丘疑無後世，佛借大樹作喻説法，乃至爲説種種譬喻，除其斷、常二見。

佛説略教誡經一紙　當　唐大薦福寺沙門釋義浄譯

〔一〕「正」，南藏、北藏同，趙城金藏作「止」。

〔二〕「即得道」，康熙本作「即得道果」。

讚少欲、知足，訶惡比丘三種不善思惟。

佛説父母恩難報經一紙欠　當　後漢安息國沙門安世高譯

與孝子經大同小異，可並流通。

佛所浄飯王般涅槃經五紙半　南尺北當　劉宋居士沮渠京聲譯

佛及難陀、阿難、羅云親送浄飯王喪，以彰孝道。

猘狗經一紙半　敬　吴月支國優婆塞支謙譯

説受戒而嫉妒其師者，如猘〔一〕狗還囓其主，及説不如法授戒，反入泥犁。

佛説羣牛譬經一紙餘　當　西晉沙門釋法炬譯

以羣牛譬好比丘，以驢譬惡比丘。

佛爲年少比丘説正事經一紙半　南孝北當　西晉沙門釋法炬譯

因上座比丘如法攝受年少比丘，佛讚歎之。

分别經四紙餘　敬　西晉月支國沙門竺法護譯

有受戒而得福，有受戒而反墜，有三輩事佛之不同。及説支那國非法者多，翻在魔

〔一〕「猘」，原作「猘」，據康熙本、乾隆本和北藏改。

部等。

佛說阿難七夢經一紙欠　孝　東晉西域沙門竺曇無蘭譯

佛爲阿難解釋七夢，皆應五濁惡世之事。

阿難四事經三紙　敬　吴月支國優婆塞支謙譯

一、慈心俯育人畜，二、悲心周給窮苦，三、不食肉，持五戒，四、敬沙門。行此四事，如供佛無異。

佛說五苦章句經十二紙欠〔一〕　一名浄除罪蓋娱樂佛法經。　南尺北當　東晉西域沙門竺曇無蘭譯

一、說五道苦，二、說八惡處，三、說十二重城，三、棘籬、六賊等，四、說諸重擔，五、說香、臭二木喻。及說四生、四諦等，又說五天使者等。

佛說月光菩薩經五紙欠　南臨北盡　宋中印土沙門法賢譯

佛在竹林精舍，因舍利弗、目犍連先入滅度，爲諸比丘說月光王捨頭因緣。

未曾有因緣經二〔二〕卷　南彼北靡　蕭齊沙門釋曇景譯

〔一〕「欠」，康熙本、乾隆本正文無，總目有。

〔二〕「二」，原作「三」，據康熙本、乾隆本和南藏、北藏改。

舍利弗爲和尚，目犍連爲阿闍梨，度羅睺羅作沙彌，不樂聽法。因波斯匿王，爲説野干墮井本緣，明聽法功大，次爲王授十善法。次説四擔礜石女往因，次聽五百比丘還戒，次諭羅睺羅修學智慧。次爲祇陀説五戒開遮方便，亦爲波斯匿王説末利夫人功德。次教令以十善道展轉教化，如一燈然無量燈，名報師恩，名報三世佛恩。

此經雖説發菩提心、六度、四等、十善化人、無生法忍等事，而依生滅四諦説法，故屬阿含。

除恐災患經一卷　南罔北短　乞伏秦沙門釋聖堅譯

佛住王舍城，維耶離大疫，請佛往救。受才明長者家十六日供，次受柰〔二〕女供，廣説佛受寶蓋往因、才明眷屬往因、柰〔三〕女往因。

佛説孛經一卷　亦云孛經抄。　南忘北彼　吴月支國優婆塞支謙譯

佛住祇園，有孫陀利女之謗，至第八日，卑先匿王察知其情。佛乃爲説往昔行菩薩道時，其名曰孛，身爲國師，受四臣及夫人謗，久後方明。今復如是。

〔二〕「柰」，原作「奈」，康熙本、乾隆本同，據北藏改。
〔三〕「柰」，原作「奈」，康熙本、乾隆本同，據北藏改。

天王太子辟羅經一紙半〔一〕　南賢北景　安公關中異經，今附秦録

太子自説昔爲國王，欲造大鼓，智臣爲行施事。

佛説八大靈塔名號經一紙餘　南夙北臨　宋中印土沙門法賢譯

生處、成道處、轉法輪處、現神變處、從忉利下處、化度分别僧處、思念壽量處、入涅槃處。

佛説温室洗浴衆僧經三紙欠　南莫北短　後漢安息國沙門安世高譯

耆域請佛及僧洗浴，佛言：當用七物，除去七病，得七福報。

諸德福田經五紙餘　南忘〔二〕北彼　西晉沙門釋法立、法炬同譯

帝釋問良田，佛以五浄德名曰福田，即沙彌五德也，又七法廣施名曰福田，謂興立佛圖等。於是四比丘、一比丘尼、天帝釋及如來各説宿行所得果報。

佛爲海龍王説法印經半紙　南賢北景　唐大薦福寺沙門釋義浄譯

即無常、苦、無我、寂滅四印也。

〔一〕「一紙半」，康熙本、乾隆本正文作「二紙」，總目作「一紙半」。

〔二〕「忘」，康熙本作「福」，乾隆本和底本改正。

賓頭盧突羅闍爲優陀延王説法經〔一〕七紙欠　南甚北墳　宋天竺三藏求那跋陀羅譯

賢愚因緣經十三卷　南誠美北左達　元魏涼州沙門釋慧覺等譯

雜譬喻品第一梵天請法六事。　摩訶薩埵以身施虎緣品第二　二梵志受齋緣品第三　波羅奈人身貿供養緣品第四　海神難問船人緣品第五　恒伽達緣品第六　須闍提緣品第七　波斯匿王女金剛緣品第八　金財因緣品第九　華天因緣品第十　寶天因緣品第十一　羼提婆羅因緣品第十二　慈力王血施緣品第十三　降六師緣品第十四　鋸陀身施緣品第十五　大光明王始發道心緣品第十六　摩訶斯那優婆夷緣品第十七　出家功德尸利苾提緣品第十八此云福增，其年百歲。　沙彌守戒自殺緣品第十九　長者無耳目舌緣品第二十　貧人夫婦氎施得現報緣品第二十一　迦旃延教老母賣貧緣品第二十二　金天緣品第二十三　重姓緣品第二十四　散檀寧緣品第二十五　月光王頭施緣品第二十六　快目王眼施緣品第二十七　五百盲兒往返逐佛緣品第二十八　富那奇緣品第二十九　尼提度緣品第三十　大劫賓寧緣品第三十一　微妙比丘尼緣品第三十二　梨耆彌七子緣品第三十三

〔一〕康熙本、乾隆本將此經排在本卷卷末，皆無譯者，底本據總目移至此處，添加譯者。經名據南藏著録，其中「盧」字，原作「廬」，據康熙本、乾隆本和南藏、北藏改；「説法經」，北藏作「説法緣經」。

設頭羅健寧緣品第三十四　阿輸迦施土緣品第三十五　七瓶金施緣品第三十六　差摩現報緣品第三十七　蓋事因緣品第三十八往古王名也。　大施抒海緣品第三十九　阿難總持緣品第四十　優婆斯兒所殺緣品第四十一　兒誤殺父緣品第四十二　須達起精舍緣品第四十三　大光明始發無上心緣品第四十四　勒那闍耶緣品第四十五　迦毗梨百頭緣品第四十六　浄居天請洗浴緣品第四十七　摩訶令奴緣品第四十八　善求惡求緣品第四十九

善事太子入海緣品第五十　無惱指鬘緣品第五十一　檀膩〔一〕鞝緣品第五十二　貧女難陀緣品第五十三　師質子摩頭羅瑟質緣品第五十四　檀彌離緣品第五十五　象護緣品第五十六　波婆梨緣品第五十七　二鸚鵡聞四諦緣品第五十八　鳥聞比丘説法生天緣品第五十九　五百雁聞佛法生天緣品第六十　堅誓師子緣品第六十一　梵志施佛納衣得授記緣品第六十二　佛始起慈心緣品第六十三　頂生王緣品第六十四　蘇曼女十子緣品第六十五　婆世躓緣品第六十六　優婆毱提緣品第六十七　汪水中蟲緣品第六十八　沙彌均提緣品第六十九

雜寶藏經八卷　南業北既　元魏西域沙門吉迦夜共曇曜譯

〔一〕「膩」，康熙本、乾隆本作「脂」，北藏作「膩」。

十奢王緣第一、王子以肉濟父母緣第二等，共集一百二十一緣，勸人作福持戒，出生死，成菩提。

撰集百緣經十卷　南慎北承　吴月支國優婆塞支謙譯

菩薩授記品第一　報應受供養品第二　授記辟支佛品第三　出生菩薩品第四　餓鬼品第五　諸天來下供養品第六　現化品第七　比丘尼品第八　聲聞品第九　諸緣品第十

每品十緣，故有百緣。

閲藏知律卷第三十二

北天目沙門釋智旭　彙輯

大乘律藏

述曰：大乘律法雜在方等諸經，不同聲聞别部獨行。今於經中取其扶律義居多者，或是全部，或一品一章，别標如左。

佛説梵網經二卷　有僧肇序。　南攝北安　姚秦天竺沙門鳩摩羅什譯

菩薩心地品上：釋迦於第四禪，接衆歸蓮華藏，請問盧舍那佛，廣説三十心、十地法門〔一〕。　菩薩心地品下：釋迦示成佛道，十處説法之後，即於菩提樹下結示十重、四十八輕戒法。

〔一〕此句有歧義，根據經文，係盧舍那佛廣説三十二心、十地法門。

此經本與華嚴同部，今惟此品單行，故南、北二藏皆歸於律。

菩薩瓔珞本業經二卷　南職北篤　姚秦涼州沙門竺佛念譯

集衆品第一：佛重遊道場樹下，放四十二光，集十首菩薩，從十林刹、十精進佛所來，及集一切諸天衆等。　賢聖名字品第二：說十住、十行、十迴向、十地、等覺、妙覺名字，皆華梵雙舉。又說住前十心：信、念、精進、定、慧、戒、迴向、護法、捨、願。又說二十四願偈，亦說十不可悔戒。　賢聖學觀品第三：謂十住名習種性、十行名性種性、十向名道種性、十地名聖種性，次等覺性，次妙覺性。又名六堅，又名六忍，又名六慧，又名六定，又名六觀，又名六寶瓔珞：一、銅寶，二、銀寶，三、金寶，四、瑠璃寶，五、摩尼寶，六、水精寶。并說六位所修諸行。　釋義品第四：仍釋前十信及四十二位之義。　佛母品第五：答敬首菩薩問二諦義，并說小、中、大劫差別。　因果品第六：明十波羅蜜，各有三緣，及說七財、四攝、四辯、四依等爲因，二種法身爲果。　大衆受學品第七：佛復放光集衆，囑文殊及善財等七大菩薩，各領大衆受學，因分別三種受戒及受戒儀式。由受戒故，次第入於住、行、向、地、等、妙覺中。　集散品第八：三勸大衆發菩提心，乃至再囑須受菩薩戒已，方可爲說此大法門。

此亦仍似華嚴部攝，智者大師依此判別、圓位次。今因始終申明十重戒法，故南、北皆歸律藏。

菩薩善戒經九卷　一名菩薩地經〔一〕。　南仕攝北辭　劉宋中天竺沙門求那跋摩等譯

序品第一：與寶積中決定毗尼經同。　善行性品第二　發菩提心品第三　利益内外品第四　真實義品第五　不可思議品第六　調伏品第七　菩提品第八　菩提力性品第九　施品第十　戒品第十一　忍品第十二　精進品第十三　禪品第十四　慧品第十五　輭語品第十六　供養三寶品第十七　三十七助道品第十八　助菩提數法餘品第十九　功德品第二十　如法住菩薩相品第二十一　如法住禪品第二十二　如法住定心品第二十三　如法住生菩薩地品第二十四　如法住畢竟地生品第一〔二〕　畢竟地攝取品第二　畢竟地畢竟品第三　畢竟地行品第四　畢竟地三十二相八十種好品第五　畢竟地住品第六：明十力、四無畏等，後有優波離問結經名。

從第二品以下，並與瑜伽師地論中菩薩地同意，彌勒菩薩宗此經成地論，而地持一經，

〔一〕「經」，原無，康熙本、乾隆本同，據北藏補。

〔二〕「第一」至「第六」，此序號據南藏著録，北藏與徑山藏、乾隆藏依次作「第二十五」至「第三十」。趙城金藏等將「第二十一」至「第二十四」標爲「第一」至「第四」，下面「第一」至「第六」同南藏。

又從地論録出別行，故仍與此大同也。

菩薩善戒經一卷，連前經　優波離問菩薩受戒法。

明六重、八重及四十八輕，即上經戒品中别出，與菩薩戒本及羯磨文大同小異。

佛説受十善戒經一卷　南職北篤　後漢失譯人名〔一〕，開元録拾遺單本

十惡業品第一：佛爲舍利弗説十惡業名，并示以授十善戒法，身三、口四、意三，三番歸依而受。次授八戒齋法。　十施報品第二：頌歎不殺功德，次説殺生十報；略歎不盜功德，次説偷盜十報；讚歎不婬有五功德，次説婬有十過；頌歎不妄語等功德，次説口四過惡業。

佛説十善業道經五紙欠　南從北初　唐于闐國沙門實叉難陀譯

佛爲海龍王説一切法靡不由心，應修十善，遂廣明十善功德，及攝一切佛法。

即方等部海龍王經中一品。

△佛爲娑伽羅龍王所説大乘法經八紙半　南命北盡　宋北印土沙門施護譯

與十善業道經同。

〔一〕「後漢失譯人名」，原無，康熙本、乾隆本同，據北藏增補。

文殊師利問經二卷　染　蕭梁扶南國沙門僧伽婆羅譯

序品第一：佛住耆闍崛山，與比丘、菩薩衆俱。　菩薩戒品第二：與沙彌十戒同。　不可思議品第三：明如來不入涅槃。　無我品第四　涅槃品第五　般若波羅蜜品第六　有餘氣品第七　來去品第八　中道品第九　世間戒品第十：亦即沙彌十戒。　出世間戒品第十一：明菩薩七聚。　上出世間戒品第十二：觀第一義也。　菩薩受戒品第十三：發菩提心也。　字母品第十四　分別部品第十五：明佛滅後僧祇、上座二部，共出二十部，皆是大乘出，無是亦無非。　雜問品第十六：設爲外道種種邪難，求佛解釋。　囑累品第十七：即囑累已，復廣明在家過患、出家功德，次明念佛三昧，得見餘世界佛，次明用供養華呪法。

佛説菩薩内戒經一卷　南從北言　劉宋中天竺沙門求那跋摩譯

佛以十五日説戒時，文殊請問初發意道俗菩薩當作何功德，佛爲説十二時戒法：一、歸依、懺悔，誓行六度，發三願，及行十法則；二、受四十七戒；三、受佛、法、身、般若，各二十因緣；四、受二十因緣，行之自知宿命；五、受四禪法；六、受般若三昧法；七、受菩薩三昧法；八、受月三昧，平心行之；九、六根去惡爲善，以六度教化一切；十、外如地，内如水；十一、願一切衆生各得其樂；十二、修六妙門，不住三乘果，次説十住菩薩各有十功德。

文多梵語，頗難解會。

佛藏經四卷　南職北篤　姚秦天竺沙門鳩摩羅什譯

諸法實相品第一：爲舍利弗説畫空等十喻，喻如來説一切法無生無滅，無相無爲，令人信解，倍爲希有。　念佛品第二：明無有分別，無取無捨，是真念佛。　念法品第三　念僧品第四　淨戒品第五：明破戒比丘成就十憂惱箭，必墮惡道。　淨法品第六：明迦葉佛預記釋迦佛法中多受供養，故法當疾滅。譬如諸盲爲賊所誑，墮於深坑。　往古品第七：明大莊嚴佛滅後，衆分五部：一解正法者，即今滿慈子；四説邪法者，久墮地獄，今出爲調達等。　淨見品第八：明釋迦曾於過去歷侍多佛，以有所得故，不獲受記。至錠光佛時，悟無生忍，乃得受記。　了戒品第九：明三種人不喜聞此經：一、破戒，二、增上慢，三、不淨説法及貪著我者。次明白毫相光一分，能供如法修道比丘，比丘不必愁慮四事，但當一心辦道。　囑累品第十：具明末世不如法事，并囑累竟，魔王憂惱啼哭，以佛預爲之防，不能破正法故。佛更説偈，以結前義。

優婆塞戒經七卷　南攝北定　北涼中天竺沙門曇無讖譯

集會品第一：善生長者述外道禮六方法，佛告以六波羅蜜，兼示以一切法無性，發菩提心，持八重、六重，名出家在家菩薩。　發菩提心品第二　悲品第三　解脱品第四　三種菩提品第五：謂聲聞菩提、緣覺菩提、諸佛菩提，亦名從聞、思、修得。　修三十二相業品第六　發願品第七　名義菩薩品第八　義菩薩心堅固品第九　自利利他品第十　自他莊嚴品第十一　二莊嚴品第十二：即福德、智慧。　攝取品第十三　受戒品第十四：明在家六重、二十八輕戒，須六月中浄四威儀，乃於二十僧中授之。　浄戒品第十五：明受戒後種種法要，三法、四法等。　息惡品第十六　供養三寶品第十七　六波羅蜜品第十八　雜品第十九：具明布施如法不如法、清浄不清浄事。　浄三歸品第二十　八戒齋品第二十一　五戒品第二十二　尸波羅蜜品第二十三　業品第二十四：即十善、十惡。　羼提波羅蜜品第二十五　毗離〔一〕耶波羅蜜品第二十六　禪波羅蜜品第二十七　般若波羅蜜品第二十八

佛説法律三昧經七紙欠　南從北初　吴月支國優婆塞支謙譯

佛於摩竭提國，先説十二自燒，次爲阿難説雖發大意，有四事墮落。次因舍利弗自責昔非，爲説大乘法要。次爲勇聲菩薩分别聲聞禪、緣覺禪、如來禪、五通仙人禪之不同。

〔一〕「離」，北藏作「梨」。

清浄毗尼方廣經一卷　南從北初　姚秦天竺沙門鳩摩羅什譯

佛住耆闍崛山，寂調伏音天子思見文殊。佛放白毫藏光，從寶相佛國召來，與十千菩薩俱。文殊與天子問答第一義諦，及彼土聲聞所證大法。有四衆各五百人及五千天子，因欲往彼土作聲聞衆，而發大心，得往生記。又問答聲聞、菩薩律行不同，及種種法門，因明菩薩住五無間，成無上道，謂從初發意，中間大心、大慈悲、大捨、分證、滿證，皆悉無間，直至成佛。於是問答持此經衆義，又總約大悲，別約六度，明煩惱成菩提義。佛乃讚印，及釋迦葉疑。後文殊以神力教示彼土菩薩，於此土衆生而發大願。

△**佛説文殊師利浄律經**一卷　南從北言　西晉月支國沙門竺法護譯

與上經同，分作四品，而菩薩五無間以下諸文俱闕，天子名寂順律音。

△**寂調音所問經**一卷　一名如來所説清浄調伏經。　南從北定　劉宋沙門釋法海譯

亦同上經。

佛説文殊悔過經一卷　南從北定　西晉月支國沙門竺法護譯

佛在耆闍崛山，新學菩薩狐疑所蔽，有如來齊光照耀菩薩爲之請問文殊。文殊爲説懺悔、勸助、請法、興供、迴向、發願諸法。彼等皆得無生法忍。佛遥聞而讚歎之。勸助，即隨喜也。

三曼陀颰陀羅菩薩經六紙　南從北初　西晉清信士聶道真譯

序品第一：佛在摩竭提國，文殊問三曼陀跋陀羅菩薩：若人求菩薩道者，當作何施行？先總答之。　悔過品第二　願樂品第三：即隨喜。　請勸品第四　法行品第五：即迴向。　譬福品第六

菩薩藏經九紙欠　南從北初　蕭梁扶南國沙門僧伽婆羅譯

佛在祇園，舍利弗問懺悔、隨喜、勸請、迴向之法，佛具答之。初明十世界十佛，令結壇受持，後明過去大光明聚如來時，佛爲竭伽陀天女，受持此經，即轉女身。若女人聞此如來名者，即不更受女身。

舍利弗悔過經四紙　南從北初　後漢安息國沙門安世高譯

大乘三聚懺悔經一卷　南從北定　隋北天竺沙門闍那崛多及笈多等譯

二經皆同上，而悔過經文太略。

佛説淨業障經一卷　南職北篤　開元附秦録

佛住毗舍離庵羅樹園，無垢光比丘入城乞食，被婬女所呪，犯根本戒，生大憂悔。見文殊師利菩薩，將至佛所。佛爲説無性之法，發心得記。因廣説淨業障法，又説過去無垢光佛滅後，有勇施比丘犯根本戒，得聞深法，頓發大心，今已成佛。

佛說善恭敬經六紙欠　南效北良　隋北天竺沙門闍那崛多譯

說教他功德，及示事師軌式。

佛說正恭敬經四紙餘　南效北良　元魏北天竺沙門佛陀扇多譯

與上經同，但示事師軌式。

佛說大乘戒經一紙欠　南履北臨　宋北印土沙門施護譯

佛在祇園說，文簡義切，最宜流通。

菩薩戒羯磨文五紙餘　南職北篤　彌勒菩薩說，唐大慈恩寺沙門釋玄奘譯

受戒羯磨第一　懺罪羯磨第二　得捨差別第三出瑜伽師地論。

菩薩戒本經一卷　南職北篤　慈氏菩薩說，北涼中天竺沙門曇無讖譯

此即半月半月誦戒本也，此譯最善。

菩薩優婆塞五戒威儀經一卷　南從北言　劉宋中天竺沙門求那跋摩譯

與上經同，而後附有禮佛、發願、受繩牀等諸法。

△**菩薩戒本**一卷　有靜邁序。　南職北篤　唐大慈恩寺沙門釋玄奘譯

與上經同，而中有開性罪之八條。

菩薩受齋經二紙餘　南從北初　西晉清信士聶道真譯

先明三歸、悔過，次明當護十念，次明有十戒，次明解齋法，迴向浄土。

菩薩五法懺悔經 一紙半　南從北初　開元附梁録

五悔各作偈語，而無序及流通。蓋西土聖賢撰述也。

閲藏知津卷三十三

北天目沙門釋智旭　彙輯

小乘律藏

述曰：毗尼一藏，元不局於聲聞。但大必兼小，小不兼大，今約當分，且屬聲聞。實則大小兩家之所共學。而菩薩比丘紹佛家業，化他爲務，尤不可不精通乎此也。

四分律藏六十卷　南訓入奉母儀諸姑北業所基籍甚無　姚秦罽賓國沙門佛陀耶舍共竺佛念譯

第一分：比丘戒。二十一卷。

第二分：比丘尼戒、受戒犍度、説戒犍度。共十五卷。

第三分：安居犍度、自恣犍度、皮革犍度、衣犍度、藥犍度、迦絺那衣犍度、拘睒彌犍度、瞻波犍度、訶責犍度、人犍度、覆藏犍度、遮犍度、破僧犍度、滅諍犍度、比丘尼犍度、法犍度。共十三卷。

第四分：房舍犍度、雜犍度、五百結集法、七百結集毗尼、調部毗尼、毗尼增一。共十一卷。

四分戒本一卷　南姑北外　姚秦罽賓國沙門佛陀耶舍譯

四分戒本一卷　前有序。　南姑北外　唐西太原寺沙門釋懷素依律集出

比丘尼戒本〔一〕一卷　南叔北外　唐西太原寺沙門釋懷素依律集出

曇無德律部雜羯磨一卷，北作二卷　南猶北受　曹魏天竺沙門康僧鎧譯

羯磨二卷　出曇無德律部。　南猶北婦　曹魏沙門釋曇諦集

四分比丘尼羯磨法一卷　南猶北卑　劉宋中天竺沙門求那跋摩譯

四分僧羯磨三卷，北作五卷　南子北卑　唐西太原寺沙門釋懷素集

尼羯磨三卷，北作五卷　南子北榮　唐西太原寺沙門釋懷素集

摩訶僧祇律四十卷，北作四十六卷〔二〕　南政存以甘棠北攝職從政存　東晉迦維羅衛國沙門佛陀跋陀羅共法顯譯

初、明四棄法。五卷。二、明十三事。三、明二不定法。共三卷。四、明三十事。四卷。五、

〔一〕「比丘尼戒本」，康熙本、乾隆本同，南藏、北藏作「四分比丘尼戒本」。

〔二〕「四十卷，北作四十六卷」，北藏標四十卷，其中卷九、十、十三、十八、二十、三十一各分上下卷，共四十六册，故稱四十六卷。

明九十二事。八卷餘。六、明四事。七、明衆學事。八、明滅諍法。共一卷半。九、雜誦跋渠，明受戒治罪，乃至一切僧中雜事。共十一卷。十、威儀法。二卷。比丘尼毗尼。五卷。

波羅提木叉僧祇戒本一卷　南貴北外　東晉迦維羅衛國沙門佛陀跋陀羅譯

比丘尼僧祇律波羅提木叉戒經一卷　南婦北隨　東晉平陽沙門釋法顯共覺賢譯

彌沙塞部五分律三十卷　南隨外受傳北而益詠　劉宋罽賓國沙門佛陀什共竺道生譯

初分：比丘律。十卷。

第二分：尼律。四卷。

第三分：初、受戒法；二、布薩法；三、安居法；四、自恣法；五、衣法；六、皮革法；七、藥法；八、食法；九、迦絺那衣法。共八卷。

第四分：初、滅諍法；二、羯磨法。共二卷。

第五分：初、破僧法；二、卧具法；三、雜法；四、威儀法；五、遮布薩法；六、别住法七、調伏法；八、毗尼法，明比丘尼受戒事；九、五百集法；十、七百集法。共六卷。

五分戒本一卷　亦云彌沙塞戒本。　南棠北外　劉宋罽賓三藏佛陀什等譯〔一〕

〔一〕原作「蕭梁建初寺沙門釋明徽集」，據南藏、北藏改，並增補「劉」字。

五分比丘尼戒本一卷　南叔北外　蕭梁建初寺沙門釋明徽集〔一〕

彌沙塞羯磨本一卷，北作二卷　南叔北隨　唐天水沙門釋愛同録

十誦律五十八卷，北作六十五卷〔二〕　南去而益詠樂殊貴北誠美慎終宜令榮　姚秦罽賓國沙門弗若多羅共鳩摩羅什譯〔三〕

初誦六卷四事，至三十事之前十事。

第二誦七卷三十事之後二十事，至九十事之前四十事。

第三誦七卷九十事之後五十事，乃至七滅諍法。

第四誦八卷：受具足法〔四〕第一、布薩法第二、自恣法第三、安居法第四、皮革法第五、醫藥法第六、衣法第七。

第五誦七卷：迦絺那衣法第一、倶舍彌法第二、佛在倶舍彌時諸羯磨事。瞻波法第三、佛在瞻

〔一〕作者，康熙本、乾隆本皆作「集人同上」，上部律作者已改，不再相同。

〔二〕「北作六十五卷」六字，乾隆本無。

〔三〕「弗若多羅共鳩摩羅什譯」，乾隆本作「弗若多羅、鳩摩羅什共譯」。

〔四〕「受具足法」，據南藏、北藏著録，高麗藏作「受具足戒法」，乾隆本作「受戒足法」。

波國時諸羯磨事。苦切羯磨法第四、梵云那般茶盧伽法〔一〕。僧殘〔二〕悔法第五、順行法第六、遮法第七、卧具法第八、諍事法第九。廣明滅諍法。

第六雜誦五卷

第七誦尼律五卷

第八誦增一法四卷

第九誦優波離問四卷

第十善誦四卷

十誦〔三〕**毗尼序**三卷　南貴北婦　東晉罽賓國沙門卑摩羅叉續譯

十誦〔四〕**比丘戒本**一卷　南傅北外　姚秦天竺沙門鳩摩羅什譯

十誦〔五〕**比丘尼戒本**一卷　南傅北外　劉宋燉煌沙門釋法穎集出

〔一〕南藏、北藏作「那般茶盧伽法第四」，夾注「亦云苦切羯磨」。

〔二〕「僧殘」，原作「二篇」，據北藏改。

〔三〕「誦」，據南藏、北藏於該字下有「律」字。

〔四〕「誦」，據南藏、北藏於該字下有「律」字。

〔五〕「誦」，據南藏、北藏於該字下有「律」字。

大沙門百一羯磨法一卷　南叔北外　附宋録〔一〕

十誦羯磨比丘要用一卷　南叔北受　劉宋吴國沙門釋僧璩依律撰出

薩婆多毗尼毗婆沙八卷　**續**一卷　前有序。南氣北夫　附三秦録

薩婆多〔二〕**毗尼摩得勒伽**十卷　南懷北下　劉宋天竺沙門僧伽跋摩譯

已上皆屬十誦。十誦雖云即薩婆多，實與薩婆多不全同也。

根本説一切有部毗奈耶五十卷　南賤禮别尊卑北竟學優登仕

根本説一切有部苾芻尼毗奈耶二十卷　有御製序。南上和北貴賤〔三〕

根本説一切有部毗奈耶雜事四十卷　南下睦夫唱北以甘棠去

根本説一切有部毗奈耶破僧事二十卷　南連枝北樂殊

根本説一切有部尼陀那五卷　**目得迦**〔四〕五卷　南婦北睦

根本説一切有部百一羯磨十卷　南伯北和

〔一〕「附宋録」，南藏、北藏作「失譯人名，今附宋録」，即劉宋録。

〔二〕「多」，南藏、北藏於該字下有「部」字。

〔三〕「貴賤」，康熙本作「下睦」，乾隆本和底本改正。

〔四〕「目得迦」，全稱「根本説一切有部目得迦」。

根本説一切有部戒經一卷　南傳北初

根本説一切有部苾蒭尼戒經一卷，北作二卷〔一〕　南傳北隨

根本説一切有部毗奈耶尼陀那目得迦攝頌　雜事攝頌〔二〕一卷　南比北唱

根本薩婆多部律攝十四卷　南兒孔北尊卑　尊者勝友造

根本説一切有部毗奈耶頌三卷，北作四卷〔三〕　南比北婦　尊者毗舍佉造

已上十一律，並唐大薦福寺沙門釋義浄譯。

根本説一切有部出家授近圓羯磨儀軌〔四〕一卷　南交北夫

苾蒭習學〔五〕**略法**一卷　南交北〔缺〕〔六〕

二種並元帝師苾蒭拔合思巴集。

〔一〕「北作二卷」，原無，據北藏補。

〔二〕「雜事攝頌」，原與上面相連，今改爲空一格，全稱根本説一切有部毗奈耶雜事攝頌。

〔三〕「北作四卷」，原無，據北藏補。

〔四〕「軌」，南藏、北藏作「範」。

〔五〕「學」，據南藏補，全稱根本説一切有部苾蒭習學略法。

〔六〕「北〔缺〕」，底本作「北夫」，據北藏改。

戒因緣經十卷　南兄北上　姚秦涼州沙門竺佛念譯

解脱戒本經一卷　有僧昉序，出迦葉毗部。　南傅北初　元魏中天竺婆羅門瞿曇般若流支譯

善見毗婆沙律十八卷　南弟同北禮别　蕭齊西域沙門僧伽跋陀羅譯

毗尼母經八卷　亦名毗尼母論。　南交北唱　附秦録

佛阿毗曇經二卷　南同北初〔一〕　陳優禪尼國沙門真諦譯

舍利弗問經十三紙半　南子北隨　東晉録失譯人名

優波離問經一卷　南叔北初〔二〕　劉宋中天竺沙門求那跋摩譯

佛説目連所問經二紙欠　南盡北則　宋中印土沙門法天譯

犯戒罪輕重經一紙半　南比北初　後漢安息國沙門安世高譯

與上經同。

迦葉禁戒經二紙餘　南比北初　劉宋居士沮渠京聲譯

〔一〕「南同北初」，原作「南交北唱」，據南藏、北藏改。康熙本、乾隆本皆作「同」，底本誤解爲「同上」，因此致誤。若理解爲「南同北同」，亦誤。

〔二〕「初」，原作「隨」，康熙本、乾隆本同，據北藏改。

律二十二明了論一卷　南孔北唱　正量部佛陀多羅多法師造，陳優禪尼國沙門真諦譯

大比丘三千威儀二卷　南孔北別　後漢安息國沙門安世高譯，僧祐云失譯人名

沙彌十戒法并威儀一卷　前有序。　南叔北婦　附東晉録

沙彌威儀八紙餘　南叔北受　劉宋中天竺沙門求那跋摩譯

前七十威儀同。

○**佛説沙彌十戒儀則經**三紙半　南忠北則　宋北印土沙門施護譯

攝頌沙彌戒品威儀，共計七十二頌。

沙彌尼戒經四紙欠　南子北隨　今在漢録〔一〕

沙彌尼離戒文三紙餘　南叔北受　失譯人名〔二〕

佛説優婆塞五戒相經一卷　南比北初　劉宋中天竺沙門求那跋摩譯

佛在迦維羅衛國，淨飯王請爲優婆塞分別五戒可悔不可悔者，令識戒相，使無疑惑。佛言：我久欲與優婆塞分別五戒，若受持不犯，當成佛道；若犯而不悔，常在三塗。因於

〔一〕譯者，南藏作「失譯人名，今在漢録」，即後漢録，北藏作「失譯人名」。

〔二〕譯者據南、北藏正文抄録，北藏目録作「失譯人名，附東晉録」。

比丘衆中，次第説五戒輕重、可悔不可悔相。

佛説戒消災經三紙　南比北初　吴月支國優婆塞支謙譯

持歸戒人，鬼神畏避。二人受五戒，同四百九十八人見佛，皆得證果。

佛説大愛道比丘尼經二卷　南比北隨　北凉録失譯人名

佛説苾蒭五法經四紙餘　南盡北則　宋中印土沙門法天譯

説五法得離依止等，及説戒七種差别。

佛説苾蒭迦尸迦十法經二紙半　南盡北則　宋中印土沙門法天譯

説具足慚愧、多聞等十法，得爲人師。

佛説五恐怖世經一紙　當　劉宋居士沮渠京聲譯

説末世不遵戒律諸恐怖事。

佛説齋經三紙　南福北緣　吴月支國優婆塞支謙譯

説六齋日受八支、五念法。亦收入阿含部〔一〕。

〔一〕此經在卷二十八中阿含經的重譯本中已收録，此處重出，故説「亦收入阿含部」。

附疑似雜僞律

佛説目連問戒律中五百輕重事經一卷　南猶北隨　東〔一〕晉録失譯人名

唯首品即犯戒罪輕重并目連所問二經，下諸品與五部律及諸律論俱多矛盾，曾於毗尼集要〔二〕卷首稍辨之。

〔一〕「東」，原作「西」，南藏、北藏皆作「失譯人名，今附東晉録」，據改。

〔二〕「毗尼集要」，全稱重治毗尼事義集要，智旭撰，其卷首之律藏總目曰：「佛説犯戒罪輕重經，後漢安息三藏安世高譯；佛説目連所問經，與上經同，西天譯經三藏朝散大夫試鴻臚少卿傳教大師法天奉詔譯。按：此二譯，皆即世傳五百問經中之首一品耳。意五百問一書，乃後人因此而增益附會者與？曾細玩之，不惟與四分律相違，實與五部及諸律論俱多矛盾。雖云聖意未可妄測，經典不宜輕議，然設欲從此，則大違衆律。豈應舍通途之軌式，取疑似之法門？不知近代律主偏流通此經者，亦曾參考全律否耶？今既遍採五律之源，不得不列在疑似之科矣。」

閲藏知津卷第三十四

北天目沙門釋智旭　彙輯

大乘論藏　釋經論第一之一

十住毗婆沙論十五卷　亦曰十生論。　南志滿北規仁　龍樹菩薩造，姚秦天竺沙門鳩摩羅什譯

序品第一　入初品第二　地相品第三　淨地品第四　釋願品第五　發菩提心品第六：分別七因緣發心。　調伏心品第七：因上品説三發心必成，餘四不必成，問答廣明成不成法。　有五四合爲二十法，是失菩提心。　轉此法修習行，世世不忘菩提心。　阿惟越致相品第八　易行品第九：廣明念十方佛及阿彌陀佛、過去七佛、未來彌勒佛、三世諸佛、諸大菩薩等，以求阿惟越致。　除業〔一〕品第十：復明於諸佛所應修懺悔、勸請、隨喜、迴

〔一〕「業」，原作「越」，據北藏改。

向。　分别功德品第十一：明六時懺悔等所有功德。　分别布施品第十二　分别法施品第十三　歸命相品第十四：明歸依三寶義。　五戒品第十五　知家過患品第十六　入寺品第十七：明齋日宜受八戒，及親近持浄戒者，亦不應於破戒比丘生輕恚心，但應生憐愍心。　共行品第十八：謂在家〔一〕、出家菩薩所共行法。　四法品第十九：明八種四法應遠離，八種四法應修習，乃至十法能浄治初地。　念佛品第二十：明般舟三昧，念佛相好。　四十不共法品第二十一：次明念佛功德法身，略説有四十種。　四十不共法中難一切智人品第二十二：問家種種難佛非一切智，一一答釋。　四十不共法中善知不定品第二十三　讚偈品第二十四：以偈讚佛四十不共法，成念佛三昧。　助念佛三昧品第二十五：明二種四法，能生般舟三昧。　又明在家菩薩有二十法，出家菩薩有六十法。　又餘助法有五十。　譬喻品第二十六：釋經中導師喻，喻菩薩通達地法。　略行品第二十七：一、不放逸；二、不放逸及智慧；三、戒、心、慧；四、諦、捨、滅、慧；五、五根；六、六度；七、七正法：信、慚、愧、聞、精進、念、慧；八、大人覺：少欲、知足、遠離、精進、念、定、慧、樂不戲論；九、大忍、大慈、大悲、慧、念、堅心、不貪、不恚、不癡；十、十善道。　如是等法，菩薩應

〔一〕「家」，原作「在」，據康熙本、乾隆本和北藏改。

生，生已應守護，守護已應增長。又應遠離惡法，所謂：一、放逸；二、貪聲聞、辟支佛地；三、憎諸菩薩、憎菩薩所行、憎甚深大乘經；四、諂曲、急性、無慈、愍；五、貪欲、瞋恚、睡眠、調戲、疑；六、慳貪、破戒、瞋恚、懈怠、調戲、愚癡；七、樂多事務，樂多讀誦，樂睡眠，樂語說，貪利養，常欲令人喜，迷悶於道心隨愛行；八、邪見、邪思惟、邪語、邪業、邪命、邪方便、邪念、邪定；九、不聞無上菩提，聞已不信，若信不受，若受不誦持，若誦持不知義趣，若知不說，若說不如說行，若行不常，若常行不能善行；十、即十不善道。又成就三十二法，乃名菩薩。分別二地業道品第二十八　分別聲聞辟支佛品第二十九：明十善道，令何等衆生至二乘地。大乘品第三十：明菩薩修十善道，勝於一切。護戒品第三十一：明十善、十惡果報，及明六十五分尸羅。解頭陀品第三十二：明十二行各有十功德利。助尸羅果品第三十三：明六種四法能淨尸羅，又四種似尸羅而破尸羅，慎莫爲之：一、說有我；二、不離身見；三、見諸法定有；四、聞諸行無生相，心則驚畏。又沙門有四，應學第四沙門，不應爲三，謂：一者形色相沙門，二者威儀矯異沙門，三者貪求名利沙門，四者真實行沙門。讚戒品第三十四　戒報品第三十五：謂常作轉輪聖王。

按：此輪是釋華嚴十地品之初、二地也。

十地經論十二卷　前有序。　南惻造北離節　天親菩薩造，元魏北天竺沙門菩提留支譯釋華嚴十地品，具有經文。論初論末，皆云佛成道二七日説。

大方廣佛華嚴經入法界品四十二字觀六紙欠　南竟北隸　唐北天竺沙門大廣智不空譯

具出經文及梵字四十二。

彌勒菩薩所問經論七卷　南造北顛　元魏北天竺沙門菩提流〔一〕支譯

即釋大寶積經第四十一會，法義甚詳。先經次論。

大寶積經論四卷　南弗北虧　元魏北天竺沙門菩提流〔二〕支譯

釋寶積第四十三會。

無量壽經優波提舍七紙欠　南次北顛　婆藪盤豆菩薩造，元魏北天竺沙門菩提留支譯

天親菩薩明修五念門，得生安樂國土，見阿彌陀佛：一者禮拜，二者讚歎，三者作願，四者觀察，五者迴向。

寶髻經四法優波提舍一卷　南弗北静　天親菩薩造，元魏烏萇國沙門毗目智仙等譯

釋大方等大集經之第十分。

〔一〕「流」，康熙本、乾隆本同，南藏、北藏作「留」。

〔二〕「流」，康熙本、乾隆本同，南藏、北藏作「留」。

轉法輪經優波提舍九紙　南次北顛〔一〕　天親菩薩造，元魏烏萇國沙門毗目智仙等譯

佛住耆闍崛山，告智員大海樂説辯才菩薩言：有二種住持如來轉法輪：一者衆生住持，二者法住持。遂設十四難，然後一一解釋。

三具足經優波提舍一卷　南造北節　天親菩薩造，元魏烏萇國沙門毗目智仙等譯

佛住毗舍離大林精舍，告無垢威德大力士言：菩薩有三具足：一者施具足，二者戒具足，三者聞具足。

翻譯記云：天親菩薩慈心開示，唯顯經義，弗釋章句，是故名爲優波提舍。

佛地經論七卷　南次北節　親光等菩薩造，唐大慈恩寺沙門釋玄奘譯

經是佛住淨土，爲妙生菩薩説五種法，攝大覺地，所謂清淨法界、大圓鏡智、平等性智、妙觀察智、成所作智。論釋法相最爲詳明。

勝思惟梵天所問經論三卷　南離北弗　元魏北天竺沙門菩提留支譯

有論無經，文來未盡。

文殊師利菩薩問菩提經論二卷　一名伽耶山頂經論。　南離北弗　天親菩薩造，元魏北天竺沙門菩提留

〔一〕「南次北顛」，原作「南弗北静」，康熙本、乾隆本同，據南藏、北藏改。

支譯

有經有論。

略述金剛頂瑜伽分別聖位修證法門十二紙　南優北鍾　唐北天竺沙門大廣智不空譯

説瑜伽自性三十七聖位，所謂十六菩薩、八方内外大護及法界身。

大樂金剛不空真實三昧耶經般若波羅蜜多理趣釋二卷　南竟北稾　唐北天竺沙門大廣智不空譯

釋本經字句、理趣、種種表法義門。

般若波羅蜜多理趣經大安樂不空三昧真實金剛菩薩等一十七聖大曼荼羅義述二紙半　南竟北隸　大興善寺三藏阿目佉金剛依釋略序

述金刚菩薩名義、表法之句。

瑜伽金剛頂經釋字母品二紙欠　南取北止　唐北天竺沙門大廣智不空譯

釋「遏」、「阿」等五十字門義。

仁王般若陀羅尼釋六紙餘　南学北杜　唐北天竺沙門大廣智不空譯

諸教決定名義論三紙半　南壁北右〔一〕　聖慈氏菩薩造，宋北印土沙門施護譯

〔一〕「右」，原作「古」，据北藏改。

明一切教中諸根本字，彼如實義，所謂「唵」字最爲上首，及「吽」字、「阿」字等，即三身及金剛三業等。

聖佛母般若波羅蜜多九頌精義論七紙半　南壁北右〔一〕　勝德赤衣菩薩造，宋北印土沙門法〔二〕護譯

佛母般若波羅蜜多圓集要義論二紙半　南書北星　大域龍菩薩造，宋北印土沙門施護譯

金剛頂瑜伽中發阿耨多羅三藐三菩提心論六紙餘　亦名瑜伽總持教門説菩提心觀行修持儀。　南壁北通

唐北天竺沙門大廣智不空〔三〕阿闍梨譯，似即自述。

事師法五十頌二紙餘〔四〕　南優北言　宋西夏沙門日稱等譯

馬鳴菩薩依祕密教略出。

大智度論一百卷　有僧叡序。　南友投分切磨箴規仁慈隱北傳訓入奉母儀諸姑伯叔　龍樹菩薩造，姚秦北天竺沙門鳩摩羅什譯

〔一〕「右」，原作「古」，據北藏改。

〔二〕「法」，原作「施」，據南藏、北藏改。

〔三〕「不空」，原無，據南藏、北藏補。

〔四〕「二紙餘」，康熙本、乾隆本正文作「二紙半欠」，總目作「二紙餘」。

緣起論半卷。　釋初品盡三十四卷。　釋摩訶般若波羅蜜經九十品，惟初品具譯全釋，故有三十四卷，餘皆什師十倍略之，取其足以開釋文意而已。

金剛般若波羅蜜經論三卷　亦名金剛能斷般若。　南次北受　無著菩薩造，隋南天竺沙門達磨笈多譯

成立七種義句：一、種性不斷，謂護念付囑；二、發起行相，謂問答住降；三、行所住處，有十八種，略爲八種；四、對治，謂十八住中各有二種對治；五、不失，謂離增益、損減二邊，如經中處處云「即非」、「是名」等；六、地，謂十六處顯示信行地，證道住處是浄心地，後上求佛地；七、立名，謂金剛能斷義。

能斷金剛般若波羅蜜多經論頌七十七偈　南次北顛　無著菩薩造，唐大薦福寺沙門釋義浄譯

金剛般若波羅蜜經論三卷　南弗北受　天親菩薩造，元魏北天竺沙門菩提留支譯

釋經及無著頌，斷七十二〔一〕疑。

能斷金剛般若波羅蜜多經論釋三卷　南弗北虧　無著菩薩造頌，世親菩薩造釋，唐大薦福寺沙門釋義浄譯

〔一〕「七十二」，原作「二十七」，康熙本同，據乾隆本改。據上部論，無著頌有七十七偈，幾乎每偈提出一疑，共有七十二疑。

與上同本，而不列經文。後附略明般若末後一頌讚述，即義淨作。

金剛般若波羅蜜經破取著不壞假名論二卷　南離北弗　功德施菩薩造，唐中印度沙門地婆訶羅譯

妙法蓮華經優波提舍二卷　南離北虧　元魏北天竺沙門菩提留支共曇林等譯

婆藪盤豆菩薩此云天親。廣釋序品及方便品，略釋七喻等。

〇**妙法蓮華經論優波提舍**二卷　南離北虧　元魏中天竺沙門勒那摩提共僧朗等譯

與上論同。

大般涅槃經論九紙餘　南弗北顛　元魏沙門達磨菩提譯

婆藪盤豆菩薩釋迦葉菩薩所問偈。

涅槃經本有今無偈論與上仝卷　南弗北顛　陳優禪尼國沙門真諦譯

天親菩薩造，兼釋諸行無常偈。

遺教經論一卷　南離北顛　天親菩薩造，陳優禪尼國沙門真諦譯

述曰：此經本是小機所見，屬阿含部，而天親以七分解釋，建立菩薩所修行法，則是開小成大。

閲藏知津卷第三十五

北天目沙門釋智旭　彙輯

大乘論藏　釋經論第一之二

大方廣佛華嚴經疏四十卷，北作六十卷　南頗牧用軍最北用軍最精宣威　唐清涼山大華嚴寺沙門澄觀述

將釋經義，總啓十門：第一、起教因緣，謂因緣各開十義。第二、藏教所攝，謂三藏中，正經藏攝，亦攝餘二；於二藏中，菩薩藏攝；又權不攝此，此兼攝權；於五教中，唯圓教攝，此亦攝餘。第三、義理分齊，略顯四門：一、所依體事，二、攝歸真實，三、彰其無礙，四、周徧含容；又各十門，以顯無盡。第四、教所被機，前五揀非器，後五彰所爲。五揀非器者，一、無信非器，二、違真非器，三、乖實非器，四、陋劣非器，五、守權非器。五顯所爲者，一、正爲一乘圓機，二、兼爲信向成種，三、引爲權教菩薩，四、權爲二乘，五、遠爲凡夫外道闡提。第五、教體淺深，略明十體：一、音聲，二、名句文，三、通取四法，四、通攝所詮，五、

諸法顯義，六、攝境唯心，七、會緣入實，八、理事無礙，九、事事無礙，十、海印炳現。後二正是經宗，融取前八，無所遺矣。第六、宗趣通別，總爲十宗：一、我法俱有，二、法有我無，三、法無去來，四、現通假實，五、俗妄真實，六、諸法但名，七、三性空有，八、真空絶相，九、空有無礙，十、圓融具德。今經以因果緣起、理實法界不思議爲宗。第七、部類品會：一、彰本部，二、顯品會，三、明支類，四、辨論釋。第八、傳譯感通。第九、總釋經題：初、解經題，二、明品稱；解經題中十門分別：一、通顯得名，二、對辨開合，三、具彰義類，四、別釋得名，五、展演無窮，六、卷攝相盡，七、展卷無礙，八、以義圓收，九、攝歸一心，十、泯同平等。第十、別解文義，亦有十例：一、本部三分科，二、問答相屬科，三、以文從義科，四、前後攝疊科，五、前後鉤鎖科，六、隨品長分科，七、隨其本會科，八、本末大位科，九、本末偏收科，十、主伴無盡科。此後乃隨文科釋。

華嚴經隨疏演義鈔[一] 六十卷，北作九十卷　南精至丹北沙至禹

〇大方廣佛華嚴經疏鈔 三十卷　稷稅熟

即清涼山澄觀自釋前疏。

[一]「華嚴經隨疏演義鈔」，據南藏著録，北藏作「大方廣佛華嚴經隨疏演義鈔」。

即前疏中懸談合鈔別行。

華嚴一乘教義分齊章三卷，北作四卷　南丹北跡　唐京大薦福寺沙門法藏述

開釋如來海印三昧一乘教義，略作十門：建立一乘第一，教義攝益第二，古今立教第三，分教開宗第四，乘教開合第五，起教前後第六，決擇其意第七，施設異相第八，所詮差別第九，義理分齊第十。

華嚴經指〔一〕**歸**一卷　南青北跡　唐京大薦福寺沙門法藏述

一、説經處，二、説經時，三、説經佛，四、説經衆，五、説經儀，六、辨經教，七、顯經義，八、釋經意，九、明經益，十、示經圓。於十門中各明十意。

華嚴經明法品内立三寶章二卷　南青北跡　唐京大薦福寺沙門法藏述

一、三寶章，略作八門；二、流轉章，略作十門；三、法界緣起，略陳四門；四、圓音章，略作四門；五、法身章，四門分別；六、十世章，義作二門；七、玄義章，又分十門。

〔一〕「指」，康熙本、乾隆本同，南藏、北藏正文作「旨」，兩藏目録作「指」。

大方廣圓覺脩多羅了義經略疏之鈔并科及疏〔一〕三十卷　前有宗密〔二〕經序　南石北〔三〕治本於

唐終南山草堂寺沙門宗密述

將釋此經〔四〕，十門分別：一、教起因緣，二、藏乘分攝，三、權實對辨，四、分齊幽深，五、所被機宜，六、能詮體性，七、宗趣通別，八、修證階差，九、通釋名題，十、別解文義。

大方廣圓覺脩多羅了義經略疏四卷　南石北〔缺〕　唐終南山草堂寺沙門宗密述〔五〕

佛說阿彌陀經疏七紙　南青北百　唐新羅國沙門元曉述

三門分別：初、述大意，二、釋經宗致，三、入文釋。正宗分中，以發菩提心，釋多善根福德因緣，名爲正行，一日乃至七日持名，名爲助行。

佛說觀無量壽佛經疏一卷　南法北約　陳隋天台智者大師說

〔一〕「并科及疏」，原無，乾隆本同，據康熙本補。鈔文標二十五卷，加上科及疏，共有三十卷。

〔二〕「宗密」，乾隆本同，康熙本作「裴休」，實則兩序并存。

〔三〕「南石北」，原無，康熙本、乾隆本同，據昭和本北藏目録補。

〔四〕「將釋此經」，康熙本無，乾隆本和底本增補。

〔五〕經名中「略」字，原無，據康熙本和南藏補。康熙本在「南石北〔缺〕」下有「重出」二字，但無作者。乾隆本將此條移至本卷卷末，加作者，漏掉「略」，删掉「重出」。底本將此條移回，文字與乾隆本同。

此經以心觀爲宗，實相爲體。所言佛説觀無量壽佛者，佛是所觀勝境，舉正報以收依果，述化主以包徒衆，觀雖十六，言佛便周也。從能説、所説人以立名，以心觀浄則佛土浄爲經宗致，生善滅惡爲經力用，大乘方等而爲教相。二藏明義，菩薩藏收。漸頓悟入，此即頓教。從「如是」訖「清浄業處」，爲序分；從「爾時世尊放眉間光」，訖「諸天發無上道心」，爲正説分；「爾時阿難白佛」下，訖經，爲流通分。

楞伽阿跋多羅寶經註解四卷，今作八卷〔一〕　北主南〔缺〕　明天界善世禪寺住持僧宗泐、演福講寺住持僧如玘奉詔同註〔二〕

維摩詰所説經註六卷，北作十卷　前有僧肇序。　南石北〔三〕務　姚秦鳩摩羅什并僧肇等註〔四〕

維摩詰所説經疏十卷　元朝藏中「謙」字號，南北二藏並〔缺〕　隋天台智者大師説〔五〕

〔一〕「四卷，今作八卷」，北藏仍標四卷，各分上下卷，共八册，故稱八卷。

〔二〕兩注解者，康熙本、乾隆本缺，底本增補。

〔三〕「南石北」，原無，康熙本、乾隆本同，據昭和本北藏目録補。

〔四〕作者，康熙本、乾隆本缺，底本增補。

〔五〕作者，康熙本、乾隆本缺，底本增補。

維摩詰所説經疏記六卷　元朝藏中「謹」字號，南北二藏並〔缺〕　隋天台智者大師説〔一〕

四教義六卷　弊　天台山修禪寺沙門智顗撰

第一、釋四教名，爲五：一、正釋，二、覈定，三、引證，四、料簡，五、明經論用教多少不同。第二、辨所詮，爲四：一、約四諦理，二、約三諦理，三、約二諦理，四、約一諦理。第三、明四門入理，爲五：一、略辨四門相，二、正明四門入理，三、悉檀起四門教，四、約十法成門義，五、信法兩行四門〔二〕不同。第四、明判位不同，爲六：一、約三藏教位，明浄無垢稱義；二、約通教位，明浄無垢稱義；三、約別教位，明浄無垢稱義；四、約圓教位，明浄無垢稱義；五、約五昧以結成；六、明經論教多少。第五、明權實。第六、約觀心。第七、通諸經論。此三科未説，蓋是維摩詰經玄義〔三〕少分也。

金光明經玄義二卷　南遵北會　天台智者大師説，門人灌頂録

總釋五章，爲二：初、生起，二、簡別。

〔一〕「維摩詰所説經疏」、「隋天台智者大師説」，此十五字，康熙本、乾隆本皆無，底本增補。

〔二〕「門」，原作「行」，康熙本、乾隆本同，據北藏改。

〔三〕「維摩詰經玄義」，全稱維摩詰經三觀玄義，簡稱三觀義。

別釋五章，爲五：初、釋名，又五：一、通別，二、翻譯，三、譬喻，四、附文釋，五、當體釋，後更約觀心釋。就第三譬喻中，先破舊解，次爲三意：一、標十數，二、釋十相，三、簡十法。十數者，謂三德、三寶、三涅槃、三身、三大乘、三般若、三菩提、三佛性、三識、三道也。釋之與簡，具在本文。四附文釋者，即指所詮事理名金光明，不約譬也。五當體釋者，俗本無名，隨真立名：法性之法，可尊可貴，名爲金；此法性寂而常照，名爲光；此法性大悲能多利益，名爲明。即是金光明之法門也。後更約觀心釋者，諸佛解脱，當於衆生心行中求也。還約十種三法，始於三道，終於三德，一一不離現前一念之心，具顯金光明法性，明六即位也。第二、辨體，爲三：一、釋名，二、引證，三、料簡。釋名者，法身法性，是經體質。餘二在本文。第三、明宗者，但用佛果爲宗。何者？法性常體，甚深微妙，若欲顯之，非果不克。當知果是顯體之樞要也。第四、明用。滅惡生善，爲經力用，懺品滅惡，非不生善，讚品生善，非不滅惡，互説一邊爾。空品雙導，懺不得空，惡不除滅，讚不得空，善不清净。四王品已下，護經使宣流通，還是生善，攘災令去，還是滅惡也。第五、判教相者，方等滿字，通別通圓，約五味則生酥攝，約四藏則雜藏攝。四藏，謂聲聞藏、菩薩藏、佛藏、雜藏也。

金光明經文句 六卷　南約北盟　天台智者大師説，門人灌頂録

判三分云：夫三段者，不可杜斷隔絶。序本序於正、通，序則有三義。正本正於序、

通，正亦三義。通本通於正、序，通亦三義。上中下語皆善故。又衆生得道，根性不同，何容序無滋味，流通歟末耶？ 今從「如是我聞」，入壽量品，訖天龍集信相菩薩室，爲序段。從「爾時四佛」，下訖空品，正説段。 從四王品，下訖經，流通段。 序有三義：一、次緒，謂「如是我聞」等。二、敘述，謂「是時如來」等。三、發起，謂「其室自然廣博」等。 正宗中，壽量明常果爲宗，常果契性，性即是體，二義宛然。 懺悔品滅惡，讚歎品生善，空品導成，即是經用也。 流通品凡爲七意：四天王至散脂五品，明天王發誓，勸奬人王，弘宣此經。一。正論、善集二品，明人王弘經，天王祐助，亦是示往日弘經方軌。二。 鬼神品明聽經功德。三。授記品證聽經功德不虚。四。 除病、流水二品，引昔聽經之功德，證今護持之非謬。五。 捨身品引昔行經不惜軀命，戒勸師弟勿吝法財。六。 讚佛品明諸菩薩稱揚佛法，能宣、所宣利益深重。七。

盂蘭盆經疏 一卷 南青北百 唐充國沙門宗密述，宋晉水沙門淨源録疏注經〔一〕

一、教起所因，二、藏乘所攝，三、辨定宗旨，四、正解經文。 然以大乘法門，判作人天乘攝，可謂深經淺解，未免墮依文解義之咎矣。

〔一〕「宋晉水沙門淨源録疏注經」，原無，康熙本、乾隆本同，據北藏補，南藏缺「宋」字。

首楞嚴經義海三十卷　前有曾懷、咸輝二序。　南九州禹北蕑頗牧　宋長水沙門子璿集義疏注經并科，泐潭沙門曉月標指要義，吴興沙門仁岳集解，福唐沙門咸輝排經入注

十門分别：一、教起因緣，二、藏乘分攝，三、教義分齊，四、所被機宜，五、能詮體性，六、所詮宗趣，七、教迹前後，八、傳譯時年，九、通釋名題，十、别解文義。

大佛頂首楞嚴經會解〔一〕二十卷　繇邈

師子林沙門惟則集九家解，并爲補註。一、興福慤，二、資中沇，三、真際節，四、檇李敏，五、長水璿，六、孤山圓，七、吴興岳，八、泐潭月，九、温陵環。

請觀音經疏一卷　南煩北法　天台智者大師説，弟子頂法師記

從人法以爲名，靈知寂照法身爲體，感應爲宗，救危拔苦爲用，大乘爲教相。從「如是」至「令得無患」，是序分。從「爾時佛告」至「生諸佛前」，名正宗分。從「佛説是已」訖文，名流通分。

〔一〕書名係簡稱，萬曆增修入藏，全稱大佛頂如來密因脩證了義諸菩薩萬行首楞嚴經會解。

閲藏知津卷第三十六

北天目沙門釋智旭　彙輯

大乘論藏　釋經論第一之三

金剛般若經疏一卷　南法北會　天台智者大師説

法譬標名。若見諸相非相，即見如來，是經正體。約實相慧，行無相檀。如人有目，日光明照，見種種色是因，諸相非相是果。此之因果，同約實相爲宗，破諸相惑，顯出功能，亦自無滯，即力用也。教相可知，三分亦易可知。

金剛〔一〕**經疏論纂要**三卷　農　唐大興福寺沙門宗密述，宋長水沙門子璿重治

科經約天親，釋義兼無著，傍及餘論疏，但可云纂，亦自云要。

〔一〕「金剛」下，北藏有「般若」二字。

金剛經纂要刊定記〔一〕七卷　農　宋長水沙門子璿録

石壁於纂要，别爲廣録，今師病其繁長，更爲刊定。

金剛般若波羅蜜經註解〔二〕一卷　前有洪武御製序。　南〔缺〕北主　明天界善世禪寺住持僧宗泐、演福講寺住持僧如玘奉詔同註

仁王護國般若經疏〔三〕五卷，前有晁説之序　韓　天台智者大師説，門人灌頂記

人法爲名，實相爲體，自行因果爲宗，權實二智爲用，大乘熟酥爲教相。序品爲序分，觀空下六品爲正説分，囑累品爲流通分。若望經文，受持品末，「佛告月光」下，即是流通。

般若波羅蜜多心經略疏九紙　南青北百　沙門法藏述〔四〕

五門分别：一、教興，二、藏攝，三、宗趣，四、釋題，五、解文。

般若波羅蜜多心經集註一卷　前有御製序。　南石北〔缺〕　明天界寺僧宗泐、演福寺僧如玘同集

〔一〕經名原作「釋金剛經刊定記」，係據北藏目録著録，今改爲據北藏正文著録。

〔二〕此條康熙本正文無，總目有，乾隆本正文、總目皆無，底本自行增補正文。其中經名中「蜜」字，底本作「密多」，據北藏改。

〔三〕經名據北藏著録，南藏作「仁王護國般若波羅蜜經疏」。

〔四〕「沙門法藏述」北藏作「唐翻經沙門法藏述」，南藏無「唐」字。

共集賢首、孤山、古雲、佛海四家註疏。

般若波羅蜜多心經註解三紙〔一〕　前有洪武御製序。　南〔缺〕北主　明天界善世禪寺住持僧宗泐、演福講寺住持僧如玘奉詔同註

妙法蓮華經玄義二十卷　前有私記緣起。　南寔〔二〕寧北密勿　天台智者大師説，門人灌頂録

序曰：妙者，妙名不可思議也。法者，十界、十如權實之法也。蓮華者，譬權實法也。良以妙法難解，假喻易彰。況意多端，略擬前後，合成六也。一、爲蓮故華，譬爲實施權。二、華敷譬開權，蓮現譬顯實。三、華落譬廢權，蓮成譬立實。又蓮譬於本，華譬於迹，從本垂迹，迹依於本。一、華敷譬開迹，蓮現譬顯本。三、華落譬廢迹，蓮成譬立本。是以先標妙法，次喻蓮華，蕩化城之執教，廢草庵之滯情，開方便之權門，示真實之妙理，會衆善之小行，歸廣大之一乘，上中下根，皆與記莂。又發衆聖之權巧，顯本地之幽微，故增道損生，位鄰大覺，一期化導，事理俱圓。蓮華之譬意在斯矣。

釋名第一，辨體第二，明宗第三，論用第四，判教第五。釋此五章，有通有別，通則七番

〔一〕此條康熙本、乾隆本皆排在本卷卷末，底本據總目移至此處。「三紙」，康熙本、乾隆本作「一卷」。

〔二〕「寔」，原作「實」，據康熙本、乾隆本和南藏改。

共解，别則五重各説。

○通七番者，一、標章，二、引證，三、生起，四、開合，五、料簡，六、觀心，七、會異。標章令易憶持，起念心故。引證據佛語，起信心故。生起使不雜亂，起定心故。開合、料簡、會異等，起慧心故。觀心即聞即行，起精進心故。五心立，成五根，排五障，成五力，乃至入三脱門。略説七重共意如此。廣解五章者，一一廣起五心、五根，令開示悟入佛之知見耳。標章乃至料簡，具如全文。六、觀心者，從標章至料簡，悉名觀心。心如幻燄，但有名字，名之爲心。適言其有，不見色質；適言其無，復起慮想。不可以有無思度，故名心爲妙。妙心可軌，稱之爲法。心法非因非果，能如理觀，即辨因果，是名蓮華。由一心成觀，亦轉教餘心，名之爲經。釋名竟。心本無名，亦無無名。心名不生，亦復不滅。心即實相。初觀爲因，觀成爲果。以觀心故，惡覺不起，心數塵勞，若同若異，皆被化而轉，是爲觀心。標五章竟。觀心引證等，具如全文。七、會異者，會四悉檀也。解四悉檀爲十重：一、釋名，二、辨相，三、釋成，四、對諦，五、起教觀，六、説默，七、用不用，八、權實，九、開顯，十、通經。具如全文尋之。

○别解五章者，釋名爲四：一、判通别。「妙法蓮華」爲别名，「經」之一字爲通名。教、行、理三，皆論通别。不同他解，以上四字，唯目所詮，「經」之一字，獨指能詮也。二、定前後。文則先

「妙」後「法」，解須先明「法」，次明「妙」也。三、出舊不録。四、正解。

先明「法」者，謂衆生法、佛法、心法。經云：爲令衆生開示悟入佛之知見。若衆生無佛知見，何所論開？當知佛之知見，藴在衆生，故衆生法妙也。佛法妙可知。心法妙者，如安樂行中，修攝其心，觀一切法，不動不退，又一念隨喜等。普賢觀〔一〕云：我心自空，罪福無主。觀心無心，法不住法。浄名云：諸佛解脱，當於衆生心行中求。華嚴經云：心佛及衆生，是三無差别。破心微塵，出大千經卷，是名心法妙也。次更約十界、十如釋法，具如全本。

二、明「妙」者，一、通釋，二、别釋。一、通釋者，謂相待妙、絶待妙，唯論二妙，更無非絶非待之文。若更作者，絶何惑？顯何理？故不更論也。衆生之法，亦具二妙，稱之爲妙。佛法、心法，亦具二妙，稱之爲妙。二、别釋者，有迹中十妙、本中十妙、觀心十妙。迹中十妙者，一、境妙，二、智妙，三、行妙，四、位妙，五、三法妙，六、感應妙，七、神通妙，八、説法妙，九、眷屬妙，十、功德利益妙。釋此爲五：一、標章，二、引證，三、生起，四、廣解，五、結

〔一〕「普賢觀」，即佛説觀普賢菩薩行法經，一名普賢觀經，收入本書第二十四卷卷尾。

權實〔一〕。

廣解中，第一、境妙爲二：一、釋諸境，二、論諸境同異。釋境爲六：一、十如境，謂十界、十如；二、因緣境，謂四種十二因緣；三、四諦境，謂四種四諦；四、二諦境，謂七種二諦；五、三諦境，謂五種三諦；六、一諦境，謂四種一諦及與無諦。

第二、智妙爲二：初、總論諸智，二、對境論智。初爲六：一、數，謂一、世智，乃至二十、圓妙覺智。二、類，謂世智無道，邪計妄執，心行理外，不信不入，故爲一；五停心、四念處，已入初賢佛法氣分，俱是外凡，故爲一；四善根，同是內凡，故爲一；四果同見真，故爲一；支佛別相觀能侵習，故爲一；六度緣理智弱，緣事智强，故爲一；通教方便声聞，體法智勝，故爲一；支佛又小勝，故爲一；通教菩薩入真方便智，四門偏學，故爲一；出假智，正緣俗，故爲一；别教十信智，先知中道，勝前劣後，故爲一；三十心俱是內凡，故爲一；十地同是聖智，故爲一；三藏佛是師位，名勝三乘弟子，故爲一；通教佛智斷惑照機勝，故爲一；别教佛智又勝，故爲一；圓教五品弟子具煩惱性，能知如來祕密之藏，故爲一；六根清浄智鄰真，故爲一；初住至等覺，同破無明，故爲一；妙覺佛智無上最尊，故爲一。

〔一〕「結權實」，原作「起權實」，康熙本、乾隆本同，據北藏改。

三、辨相，四、明智照境，五、明麤妙，六、明開麤顯妙，具如全本。二、對境明智，亦如全本。

第三、行妙爲二：一、通途增數行，二、約教增數行，後更約五數明行妙。先明別五行，次明圓五行，謂聖行、梵行、天行、嬰兒行、病行，有次第一心之不同。

第四、位妙者，約藥草喻品，但明六位：一、人天位，是小藥草；二、聲聞、緣覺位，是中藥草；三、六度菩薩位，是上藥草；四、通菩薩位，是小樹；五、別菩薩位，是大樹；六、圓教位，是最實事，如一地、一雨。於中又爲十意：一、簡名義，二、明位數，三、明斷伏，四、明功用，五、通諸位明麤妙，六、明位興，七、明位廢，八、開麤顯妙，九、引經，十、妙位始終，具如全本。

第五、三法妙者，妙位所住之法，即三軌也。此即七意：一、總明三軌：一、真性軌，二、觀照軌，三、資成軌，名雖有三，祇是一大乘法也。二、歷別明三軌，歷四教各論三法也。三、判麤妙，四、開麤顯妙，具如全本。五、明始終，取凡地一念之心，具十法界十種性相，爲三法之始。若有無明煩惱性相，即是智慧觀照性相。以迷明故，起無明，若解無明，即是於明，如冰是水，如水是冰，悉有惡業性相，即善性相。由惡有善，離惡無善，翻於諸惡，即善資成。如竹有火，火出還燒竹，皆有苦道性相。迷此苦道，生死浩然。此是迷法身爲苦道，不離苦道別有法身，如迷南爲北，無別南也。夫有心者，皆有三道性相，即是三軌性相。若言如是力如是作者，菩提心發也，即是真性等萌動；如是因者，即觀照萌動；如是緣者，即資成萌動；如是果者，觀照萌動成習因，感得般若習果滿；如是報者，資成萌動爲緣因，感得解脱報果滿，是爲三德究竟滿，名祕密藏。本末等者，性德三軌冥伏，不縱不横，修德三軌彰顯，不縱不横，冥伏彰顯，皆如等、數等、妙等，故言等也。亦是空等、假等、中等，亦類通三法，謂三道、三識、三佛性、三般若、三菩提、三大乘、三身、三涅槃、三寶、三德，諸三法無量，舉其大要，明始終耳。七、悉檀、料簡如全本。此五番明妙，從因至果，以辨自行妙，半如意珠竟。

第六、感應妙者，上四妙名圓因，三法妙名圓果，果智寂照，有感必彰，故名感應妙也。感屬機，應屬聖，略言爲四：一、冥機冥應，二、冥機顯應，三、顯機顯應，四、顯機冥應。若具足辨者，用四機爲根本。所謂冥機是過去，顯機是現在，亦冥亦顯機是過、現，非冥非顯機是未來。於一機中各召四應，即成十六句也。餘如全本。

第七、神通妙者，正論化用益他，即是三輪不思議化也。

第八、説法妙，爲六意：一、釋法名，謂十二分教，二、分大小，三、對緣同異，四、判所詮，五、明麤妙，六、明觀心，皆如全本。

第九、眷屬妙者，一、理性眷屬，一切衆生皆是吾子也；二、業生眷屬，爲親、爲中、爲怨，三類受道，得出生死也；三、願生眷屬，先世結緣，雖未斷苦，願生内眷屬中，或怨家等，因之得道；四、神通眷屬，若先世值佛，發真見諦，生猶未盡，或在上界，或在他方，以身通力，分形來此；五、應生眷屬，已得法身之本，能起應入生死也。又法門眷屬，如方便爲父、智度爲母等。

第十、功德利益妙者，爲四：一、來意，二、正説中利益，三、流通中利益，四、觀心中利益。略説七益，廣開十益，具如全本。五、結成權實，亦如全本。迹中十妙竟。

本中十妙者，先釋本迹，二、明十妙。釋本迹爲六：一、理爲本，事爲迹；二、理事皆爲本，説教爲迹；三、教爲本，行爲迹；四、行能證體爲本，起用爲迹；五、實得體用爲本，權施體用爲迹；六、今經所顯成佛已久爲本，先來所説爲迹也。明十妙者，一、本因妙，二、本果妙，三、本國土妙，四、本感應妙，五、本神通妙，六、本説法妙，七、本眷屬妙，八、本涅槃妙，九、本壽命妙，十、本利益妙。

觀心者，本迹長遠，亦不離心。佛如衆生如，一如無二如。佛既觀心，得此本妙，迹用廣大，不可稱説。我如如佛如，亦當觀心，出此大利也。

次釋「蓮華」者，權實難顯，僅譬蓮華。又七喻文多，故以譬標題。又蓮華非譬，即是法華三昧當體之名。利根即名解理，不假譬喻，中下未悟，須譬乃知，以易解之蓮華，喻難解之蓮華，故有三周説法，逗上中下根。蓋依正因果，悉是蓮華之法，何須譬顯？爲鈍根人不解法性蓮華，故舉世華爲譬，亦應何妨？二門六譬，略如序説。又以偏譬十如、十二因緣、四諦、二諦、三諦、一諦、無諦、境妙，又譬智妙、行妙，乃至功德利益妙，乃至本妙，具如全本。

次釋「經」爲五：一、明無翻，二、明有翻，三、和融有無，四、歷法明經，五、觀心明經，亦具如全本。

二、顯體者，一部之旨歸，衆義之都會也。略開七條：一、正顯體，二、廣簡僞，三、一法異名，四、入體之門，五、偏爲衆經體，六、偏爲諸行體，七、偏爲一切法體。一、正顯體者，即一實相印也。二、廣簡僞者，凡、外乃至别教教道，皆未達此實相印也。三、一法異名者，法界、真如、佛性、種智，乃至大般涅槃等也。四、明入體門者，謂以教行爲門，略爲四意：一、略示門相，謂四四一十六門；二、示入門觀，謂門門各具十法成乘，一、識所觀境，二、真正發心，三、遵修定慧，四、能破法徧，五、善知通塞，六、善用道品，七、善用對治，八、善知位次，九、善能安忍，十、法愛不生。具在全帙，須細尋之；三、示麤妙，四、示開顯，俱在全本。五、六、七三意，亦如全本。

三、明宗者，修行之喉襟，顯體之要蹊，如梁柱持屋，結綱提綱。釋宗爲五：一、簡宗體，謂不異而異，約非因非果而論因果，故有宗體之别也。二、正明宗，從序品訖安樂行品，破廢方便，開顯真實佛之知見，亦明弟子實因實果，亦明師門權因權果。文義雖廣，其要爲成弟子實因。因正果傍，故於前段明迹因迹果也。從涌出品訖勸發品，發迹顯本，廢方便之近壽，明長遠之實果，亦明弟子實因實果，亦明師門權因權果，而顯師之實果。果正因傍，故於後段明本因本果。合前因果，共爲經宗也。三、衆經同異者，今經迹中師弟因果，與衆經有同有異，本中師弟因果，衆經所無，正以此之因果爲經妙宗也。四、麤妙開顯，如全帙。五、結成者，經説因果，正謂通益生法行人。若開權顯實，正令七種方便生身未入者入，傍令生、法二身已入者進。若説壽長遠，傍令生身未入者入，正令生、法已入者進。從七種方便，入圓初住，見真爲因，乃至得妙覺爲果。住前相似，非是真因。若取性德爲初因者，彈指散華，爲緣因種，隨聞一句，爲了因種，凡有心者，是正因種。此乃遠示性德三因種子，非是真實開發，故不取爲因也。

四、明用者，此經以斷疑生信爲用。用佛、菩提二智，斷七種方便最大無明，同入圓因，破執近迹之情，生本地深信，乃至等覺，亦令斷疑生信。如是勝用，豈同衆經耶？

五、教相者，諸經皆是逗會他意，令他得益，不譚佛意；今經但論如來布教之原始，中間取與、漸頓適時，大事因緣究竟終訖。當知此經唯論設教大綱，不委微細綱目。記者私録云：諸大乘經旨歸不殊，但隨宜爲異，如華嚴、無量義、法華皆三昧名，般若是大智慧，維摩説不思議解脱，大涅槃是究竟滅，文殊問菩提是滿足道，悉是佛法。法無優劣，於中明果皆是佛果，明因皆是地行〔一〕，明理皆是法性，所爲皆是菩薩，旨〔二〕歸不當有異，人何爲强作優劣？

妙法蓮華經文句二十卷　南更霸北寔〔三〕寧　天台智者大師説，門人灌頂記

章安尊者敘云：佛出世難，佛説是難，傳譯此難，自開悟難，聞師講難，一偏記難。余二十七，於金陵聽受，六十九，於丹丘添削，留贈後賢，共期佛慧。

初品爲序，方便品訖分别功德十九行偈，凡十五品半，名正，從偈後盡經，凡十一品半，名流通。又一時分爲二：從序至安樂行，十四品，約迹開權顯實；從涌出訖經，十四品，約本開權顯實。本迹各序、正、流通。

消文爲四：一、因緣，二、約教，三、本迹，四、觀心。始從「如是」，終於「而退」，皆以四

〔一〕「行」，原作「因」，乾隆本同，據康熙本和北藏改。
〔二〕「旨」，康熙本、乾隆本同，北藏作「指」。
〔三〕「寔」，原作「實」，據康熙本、乾隆本和北藏改。

意消文，而今略書，或三二一，貴在得意，不煩筆墨。因緣亦名感應。衆生無機，雖近不見，慈善根力，遠而自通，感應道交，故用因緣釋也。夫衆生求脱，此機衆矣，聖人起應，應亦衆矣。今論娑婆國土，音聲佛事，則甘露門開，故用約教釋也。若應機説教，教有權實淺深不同，須置指存月，亡迹存本，故用本迹釋也。若尋迹迹廣，從自疲勞，若尋本本高，高不可極，日夜數他寶，身〔一〕無半錢分。但觀己心之高廣，扣無窮之聖應，機成致感，逮得己利，故用觀心釋也。

初、序品者，「如是」等五事冠於經首，次序也；放光六瑞，發起之端，由序也；問答釋疑，正説弄引，敘述也。二、從方便品訖授學無學人記品，是迹門正説，更爲兩：一、從此下，是略開三顯一；二、從「告舍利弗，汝已殷勤三請」，是廣開三顯一。凡七品半，文爲三：一、從此至譬喻品「盡迴向佛道」，是爲上根人法説；二、從「爾時舍利弗白佛」下至授記品，是爲中根人譬説；三、化城喻下三品，是爲下根人因緣説。三、法師下五品，是迹門流通。從地涌出品第十五，是本門發起序。壽量品第十六，是正開近迹，顯遠本。分別功德品第十七，於中佛説長行，爲總授法身記，彌勒説偈，爲總申領解。正宗分竟。

〔一〕「身」，康熙本、乾隆本同，北藏作「自」。

此後并下三品，爲勸持流通。神力品第二十一，乃至普賢菩薩勸發品第二十八，爲付囑流通。

觀音玄義二卷　南何北遵　天台智者大師説，門人灌頂記

此别釋法華經中觀世音菩薩普門品也。釋名十義：一、人法，二、慈悲，三、福慧，四、真應，五、藥珠，六、冥顯，七、權實，八、本迹，九、緣了，十、智斷。又境智因緣名觀世音。世者，即五陰世間、衆生世間、國土世間。十種法界、三十種世間，即所觀之境也。音者，即十法界口業之機也。觀者，一切種智中道正觀也。普門者，一、慈悲普，二、弘誓普，三、修行普，四、斷惑普，五、入法門普，六、神通普，七、方便普，八、説法普，九、供養諸佛普，十、成就衆生普也。以靈智合法身爲體，感應爲宗，慈悲利物爲用，流通醍醐味爲教相。

觀音義疏二卷　南何北遵　天台智者大師説，門人灌頂記

有時亦作序、正、流通三段，有時不作三段名，但分爲三章：一、無盡意問，二、佛答，三、持地歎。或爲四章，三如前，四者聞品得益。或作二段，謂前後兩問答也。多種分章，隨人意用。文中亦作因緣，乃至觀心等釋。

妙法蓮華經要解并科二十卷　前有弘傳序註，并釋及南序。　曠遠　宋温陵開元蓮寺沙門戒環解

科此經二十八品，序分一品，正宗分十九品，流通分八品。

大般涅槃經玄義 二卷 南踐北滅 隋天台沙門灌頂撰

此經若依梵本，具云摩訶般涅槃那脩多羅。摩訶言大，般涅槃那，此翻滅度。釋此三字，具依兩義：一、别，二、通。别釋者，大即法身。故此經云「所言大者，其性廣博」，猶若虚空。其性即法性，法性即法身也。滅者，即是解脱，解脱二種煩惱，生死永滅，免斯因果患累，即是解脱義也。所言度者，即是摩訶般若。故大論云：「信爲能入，智爲能度。」當知别以三字標今經之目，即是三德之異名也。通釋大者，謂大法身、大般若、大解脱也。滅者，即是三德皆寂滅也。度者，即是三德皆究竟圓滿也。故通以三字標名，表三德皆大寂滅究竟也。别通之義雖殊，然並是用非果之果，無上祕密之極果，以標一教之首也。復云大若虚空，不因小相，又其性廣博，多所容受，又名不可思議諸佛之法界，是爲三義釋大也。滅者，滅二十五有及虚僞物，又得二十五王三昧，種種示現，又生滅滅已，寂滅爲樂，是爲三義釋滅也。度者，度於不度，又度於度，又度此彼之彼岸，亦度非此非彼之彼岸，譬如神龜，水陸俱度，是爲三義釋度也。總攬三法、三目、三點，名大般涅槃。金剛寶藏，滿足無缺，不縱不横，不並不别，微妙祕密，以當其體。常住不變，恒安清涼，不老不死，以當其宗。置毒佛性，偏五味中，味味殺人，震大毒鼓，雖無心欲聞，聞之皆死。八大自在我，以當其用。常住二字，無上醍醐，與諸典别，決定之吼，以當其教。名含、體攝、常宗、毒用、極教之相也。

大般涅槃經疏古十八卷，南作二十六卷，北作三十三卷〔一〕　南土會盟北滅號踐　隋天台沙門灌頂撰，唐天台沙門湛然再治

分文爲五：一、召請涅槃衆，從初「如是」訖「流血灑地」。二、開演涅槃施，從純陀訖大衆問。三、示現〔二〕涅槃行，從現病訖德王。四、問答涅槃義，從師子吼訖品。五、折攝涅槃用，從迦葉訖經。

佛遺教經論疏節要一卷　南丹北迹　宋晉水高麗國沙門淨源述

大意宗天親論，而訛謂是馬鳴論，可見考訂之疏矣。

菩薩戒義疏二卷　南遵北何　陳隋天台智者大師説

三重玄義：第一、釋名：初明人名，次辨法號，後明階位。第二、出體：初、明無作，二、明止行二善。第三、料簡：一、須信心，二、無三障，三、人法爲緣。就文爲三，從初偈長行訖「清浄者」爲序，次「十重」訖「現在諸〔三〕菩薩今誦」爲正説，餘盡卷爲勸説流通。

〔一〕「古十八卷，南作二十六卷，北作三十三卷」，南藏標十八卷，分爲二十六册；北藏也標十八卷，除卷六、七、十八外，各分上下卷，共三十三册，稱三十三卷。

〔二〕「現」，原無，康熙本、乾隆本同，據北藏補。

〔三〕「諸」，原無，北藏引用佛説梵網經時遺漏，據原經文補。

閲藏知津卷第三十七

北天目沙門釋智旭　彙輯

大乘論藏　宗經論第二之一

瑜伽師地論百卷　許敬宗序。　南節至静北猶至氣　彌勒菩薩説，唐大慈恩寺沙門釋玄奘譯

本地分第一　一者五識身相應地，二者意地，三者有尋有伺地，四者無尋惟伺地，五者無尋無伺地，六者三摩呬多地，七者非三摩呬多地，八者有心地，九者無心地，十者聞所成地，十一者思所成地，十二者修所成地，十三者聲聞地，十四者獨覺地，十五者菩薩地，十六者有餘依地，十七者無餘依地。如是略説十七，名爲瑜伽師地。

五識身相應地第一：謂五識身自性、所依、所緣、助伴、作業。自性謂了别五塵，所依謂五浄色根及前滅意、種子、阿賴耶識，所緣謂五塵境，助伴謂相應心所，作業謂了别自境、自相、現在、一刹那，又隨意識轉，隨善染轉，隨發業轉，又復能取愛非愛果。復次，要眼不

壞，色現在前，能生作意，正復現起，所生眼識，方乃得生。餘四亦爾。應觀所依如所乘，所緣如所爲事，助伴如同侶，業如自功能。又所依如家，所緣如自受用，助伴如僕使，業如作用。

意地第二：意自性，謂心、意、識。彼所依，謂等無間依、種子依。彼所緣，謂一切法如其所應。彼助伴，謂五十一〔一〕心、所有法。彼作業，謂望餘識身有勝作業。有七種分別所緣，一、有相分別，善名言者所起分別；二、無相分別，不善名言者所有分別；三、任運分別，隨境勢力任運而轉；四、尋求分別，五、伺察分別，六、染汙分別，顧戀過去，希樂未來，執著現在，若欲、恚、害等隨一煩惱，隨煩惱相應。七、不染汙分別，若善、若無記，謂出離分別、無恚分別、無害分別，或隨與一信等善法相應，或威儀路、工巧處及諸變化，所有分別，如是等類，名分別所緣。有三種審慮所緣，一、如理所引，二、不如理所引，三、非如理非不如理所引。若醉，若狂，若夢，若覺，若悶，若醒，若能發身語業，若能離欲，若離欲退，若斷善根，若續善根，若死，若生等。種子，若煩惱品所攝，名爲麤重，亦名隨眠；若異熟所攝，及餘無記品所攝，唯名麤重，不名隨眠；若信等善法品所攝種子，不名麤重，亦非隨眠。法差別分別，有六百六十。

〔一〕「一」，康熙本作「三」，乾隆本和底本改爲「一」。

有尋有伺等三地：略以五門施設建立：一、界，二、相，三、如理作意，四、不如理作意，五、雜染等起。界建立有八相：一、數，二、處，三、有情量，四、有情壽，五、有情受用，六、生，七、自體，八、因緣果。數者，三界。處所者，欲界三十六處，八大地獄、八寒地獄、餓鬼處、非天處、四大洲、八中洲、六欲天。魔宫，即他化攝，而高勝。色界十八處，無想，即廣果攝。復有超過浄居大自在住處，十地菩薩得生其中。無色界四處所，或無處所。相施設建立有七種：一、體性，二、所緣，三、行相，四、等起，五、差别，六、決擇，七、流轉。如理作意建立有八種：一、依處，二、事，三、求，四、受用，五、正行，六、聲聞乘資糧方便，七、獨覺乘資糧方便，八、波羅密引發方便。不如理作意十六種：一、因中有果論，二、從緣顯了論，三、去來實有論，四、計我論，五、計常論，六、宿作因論，七、計自在爲作者論，八、害爲正法論，九、有邊無邊論，十、不死矯亂論，十一、無因見論，十二、斷見論，十三、空見論，十四、妄計最勝論，十五、妄計清浄論，十六、妄計吉祥論。雜染施設建立三種：一、煩惱，二、業，三、生。

三摩呬多地第六：總標故，安立故，作意差别故，相差别故，略攝諸經宗要等故。總標有四：一者静慮，謂四静慮；二者解脱，謂八解脱；三者等持，謂空、無願、無相三，又有尋有伺等三，又小、大、無量三，又一分修、具分修二，又喜俱行、樂俱行、捨俱行三，又四修定，又五聖智，又聖五支，又有因、有具、聖、正三摩地、金剛喻三摩地，有學、無學、非學非無學等三摩地；四者等至，謂五現見三摩鉢底（已見諦者修此等至，是故名爲現見等至）、八勝處、十徧處、四無色、無想、滅盡定。安立者，謂唯此等名等引地，非於欲界心一境性，由此定等，無悔歡喜安樂所引，欲界不爾，非欲界中於法全無審正觀察。作意差別者，謂七種根本作意及餘四十作意。所緣差別者，略有四相：一、所緣相，二、因緣相，三、應遠離相，四、應修習相。由四因緣，入初靜慮，乃至有頂，謂因力、方便力、説力、教授力。

非三摩呬多地第七：略有十二種相。

有心無心二地第八、第九：一、地施設建立門，二、心亂不亂建立門，諸倒亂心，名無心地。三、生不生建立門，八因緣故，心或生或不生，名無心地。四、分位建立門，六位無心。五、第一義建立門。唯無餘依涅槃界，名無心地。

聞所成地第十：謂於五明處，名、句、文身義中，無倒解了。一、内明處，一、由事施設建立相，二、由想差別施設建立相，三、由攝聖教義相，四、由佛教所應知處相。二、醫方明處，一、於病相善巧，二、於病因善巧，三、於已生病斷滅善巧，四、於已斷病後更不生方便善巧。三、因明處，一、論體性，二、論處所，三、論所依，四、論莊嚴，五、論負墮，六、論出離，七、論多所作法。體性有六種：一、言論，二、尚論，三、諍論，四、毁謗論，五、順正論，六、教導論。處所亦六種。所依有十種。所成立義有二：一、自性，二、差別。能成立法有八：一、立宗，二、辯因，三、引喻，四、同類，五、異類，六、現量，七、比量，八、正教。又同類者復五種：一、相狀相似，二、自體相似，三、業用相似，四、法門相似，五、因果相似。異類翻此。現量有三種：一、非不現見，二、非已思應思，三、非錯亂境界。又，一、色根現量，二、意受現量，三、世間現量，四、清淨現量。比量有五種：一、相比量，二、體比量，三、業比量，四、法比量，五、因果比量。正教量者，一、不違聖言，二、能治雜染，三、不違法相。莊嚴有五種：一、善自他宗，二、言具圓滿，三、無畏，四、敦肅，五、應供。負墮有三：一、捨言，二、言屈，三、言過。出離者，一、觀察得失，二、觀察時衆，三、觀察善巧及不善巧。多所作者，一、善自他宗故，於一切法能起談論；二、勇猛無畏故，處一切衆能起談論；三、辯才無竭故，隨所問難能善酬答。四聲明處，一、法施設建立相，二、義施設建立相，三、補特伽羅施設建立相，四、時施設建立相，五、數施設建立相，六、處所根栽施設建立相。五、工業明處。營農乃至音樂十二工業。

思所成地第十一：一、由自性清淨故，二、由思擇所知故，三、由思擇諸法故。

修所成地第十二：一者修處所，二者修因緣，三者修瑜伽，四者修果。如是四處，七支所攝：一、生圓滿，依內有五，依外有五。二、聞正法圓滿，若正說法，若正聞法。三、涅槃爲上首，四、能熟解脱慧之成熟，毗婆舍那支成熟，奢摩他支成熟。五、修習對治，六、世間一切種清淨，一、得三摩地，二、三摩地圓滿，三、三摩地自在。七、出世間一切種清淨。一、入聖諦現觀，二、離諸障礙，三、爲欲證得速疾通慧，作意思惟諸歡喜事，四、修習如所得道，五、證得極清淨道及果功德。

聲聞地第十三：初瑜伽處種性地品〔一〕第一 種性自性、種性安立、住種性者所有諸相、住種性補特

〔一〕「品」，康熙本、乾隆本無，北藏有。

伽羅。　**趣入地品第二**自性、安立、諸相、已趣入補特伽羅。　**出離地**〔一〕**品第三**由世間道而趣離欲，由出世道而趣離欲，若此二道所有資糧。　**第二瑜伽處**補特伽羅品類差別二十八種。由十一差別道理建立補特伽羅。有四種所緣境事。有四教授。有三勝學。有十種隨順學法，對治十種違逆學法。有四種瑜伽壞。有四瑜伽：一、信，二、欲，三、精進，四、方便。有四作意。有四種瑜伽所作。有三種瑜伽師。有二種修：一、想修，二、菩提分修。有四修果，即預流等。有六種補特伽羅異門。略有八種補特伽羅，略有四種建立因緣。略有四魔，有無量種魔所作事。由三因緣發趣，空無有果：一、由諸根未積集故，二、由教授不隨順故，三、由等持力微劣故。　**第三瑜伽處**安住正念，往詣師所。師既慶慰，四種審問，四種處所，四種尋求，五處安立：一、護養定資糧處，二、遠離處，三、心一境性處，四、障清淨處，五、修作意處。　**第四瑜伽處**由七作意，離欲界欲。由七作意，證出世果。

獨覺地第十四：一、種性，二、道，三、習，四、住，五、行。

菩薩地第十五：初、持瑜伽處種性品第一一、持，二、相，三、分，四、增上意樂，五、住，六、生，七、攝受，八、地，九、行，十、建立。　**發心品第二**一、自性，二、行相，三、所緣，四、功德，五、最勝。　**自他利品第三**一、自利處，二、利他處，三、真實義處，四、威力處，五、成熟有情處，六、成熟自佛法處，七、無上正等菩提處。　**真實義品第四**一者依如所有性諸法真實性，二者依盡所有性諸法真實性。復有四種：一、世間極成真實，二、道理極成真

〔一〕「地」，原無，康熙本、乾隆本同，據北藏補。

實，三、煩惱障淨智所行真實，四、所知障淨智所行真實。 威力品第五一、聖威力，二、法威力，三、俱生威力。成熟品第六一、成熟自性，二、所成熟補特伽羅，三、成熟差別，四、成熟方便，五、能成熟補特伽羅，六、已成熟補特伽羅。 菩提品第七一、煩惱障斷故，畢竟離垢，一切煩惱不隨縛智；二、所知障斷故，於一切所知無障無礙智。力種性品第八具多勝解，求五明處，求聞正法，法隨法行，於法正修止觀，八種教授，四攝法。 施品第九一自性施，二、一切施，三、難行施，四、一切門施，五、善士施，六、一切種施，七、遂求施，八、此世他世樂施，九、清淨施。戒品第十一、自性戒，至九、清淨戒。 忍品第十一九忍如上。 精進品第十二九精進如上。 靜慮品第十三九靜慮如上。 慧品第十四九慧如上。 攝事品第十五四攝事亦各九種，如上。 供養親近無量品第十六：一、設利羅供養，二、制多供養，三、現前供養，四、不現前供養，五、自作供養，六、教他供養，七、財敬供養，八、廣大供養，九、無染供養，十、正行供養。 成就八支，能爲善友。 衆相圓滿。 具五種相，能爲善友，所作不虛。 成就五相，令善友性，作信依處。 由五種相，於所化生，爲善友事。 由四種相，方得圓滿親近善友。 作五種想，應從善友聽聞正法。 於説法師，由五種處不作異意。 略有三種修四無量：一、有情緣無量，二、法緣無量，三、無緣無量。 菩提分品第十七：二種慚愧，二種堅力持性，五因緣故，心無厭倦，善知五明處論，善知世間，修正四依，修四無礙。 二種菩提資糧，大乘三十七品，四行名止，四行名觀，十二種善巧方便，四種妙陀羅尼，五種正願，三三摩地，四種法嗢陀南。無常、苦、無我、涅槃寂靜。 菩薩功德品第十八：

五希奇法，五不希奇法，而名成就甚希奇法。五種其心平等，五種非饒益事，五種常當欣讚，五加行，五順退分，五順勝法，五種相似相功德，實是過失。五種真實功德，十處無倒調伏有情，六位記別，三種決定，五處定所應作，五處常所應作，十最殊勝，四種施設建立，四種如實徧智，五無量能起善巧作用。說法有五大果勝利，七大性共相應，名爲大乘。八法具攝大乘，十種菩薩。　第二、持隨法瑜伽處菩薩相品第一：有五真實菩薩相。　分品第二：一、善修事業，六波羅密。二、方便善巧有十種，三、饒益於他，依四攝事。四、無倒迴向，以前三門，迴向菩提。　增上意樂品第三：發起七相憐愍，有十五種增上意樂，能作十事。　住品第四：一、種性住，二、勝解行住，三、極歡喜住，四、增上戒住，五、增上心住，六、覺分相應增上慧住，七、諸諦相應增上慧住，八、緣起流轉止息相應增上慧住，九、有加行有功用無間缺道運轉無相住，十、無加行無功用無間缺道運轉無相住，十一、無礙解住，十二、最上成滿菩薩住。由能攝持菩薩義故，說名爲地；能爲受用居處義故，說名爲住。　第三、持究竟瑜伽處生品第一：略有五種，攝一切生：一、除災生，二、隨類生，三、大勢生，四、增上生，五、最後生。　攝受品第二：略有六種，於諸有情無倒攝受：一、頓普攝受，二、增上攝受，三、攝取攝受，四、長時攝受，五、短時攝受，六、最後攝受。　地品第三：一、種性地，二、勝解行地，三、浄勝意樂地，四、行正行地，五、決定地，六、決定行地，七、到究意地。

行品第四：一、波羅蜜多行，二、菩提分法行，三、神通行，四、成熟有情行。　建立品第五：諸佛有百四十不共法。三十二相、八十隨好、四一切種清淨、十力、四無所畏、三念住、三不護、大悲、無忘失法、永害習氣、一切種妙智。　第四、持次第瑜伽處發正等菩提心品

有餘依地第十六：一、地施設安立，二、寂靜施設安立，三、依施設安立。

無餘依地第十七：一、地施設安立，二、寂滅施設安立，三、寂滅異門安立。

攝決擇分中五識身相應地意地：由八種相，證阿賴耶決定是有，謂若離阿賴耶，則依止執受、最初生起、有明了性、有種子性、業用差別、身受差別、處無心定、命終時識，皆不應理。　略説阿賴耶識，由四種相建立流轉，由一種相建立還滅。一、建立所緣轉相，了別內執受故，了別外無分別器相故。二、建立相應轉相，與五徧行心法恒共相應。三、建立互爲緣性轉相，阿賴耶識，一、爲轉識種子，二、爲轉識所依。又諸轉識，一、於現法中能長養阿賴耶種子故，二、於後法中爲阿賴耶得生，攝植彼種子故。四、建立識等俱轉轉相，或一俱轉，乃至或七俱轉。是謂由四種相建立流轉。阿賴耶識是一切雜染根本，由趣入通達修習作意，建立轉依，是謂由一種相建立還滅。　廣明蘊善巧、界善巧、處善巧、緣起善巧、處非處善巧、根善巧。　有尋有伺等三地：啖摩，名爲法王，由能饒益諸衆生故。　煩惱由五種相建立差別：一、自性故，二、自性差別故，三、染淨差別故，四、迷斷差別故，五、對治差別故。　業由五相建立差別：一、事，二、想，三、欲樂，

四、煩惱，五、方便究竟。生雜染義略有十一：一、一向樂生，一分諸天。二、一向苦生，諸那落迦。三、苦樂雜生，一分諸天、人、鬼、傍生。四、不苦不樂生，一分諸天。五、一向不清淨生，欲界異生。六、一向清淨生，已得自在菩薩。七、清淨不清淨生，色、無色界異生。八、不清淨清淨處生，欲界般涅槃法、有暇處生。九、清淨不清淨處生，色、無色界異生。十、不清淨不清淨處生，欲界異生不般涅槃法，設般涅槃法，無暇處生。十一、清淨清淨處生。色、無色界諸有學者。王過失有十，王功德有十，王衰損門有五，王方便門有五，王可愛法有五，能引王可愛法有五。八苦各由五相。下中上三士差別。三摩呬多地：多隨煩惱染汙相續，不能正證心一境性。一、有諂，二、有誑，三、有詐，四、無慚愧，五、不信，六、懈怠，七、忘念，八、不定，九、惡慧，十、慢緩，十一、猥雜，十二、趣向前行，十三、捨遠離軛，十四、於諸學處不甚恭敬，十五、不顧沙門，十六、唯希活命，不爲涅槃而求出家。釋隨身念〔一〕。釋二解脱。釋法因緣經〔二〕。釋眠纏。五種定相違法：一、犯戒，二、無無間加行，三、無殷重加行，四、有沈没，五、他所擾惱。有三種遠離：一、住處遠離，二、見遠離，三、

〔一〕「念」下，原有「經」字。北藏原文作「復次，當釋隨身念。經謂心清淨苾芻有四種隨煩惱」。「經」字當隨下句，不應隨「念」字，故删除。

〔二〕「釋法因緣經」，北藏原文作「復次，當釋法因緣經，謂於阿毗達摩、阿毗毗奈耶中，善巧苾芻或鄔波索迦，欲依解了而請問者，當依八相而興請問」。「經」字若隨下句，則當删，諸藏皆無法因緣經。

聞遠離。　有五厚重過失，能爲定障：一、忿，二、慢，三、欲貪，四、薩迦耶見，五、不能堪忍。　四静慮，各有五種所治：初、五支，二、四支，三、五支，四、四支。　非三摩呬多地有心地：諸心差別而轉，略由五相：一、由世俗道理建立故，二、由勝義道理建立故，三、由所依能依建立故，四、由俱有建立故，五、由染淨建立故。　無心地：心不生因，略有七種：一、緣闕故，二、作意闕故，三、未得故，四、相違故，五、斷故，六、滅故，七、已生故。　聞所成慧地：由五處觀察所歸，乃可歸依：一、由身業清淨故，二、由語業清淨故，三、由意業清淨故，四、由於諸有情起大悲故，五、由成就無上法故。　欲造論者，要具六因：一、欲令法義當廣流布；二、欲令種種信解有情，由此因緣，隨一當能入正法故；三、爲令失没〔一〕種種義門重開顯故；四、爲欲略攝廣散義故；五、爲欲顯發甚深義故；六、欲以種種美妙言辭莊嚴法義，生淨信故。　思所成慧地：略説有四種思議：一、事思議，二、有非有思議，三、因果思議，四、乘思議。　修所成慧地：略有十六種修，謂聲聞乘相應作意修、大乘相應作意修、影像修、事邊際修、所作成辦修、得修、習修、除去修、對治修、小分修、徧行修、動

〔一〕「没」，康熙本、乾隆本作「美」，依南藏、北藏與磧砂藏、普寧藏、徑山藏、乾隆藏作「設」，底本作「没」，同於趙城金藏等。

轉修、有加行修、已成辦修、非修所成法修、修所成法修。　聲聞地：略有十種聲聞，謂清淨界聲聞、已遇緣聲聞、雜染界生聲聞、清淨界生聲聞、末法時生聲聞、賢善時生聲聞、未得眼聲聞、已得眼聲聞、清淨眼聲聞、極清淨眼聲聞。　略有七處攝毗奈耶及别解脱：一、教勅，二、開聽，三、制止，四、犯處，五、有犯，六、無犯，七、出罪。　菩薩地：有十發心，謂世俗受發心、得法性發心、不決定發心、決定發心、不清淨發心、清淨發心、羸劣發心、强盛發心、未成果發心、已成果發心。　有餘依及無餘依二地

攝釋分　文是所依，義是能依。　文有六種：一、名身，二、句身，三、字身，四、語，五、行相，六、機請。　義有十種：一、地義，二、相義，三、作意等義，四、依處義，五、過患義，六、勝利義，七、所治義，八、能治義，九、略義，十、廣義。　釋略有五：一、法，二、等起，三、義，四、釋難，五、次第。

攝異門分　言瑜珈者，受持、讀誦、問論〔一〕、決擇、正修、加行。

攝事分中契經事行擇攝第一　處擇攝第二　緣起食諦界擇攝第三　菩提分法擇攝第

〔一〕「論」，底本作「難」，據北藏改。

四　調伏事總擇攝第五〔一〕　本母事序辯攝

菩薩地持經八卷　南登北安　北涼中天竺沙門曇無讖譯

即瑜伽本地分中第十五菩薩地異譯，缺第四持，舊在大乘律藏。

決定藏論三卷　南好北性　陳優禪尼國沙門真諦譯

瑜伽決擇分中五識身相應地意地異譯。

⊙**王法正理論**一卷　南心北退　唐大慈恩寺沙門釋玄奘譯

瑜伽決擇分中尋伺地別出。

顯揚聖教論此論一部，總二十卷，乃瑜伽師地論之樞要也。　南情逸北分切　無著菩薩造，唐大慈恩寺沙門釋玄奘譯

攝事品第一　攝淨義品第二　成善巧品第三蘊、界、處、緣起、處非處、根、諦。　成無常品第四　成苦品第五　成空品第六　成無性品第七　成現觀品第八　成瑜伽品第九　成不思議品第十　攝勝決擇品第十一

顯揚聖教論頌一卷　南心北退　唐大慈恩寺沙門釋玄奘譯

〔一〕「第五」，原無，據北藏補。

即無著菩薩前論中攝頌。

大乘阿毗達磨集論七卷　南心北退　無著菩薩造，唐大慈恩寺沙門釋玄奘譯

本事分中三法品第一：蘊、界、處。　攝品第二：有十一種。相、界、種類、分位、伴、方、時、一分、具分、更互、勝義。　相應品第三：有六種。不相離、和合、聚集、俱有、作事、同行。　成就品第四：有三種。種子、自在、現行。

決擇分中諦品第一四聖諦。　法品第二十二分聖教。　得品第三一、建立補特伽羅有七種，二、建立現觀有十種。　論議品第四：有七種。義、釋、分別顯示、等論、攝、論軌、秘密。

大乘阿毗達磨雜集論十六卷　南動神北磨箴　唐大慈恩寺沙門釋玄奘釋

安慧菩薩糅前集論。

辯中邊論頌五紙半　南爵北静　彌勒菩薩説，唐大慈恩寺沙門釋玄奘譯

辯相品第一　辯障品第二　辯真實品第三　辯修對治品第四　辯修分位品第五　辯得果品第六　辯無上乘品第七

辯中邊論三卷　南爵北静　唐大慈恩寺沙門釋玄奘譯

天親菩薩造論，釋前頌。

中邊分別論二〔一〕卷　南移北情　陳優禪尼國沙門真諦譯

與前本同

攝大乘論本三卷　南移北情　無著菩薩造，唐大慈恩寺沙門釋玄奘譯

總標綱要分第一：標十相殊勝殊勝語。　所知依分第二：明阿賴耶識及意。　所知相分第三：明三性相：一、依他起相，二、徧計所執相，三、圓成實相。　入所知相分第四：明三種練磨其心，及四尋思、四如實徧智。　彼入因果分第五：明六種波羅蜜多。　彼修差別分第六：明菩薩歡喜等十地。　增上戒學分第七：明三聚戒。　增上心學分第八：明六種差別：一、所緣，二、種種，三、對治，四、堪能，五、引發，六、作業。　增上慧學分第九：明無分別智離五種相。　果斷分第十：明轉依有六種。　彼果智分第十一：明佛三身。

攝大乘論二卷　南物北隱　元魏北天竺沙門佛陀扇多譯

與上同，而不分品。

攝大乘論三卷　有慧愷序。　南物北隱　陳優禪尼國沙門真諦譯

〔一〕「二」，原作「三」，康熙本、乾隆本同，據總目和南藏、北藏改。

亦與上同，分作十品。

楞伽經唯識論〔一〕十九紙　有序，一名破色心論。　南都北静　天親菩薩造，元魏北天竺沙門菩提留〔二〕支譯

一、立義，二、引證，三、譬喻，及釋種種外難，成立唯識道理。

大乘唯識論十紙　南都北静　陳優禪尼國沙門真諦譯

唯識二十論八紙　南都北静　唐大慈恩寺沙門釋玄奘譯

並同前本。

唯識三十論三紙餘　南自北沛　世親菩薩造，唐大慈恩寺沙門釋玄奘譯

即成唯識論本頌也。

大乘成業論一卷　南爵北匪　世親菩薩造，唐大慈恩寺沙門釋玄奘譯

明身、語、意三業，及有表、無表業，是假非實，唯依思立，及由異熟識受熏持種而得成就。

業成就論一卷　南爵北匪　元魏烏萇國沙門毗目智仙譯

〔一〕論名據南藏著録，北藏、徑山藏、乾隆藏作「大乘楞伽經唯識論」，趙城金藏、高麗藏作「唯識論」。

〔二〕「留」，康熙本、乾隆本同，南藏、北藏作「流」。

與上同本。

大乘五蘊論七紙　南都北投　世親菩薩造，唐大慈恩寺沙門釋玄奘譯

明五蘊攝九十四法，及十二處、十八界總攝百法，對治三種我執，謂一性我執、受者我執、作者我執，如其次第，以蘊、處、界治之。

因明正理門論本一卷　南爵北匪　大域龍樹〔一〕菩薩造，唐大慈恩寺沙門釋玄奘譯

爲欲簡持能立能破義中真實，故造斯論。

△因明正理門論一卷　南爵北匪　唐大薦福寺沙門釋義净譯

與上同本。

因明入正理論五紙，後序一紙　南自北沛　商羯羅主菩薩造，唐大慈恩寺沙門釋玄奘譯

明真能立、真能破、真現量、真比量，及似能立等，共八門，以辯悟他、自悟二益。

大乘百法明門論一紙餘　南華北沛　天親菩薩造，唐大慈恩寺沙門釋玄奘譯

瑜伽本事分中，略録名數。

觀所緣緣論二紙餘　南華北投　陳那菩薩造，唐大慈恩寺沙門釋玄奘譯

〔一〕「樹」，康熙本、乾隆本、南藏、北藏等同，高麗藏、大正藏無此字。

立量破斥外所緣緣非有，次明内所緣緣不無。

無相思塵論二紙半　南華北投　陳優禪尼國沙門真諦譯

與上本同。

三無性〔一〕**論**二卷　出無性論。　南邑北沛　陳優禪尼國沙門真諦譯

爲顯法空故，説諸法無自性品，謂依三性，説三無性。

顯識論顯識品〔二〕十一紙餘　從無相論出。　南自北沛　陳優禪尼國沙門真諦譯

明三界但有二種識：一者顯識，即是本識；二者分別識，即是意識。顯識起分別，分別起熏習，熏習起顯識，故生死流轉。又云，一、執著分別性熏習，增長阿梨耶識；二、觀習真實性熏習，能除執著，損壞阿梨耶識。此内以第七名陀那識，執梨耶識作我境故。

轉識論六紙　南都北沛　陳優禪尼國沙門真諦譯

明識轉有二種：一、轉爲衆生，二、轉爲法。此二實無，但是識轉，作二相貌。次明能緣有三種：一、果報識，即阿梨耶；二、執識，即阿陀那；三、塵識，即六識。及明相應心

〔一〕「性」，原作「相」，康熙本、乾隆本同，據總目、南藏、北藏改。

〔二〕南藏、北藏題名作「顯識論」，「顯識品」三字在正文之首，單立一行，非連於書名。

所等。

大乘起信論二卷　南邑北情　馬鳴菩薩造，唐于闐國沙門實叉難陀譯

一、作因分，明造論因緣有八種。　二、立義分有二：一、有法，謂一切衆生心；二、法，謂體、相、用三大。　三、解釋分又三：一、顯示實義，依於一心有真如、生滅二門；二、對治邪執，治人、法二種我見；三、分別修行正道相：一、信成就發心，二、解行發心，三、證發心。　四、修信分，謂有四種信，真如及三寶。修五門行，能成此信，一、施，二、戒，三、忍，四、精進，五、止觀。又明求生浄土，得不退轉。　五、利益分

此本比梁譯文更顯順，余於佛前鬮得，述裂網疏，以正膚謬。

△**大乘起信論**二卷　有智愷序。　南邑北情　蕭梁優禪尼國沙門真諦譯

與上論同。

閲藏知津卷第三十八

北天目沙門釋智旭　彙輯

大乘論藏　宗經論第二之二

大宗地玄文本論八卷，今作四卷〔一〕　南羅北疑　馬鳴菩薩造，陳優禪尼國沙門真諦譯

歸依德處無邊大決擇分第一　歸依德處因緣大決擇分第二：此二是序分也。一種金剛道路大決擇分第三：明五種本位：一者無超次第漸轉位，謂五十一位，如次無超轉，一一中具一切，名爲漸轉位。二者無餘究竟總持位，五十一位中，隨其先得入，攝一切一切，名無餘究竟。迴向則信心，信心則佛地，佛地則十地，究竟有何次？三者周徧圓滿廣大位，五十一種位，無前後一時，俱轉俱行故，名周徧圓滿。四者一切諸法俱非位，諸無量無

〔一〕「八卷，今作四卷」，語出南藏目録，南、北藏仍標八卷，合爲四册，故稱四卷。

邊，一切種種位，皆悉非建立，名俱非位地。五者一切諸法俱是位，一切種種法，無非金剛身，以一身義故，名爲俱是位。　金剛寶輪山王大決擇分第四，乃至大不可思議重重不可稱量阿説本王大決擇分第三十六：已上三十四分，正名玄文本論。　校量功德讚歎信行現示利益大決擇分第三十七　校量過患呵責誹謗現示罪業大決擇分第三十八　現示本因決定證成除疑生信大決擇分第三十九　勸持流通發大願海大決擇分第四十：已上四分是流通。

十二門論一卷　有僧叡序。　南守北造　龍樹菩薩造，姚秦天竺沙門鳩摩羅什譯

觀因緣門第一　觀有果無果門第二　觀緣門第三　觀相門第四　觀有相無相門第五　觀一異門第六　觀有無門第七　觀性門第八　觀因果門第九　觀作者門第十　觀三時門第十一　觀生門第十二：以十二門，入於空義。

菩提心離相論七紙　南書北星　龍樹菩薩造，宋北印土沙門施護譯

由大悲爲體，達蘊、處、界等諸相唯心所現，成就第一空義，則能以衆生爲所緣境，現種種相，説種種法，皆眞實義。

菩提資糧論六卷　南滿北仁　聖者龍樹本，比丘自在釋，隋南天竺沙門達摩笈多譯

明般若波羅蜜爲菩提初資糧，布施波羅蜜爲第二資糧，次明持戒、忍辱、精進、禪那、方

便、願、力及智，次明慈、悲、喜、舍及五悔勝行，勿於他菩薩起嗔心，勿謗所未解甚深經，善修三解脱門，應勤精進持戒、習定，修三十七菩提分法，種三十二大人相業，及諸種種菩薩行等。

發菩提心論 二卷　南邑北沛　天親菩薩造，姚秦天竺沙門鳩摩羅什譯

勸發品第一　發心品第二　願誓品第三　檀那波羅蜜品第四　尸羅波羅蜜品第五　羼提波羅蜜品第六　毗梨耶波羅蜜品第七　禪波羅蜜品第八　般若波羅蜜品第九　如實法門品第十　空無相品第十一　功德持品第十二

廣釋菩提心論 一、二全卷　南壁北疑　蓮華戒菩薩造，宋北印土沙門施護譯

引諸經以明大悲爲本，慧及方便，一切時常行，及明聞、思、修三慧。

菩提心觀釋 二紙餘　南履北臨　宋中印土沙門法天譯

略釋菩提心非性非相，無生無滅，非覺非無覺等。

大乘法界無差別論 六紙　南華北逸〔一〕　堅慧菩薩造，唐于闐國沙門提雲般若譯

明菩提心，略說有十二種義。

〔一〕「逸」，康熙本誤作「邁」，乾隆本與底本改作「逸」。

△大乘法界無差別論六紙欠　一名如來藏論。　南壁北通　堅慧菩薩造，唐于闐國沙門提雲般若譯

即上論重出。

壹輸盧迦論三紙欠　南华北沛　龍樹菩薩造，元魏中天竺婆羅門瞿曇般若流支譯

明一切法無常自體空，自體空不離無常，非離諸行而有無常。

六十頌如理論三紙餘　南書北星　龍樹菩薩造，宋北印土沙門施護譯

明諸法離有無二邊，不可說有性，不可說無性等。

大乘二十頌論一紙餘　南書北星　龍樹菩薩造，宋北印土沙門施護譯

略明第一義無生，隨轉而無性義。

大乘破有論一紙餘　南書北星　龍樹菩薩造，宋北印土沙門施護譯

略說諸法無生，從分別起。

方便心論一卷　南邑北逸　龍樹菩薩造，後魏西域沙門吉迦夜與曇曜譯

明造論品第一：此論分別有八種義：一、譬喻，二、隨所執，三、語善，四、言失，五、知因，六、應時語，七、似因非因，八、隨語難。　明負處品第二　辯正論品第三　相應品第四：問答相應有二十種。

迴諍論一卷　南華北逸　後魏烏萇國沙門毗目智仙等譯

先述外人難一切法無體，則語言亦無體，如何能遮一切法。次申正義。一切法因緣生，語言亦因緣生，同皆無體，如以幻人還遮幻人。若人信於空，彼人信一切。若人不信空，彼不信一切。

中論四卷　有僧叡序。　南神北箴　龍樹菩薩造，青目菩薩釋五百偈，姚秦天竺沙門鳩摩羅什譯

破因緣品第一　破去來品第二　破六情品第三　破五陰品第四　破六種品第五　破染染者品第六　觀三相品第七　破作作者品第八　破本住品第九　破燃可燃品第十　破本際品第十一　破苦品第十二　破行品第十三　破合品第十四　觀有無品第十五　觀縛解品第十六　觀業品第十七　觀法品第十八　觀時品第十九　觀因果品第二十　觀成壞品第二十一　觀如來品第二十二　觀顛倒品第二十三　觀四諦品第二十四　觀涅槃品第二十五　觀十二因緣品第二十六　觀邪見品第二十七

般若燈論十五卷，有序。　南疲守北惻造　唐中天竺沙門波羅頗迦羅密〔一〕多羅譯

分別明菩薩釋龍樹五百偈，較青目者爲詳。

〔一〕「密」，南藏、北藏作「蜜」。以下此類情況，不再出校。

大乘中觀釋論九卷，今作四卷〔一〕　南壁北通　安慧菩薩造，宋譯經院沙門惟淨等譯

僅釋十三品而止。

順中論二卷　南移北情　龍勝菩薩造，阿僧佉（此翻無著）解未解處，別爲此部，元魏中天竺婆羅門瞿曇般若流支譯

論義入大般若波羅蜜經初品法門。

百字論七紙欠　南華北逸　提婆菩薩造，元魏北天竺沙門菩提流支譯

破我見等一切諸法，各有自相。

百論二卷　有僧肇序。　南守北造〔二〕　提婆菩薩造，婆藪開士釋，姚秦天竺沙門鳩摩羅什譯

捨罪福品第一　破神品第二　破一品第三　破異品第四　破情品第五　破塵品第六　破因中有果品第七　破因中無果品第八：破常品第九　破空品第十

廣百論本一捲，僅十紙　南守北造　聖天菩薩造，唐大慈恩寺沙門釋玄奘譯

破常品第一　破我品第二　破時品第三　破見品第四　破根境品第五　破邊執品第六　破有爲相品第七　教誡弟子品第八：皆五言偈。

〔一〕「九卷，今作四卷」，語出南藏目録，南、北藏仍標九卷，合爲四册，故稱四卷。

〔二〕「造」，康熙本誤作「逸」，乾隆本與底本改正。

十八空論一卷　亦十六，亦十八，亦十四。　南守北造　陳優禪尼國沙門真諦譯

爲顯人、法二無我，是一切法通相，今約諸法種類不同，開爲十八。

取因假設論七紙半　南華北匪　陳那菩薩造，唐大薦福寺沙門釋義浄譯

論佛化衆生，但依假施設事，而宣法要。

觀總相論頌十一偈　南華北匪　陳那菩薩造，唐大薦福寺沙門釋義浄譯

掌中論二紙　南華北逸　陳那菩薩造，唐大薦福寺沙門釋義浄譯

論三界但有假名，實無外境。如繩作蛇想，見繩知境無，若了彼分時，知如蛇解謬。

解拳論二紙欠　南華北逸　陳那菩薩造，陳優禪尼國沙門真諦譯

入大乘論二卷　南都北静　堅意菩薩造，北凉沙門釋道泰譯

義品第一：明大乘方爲具足三藏，得成大果。　譏論空品第二：明十地成就福果、智果，及明佛生羅睺羅，是化非實。　順修諸行品第三：明佛法身在浄居受職成道，非閻浮提成佛，及明應禮初發心菩薩。

佛性論四卷　南爵北匪　天親菩薩造，陳優禪尼國沙門真諦譯

第一、緣起分：如來爲除五種過失，生五功德，故説一切衆生悉有佛性。　第二、破執分破小乘品第一　破外道品第二　破大乘見品第三　第三、顯體分三因如品第一　三性品第二　如來藏品第三

第四、辯相分自體相品第一　明因品第二　顯果品第三　事能品第四　總攝品第五　分別品第六　階位品第七　徧滿品第八　無變異品第九　無差別品第十

究竟一乘寶性論五卷　南自北性　元魏中天竺沙門勒那摩提譯

教化品第一　佛寶品第二　法寶品第三　僧寶品第四　一切衆生有如來藏品第五　無量煩惱所纏品第六　爲何義說〔一〕品第七　身轉清淨成菩提品第八　如來功德品第九　自然不休息佛業品第十　校量信功德品第十一

初一卷是論本偈經，次四卷如次論釋。

大乘寶要義論十卷，今作五卷〔二〕　南書北星　不出撰者名字，宋中印土沙門法護等譯

集諸經論菩薩發心修行功德。

大乘集菩薩學論二十五卷，今作十一卷〔三〕　南府北轉疑　法稱菩薩造，宋中印土沙門法護等譯

集布施學品第一　護持正法戒品第二　護法師品第三　空品第四　集離難戒學品第五　護身品第六　護受用福品第七　清淨品第八　忍辱品第九　精進波羅密品第十　說

〔一〕「說」下，原有「法」字，據南藏、北藏刪。

〔二〕「十卷，今作五卷」，語出南藏目録，南、北藏仍標十卷，分別合爲五册，故稱五卷。

〔三〕「二十五卷，今作十一卷」，語出南藏目録，南、北藏仍標二十五卷，分別合爲十一册，故稱十一卷。

阿蘭若品第十一　治心品第十二禪定波羅蜜多附。　念處品第十三　自性清淨品第十四

正命受用品第十五　增長勝力品第十六　恭敬作禮品第十七　念三寶品第十八

集大乘相論上下共十四紙　南書北星　覺吉祥智菩薩造，宋北印土沙門施護譯

釋五蘊、十二處、十八界、十二緣生、十波羅密、十地、十八空、三十七菩提分、四聖諦、四靜慮、四無量、四等至、八解脱、三摩鉢底先行、三解脱門、六神通、陀羅尼、十力、四無所畏、四無礙解、大慈大悲、十八不共法、四聲聞果、了知一切相、真如、實際、無相、法界。

集諸法寶最上義論上下合卷　南書北星　善寂菩薩造，宋北印土沙門施護譯

初明諸法皆從緣生，不離於識，广引經證。　次釋菩提無所得義，謂刹那、王所諸法，即菩提相等，乃至菩提法中無所安立。　若執無因，不集諸福，起染著心，感惡趣果。　智者如實信解，尊重恭敬，即得最上福聚。

六門教授習定論一卷　南華北匪　無著菩薩本，世親菩薩釋，唐大薦福寺沙門釋義淨譯

明修定者，須師資圓滿、所緣圓滿、作意圓滿，依有尋有伺等三定，能獲世福及出世果。

大乘莊嚴經論十三卷　有李百藥序。　南意移北次弗　無著菩薩造，唐中天竺沙門波羅頗迦羅密多羅譯

緣起品第一　成宗品第二：以八因成立大乘真是佛説。　歸依品第三：明大乘歸依有四種大義：一者一切偏義，二者勇猛義，三者得果義，四者不及義。　種性品第四：明

種性有九種差别：一、有體，二、最勝，三自性，四、相貌，五、品類，六、過惡，七、功德，八、金譬，九、寶譬。九義各有四種差别。發心品第五：明發心有四種大：一、勇猛大，二、方便大，三、利益大，四、出離大。有四種差别：一、信行發心，二、净依發心，三、報得發心，四、無障發心。以大悲爲根，以利物爲依止，以大乘法爲所信，以種智爲所緣。爲求彼故，以勝欲爲所乘，欲無上乘故，以大護爲所住，住菩薩戒故，以受障爲難，起異乘心故。以增善爲功德，以福智爲自性，以習諸度爲出離，以地滿爲究竟。二利品第六　真實品第七：明第一義相。神通品第八　成熟品第九　菩提品第十：明得一切種智。明信品第十一：明信相差别有十三種。述求品第十二　弘法品第十三　隨修品第十四　教授品第十五　業伴品第十六：明菩薩起業，以方便爲伴。度攝品第十七：明六波羅蜜十義：一、制數，二、顯相，三、次第，四、釋名，五、修習，六、差别，七、攝行，八、治障，九、功德，十、互顯，及明四攝行。供養品第十八　親近品第十九　梵住品第二十：明慈、悲、喜、捨。覺分品第二十一　功德品第二十二　行住品第二十三　敬佛品第二十四

大莊嚴經論十五卷　南逐物北慈隱　馬鳴菩薩造，姚秦天竺沙門鳩摩羅什譯

廣集種種善惡因緣，令人返邪歸正。

菩薩本生鬘論十六卷，南作十卷，北作九卷〔一〕　南經北右　宋譯經院沙門慧詢〔二〕、紹德等譯

前四卷，聖勇護國尊者集釋迦飼虎、救鴿、分衛、神化、不爲毒害、兔王、龍王、慈力王八種緣起，又商主入海獲安、老母畢竟得度、爲病比丘灌頂獲安、稱念三寶功德、造塔勝報、出家功德六種緣起，凡十四事，文並明暢。後十二卷，是寂變勝天論菩薩施行莊嚴，尊者護國本生之義，共有三十四段，文無起止，殊難解釋。

大丈夫論二卷　南都北静　提婆羅菩薩造，北涼沙門釋道泰譯

共有二十九品，廣説悲心行施相貌功德。

提婆菩薩破楞伽經中外道小乘四宗論五紙　南華北逸　元魏北天竺沙門菩提留支譯〔三〕

先列僧佉計一，毗世計異，尼犍子計俱，若提子計不俱，次一一破之。

提婆菩薩釋楞伽經中外道小乘涅槃論四紙半　南華北逸　元魏北天竺沙門菩提留支譯〔四〕

〔一〕「十六卷，南作十卷，北作九卷」，底本作「十六卷，今作十卷」，南、北藏仍標十六卷，南藏合爲十册，故稱十卷；今覈北藏合爲九册，故增「北作九卷」四字。

〔二〕「詢」，原作「絢」，據南藏、北藏等改。

〔三〕譯者依南藏著録，北藏作「菩提流支」。

〔四〕譯者依南藏著録，北藏作「菩提流支」。

先明所計涅槃有二十種，如來爲遮是等邪見，故説涅槃因果正義。次列其名，一一問答示相。

大乘掌珍論二卷　南都北性　清辯菩薩造，唐大慈恩寺沙門釋玄奘譯

廣釋「真性有爲空」四句義，破諸異執，顯真勝義。

如實論一卷　南華北逸　天親菩薩造，陳優禪尼國沙門真諦譯

反質難品〔一〕中無道理難品第一　道理難品第二　墮負處品第三：明墮負處有二十二種。

手杖論六紙欠　南華北匪　尊者釋迦稱造，唐大薦福寺沙門釋義浄譯

破世異執有新生有情。

寶行王正論一卷　南邑北逸　陳優禪尼國沙門真諦譯

安樂解脱品第一：謂十善名安樂，惑盡名解脱。雜品第二：明十惡過患，廣訶女身不浄，歎佛三十二相。菩提資糧品第三：明相好、六通等因。正教王品第四　出家正行品第五：説出家者應捨麤惑，修七聖財，及説十地大意，并教發願方法。皆五言偈。

〔一〕「品」，原無，康熙本、乾隆本同，據北藏補。

佛説法集名數經六紙欠　南忠北則　宋北印土沙門施護譯

集佛所説出世間及世間法名數。

惟日雜難經十三紙半〔一〕　南終北明　吴月支國優婆塞支謙譯

大意説如來、二乘功德差别，文甚古拙難讀。

五門禪經要用法一卷　南令北英　大禪師佛陀密多所撰，劉宋罽賓國沙門曇摩密多譯

標云：一、安般，二、不浄，三、慈心，四、觀緣，五、念佛，釋不次第。

坐禪三昧法門經二卷　南令北墳　僧伽羅刹造，姚秦天竺沙門鳩摩羅什譯

第一、治婬欲法門，第二、治瞋恚法門，第三、治愚癡法門，第四、治思覺法門，第五、治等分行及重罪人法門。次明四禪、四空、四等、五通法，次明四念止法，次明大乘念佛等法。

禪法要解經二卷　南榮北集　姚秦天竺沙門鳩摩羅什譯

初明不浄觀，次明浄觀，次明除五蓋，修初禪、二、三、四禪，次明修四無量心，次明修四空定，次明修四諦觀。初習其門，則有十事：一者心專正，二者質直，三者慚愧，四者不放逸，五者遠離，六者少欲，七者知足，八者心不繫著，九者不樂世樂，十者忍辱。次明修四如

〔一〕「十三紙半」，康熙本、乾隆本正文無「半」字，總目有。

意足，次明修五神通法。

思惟要略法八紙半　南終北英　姚秦天竺沙門鳩摩羅什譯

先明形疾輕微，心病深重，次明四無量觀法、白骨觀法、觀佛三昧法、法身觀法、十方諸佛觀法、觀無量壽佛法、諸法實相觀法、法華三昧觀法。

菩薩訶色欲法一紙欠　南宜北槀　姚秦天竺沙門鳩摩羅什譯

謂是世間枷鎖、重患、衰禍，捨之復念，如出獄思入等。凡夫爲色僕，棄之如破枷脱鎖等。女人言蜜心毒，如龍淵師窟，不可近，敗國亂家，滅人慧明，如高羅密網等，智者知而遠，惡而穢之。

禪要訶欲經三紙餘　南令北聚　失譯師名

即前不浄觀一章重出。

小道地經三紙餘　南籍〔一〕北既　後漢西域沙門支曜譯

説道人求息及求向佛道法。

修行道地經八卷　前有序。　南終北明　天竺沙門衆護撰，西晉月支國沙門竺法護譯

〔一〕「籍」，原作「藉」，康熙本、乾隆本同，據南藏、南藏目録和昭和本北藏目録改。

集散品第一　五陰本品第二　五陰相品第三　分别五陰品第四　五陰成敗品第五　慈品第六　除恐怖品第七　分别行相品第八　觀〔一〕二意品第九　離顛倒品第十　曉了食品第十一　伏勝諸根品第十二　忍辱品第十三　棄加惡品第十四　天眼見終始品第十五　天耳品第十六　念往世品第十七　知人心念品第十八　地獄品第十九　勸悦品第二十　行空品第二十一　神足品第二十二　數息品第二十三　觀品第二十四　學地品第二十五　無學地品第二十六　無學品第二十七　弟子三品修行品第二十八　緣覺品第二十九　菩薩品第三十：後三品，並用法華意旨。

道地經一卷　南慎北明　後漢安息國沙門安世高譯

前本略出，文不可句。

衆經撰雜譬喻二卷　南所北羣　比丘道略集，姚秦天竺沙門鳩摩羅什譯

舊雜譬喻經二卷　南所北聚　西土賢聖集，吴天竺沙門康僧會譯

雜譬喻經二卷，北作一卷〔二〕　南所北羣　失譯人名，出後漢録

〔一〕「觀」，原作「勸」，康熙本、乾隆本同，據北藏改。

〔二〕「二卷，北作一卷」，北藏上、下二卷合訂一册，故稱一卷。

雜譬喻經一卷〔一〕　南所北英　後漢月支國沙門支婁迦讖譯

菩提行經四卷，今作二卷〔二〕　南甚北亦　宋中印土沙門天息災譯

讚法界頌六紙　南力北言　聖龍樹菩薩造，宋北印土沙門施護譯

廣發大願頌〔三〕一紙餘　南甚北英　龍樹菩薩造，宋北印土沙門施護等譯

佛三身讚八行偈　南興北言　宋中印土沙門法賢譯

法、報、化各二行偈，回向一偈。

佛一百八名讚二紙餘　南臨北言　宋中印土沙門法天譯

集釋迦佛一百八名。

一百五十讚佛頌七紙餘　南藉北隸　尊者摩咥利制吒造，唐沙門義浄譯

佛吉祥德讚上中下仝卷　南無北漆　宋北印土沙門施護譯

聖觀自在菩薩功德讚七言四十六偈　南竟北言　西方賢聖集，宋北印土沙門施護譯

〔一〕「一」，原作「二」，據康熙本、乾隆本及南藏、北藏改。

〔二〕「四卷，今作二卷」，語出南藏目録，南、北藏仍標四卷，合爲二册，故稱二卷。

〔三〕書名據南藏著録，北藏作「廣大發願頌」。康熙本、乾隆本總目有此經，正文無，撰者、譯者係金陵本增補。

讚觀世音菩薩頌三紙欠　南籍北言　唐佛授記寺翻經沙門釋慧智譯

聖者文殊師利發菩提心願文〔一〕十三行　南思北澄　巴看落目瓦傳〔二〕　元甘泉馬蹄山沙門釋智慧譯

大聖文殊師利菩薩讚佛法身禮三紙餘，四十偈　南竟北隸　唐北天竺沙門大廣智不空譯

此出大乘一切境界智光明莊嚴經。

百千頌大集經地藏菩薩請問法身讚六紙欠　南無北隸　唐北天竺沙門大廣智不空譯

讚法身、法界、菩提、涅槃、十地、等、妙功德。

〔一〕此書附在聖妙吉祥真實名經之前，南藏、北藏目録皆未單獨立條目。

〔二〕「巴看落目瓦傳」，康熙本、乾隆本無，此六字係底本增補。

閲藏知津卷第三十九

北天目沙門釋智旭　彙輯

大乘論藏　宗經論第二之三

肇論三卷　前有慧達序。　二藏俱〔缺〕　姚秦長安沙門釋僧肇著

宗本義　物不遷論第一　不真空論第二　般若無知論第三附劉遺民問答書。　涅槃無名論第四奏秦王表、九折十演。

寶藏論〔一〕一卷　敦　晉僧肇法師著

廣照空有品第一　離微體淨品第二　本際虛玄〔二〕品第三

〔一〕「寶藏論」，此書係萬曆增補入藏，書名作「晉僧肇法師寶藏論」，康熙本、乾隆本同。

〔二〕「玄」，原作「無」，據北藏改。

大乘止觀法門四卷　前有朱頔序。　南嶽北途　陳南嶽思大禪師曲授心要

先總示大乘止觀，次廣作五番建立：第一、明止觀依止，又三：一、明何所依止，謂自性清淨心；二、明何故依止，以此心是一切法根本故；三、明以何依止，先明以意識依止此心，修行止觀，次破小乘人執，後破大乘人執。第二、明止觀境界，謂三自性法，各論清淨染濁。第三、明止觀體狀，先就染濁三性以明，次就清淨三性以明。正是修行方法。第四、明止觀斷得，謂約三性修止觀，各明所除障、所得益也。第五、明止觀作用，謂證體起用也。後更示禮佛止觀、食時止觀、大小便利時止觀。後有遵式序。

法華經安樂行義一卷　南頫北土　陳南嶽思大禪師撰

明一切新學菩薩欲求大乘，超過一切諸菩薩，疾成佛道，須持戒、忍辱、精進，勤修禪定，專心勤修法華三昧，觀一切衆生皆如佛想。偈云：菩薩學法華，具足二種行：一者無相行，二者有相行。無相四安樂，甚深妙禪定。觀察六情根，諸法本來淨。衆生性無垢，無本亦無淨。不修對治行，自然超衆聖。無師自然覺，不由次第行。釋云：無相行者，一切諸法中，心相寂滅，畢竟不生，行住坐卧，飲食語言，一切威儀，心常定故。諸餘禪定，三界次第，從欲界地、未到地、初禪地，乃至非非想處地，有十一種差別不同，有法、無法二道爲別，是阿毗曇雜心聖行。若安樂行中深妙禪定，即不如此，不依止欲界，不住色、無色行。

如是禪定，是菩薩徧行，畢竟無心想故，名無相行。有相行者，如勸發品中專念法華文字，精進不卧，如救頭然，若行成就，即見普賢等，得三陀羅尼。若顧身命，貪四事供養，不能勤修，經劫不得。

諸法無諍三昧法門 二卷　南頌北途　陳南嶽思大禪師撰

先總明欲學一切佛法，先持淨戒，勤禪定，乃能得之。無量佛法功德，一切皆從禪生。次問答釋疑，後具明四念處，各各具足一切佛法。

摩訶止觀 二十卷　南困横〔一〕北霸趙　隋天台智者大師説，門人灌頂記

章安記曰：止觀明静，前代未聞。智者大師，隋開皇十四年四月二十六日，於荆州玉泉寺，一夏敷揚，二時慈霔〔二〕。雖樂説不窮，纔至見境，法輪停轉，後分弗宣。此之止觀，天台智者説己心中所行法門。天台傳南嶽三種止觀：一、漸次，即釋禪波羅蜜次第法門。二、不定，即六妙門，今已亡失。三、圓頓，即今摩訶止觀。皆是大乘，俱緣實相，同名止觀。漸則初淺後深，如彼梯隥；不定前後更互，如金剛寶置之日中；圓頓初後不二，如通者騰空。爲三根

〔一〕「横」，原作「衡」，據南藏改。

〔二〕「慈霔」，康熙本作「慈注」，乾隆本和底本改，北藏作「慈霔」。

性，説三法門。今圓頓者，初緣實相，造境即中，無不真實，繫緣法界，一念法界，一色一香，無非中道，己界及佛界，衆生界亦然。陰、入皆如，無苦可捨；無明塵勞即是菩提，無集可斷；邊、邪皆中正，無道可修；生死即涅槃，無滅可證。無苦無集，故無世間；無道無滅，故無出世間，純一實相，實相外更無別法。法性寂然名止，寂而常照名觀。雖言初後，無二無別，是名圓頓止觀。此菩薩聞圓法，起圓信，立圓行，住圓位，以圓功德而自莊嚴，以圓力用建立衆生。大經云：雪山有草，名曰忍辱，牛若食者，即得醍醐。又云：譬如有人在大海浴，當知已用諸河之水。當知止觀，諸佛之師，以法常故，諸佛亦常，樂我淨等，亦復如是。

開章爲十：一、大意，二、釋名，三、體相，四、攝法，五、偏圓，六、方便，七、正觀，八、果報，九、起教，十、旨歸。

初、釋大意，囊括始終，冠戴初後。今撮爲五，謂發大心，修大行，感大果，裂大網，歸大處。一、發大心者，約十種發心以簡非。發菩提心，即是觀，邪僻心息，即是止。約四諦、四弘、六即，以顯是。二、修大行者，勸進四種三昧，入菩薩位：一、常坐，二、常行，三、半行半坐，四、非行非坐。三、感大果者，若行順中道，即有勝妙果報，設未出分段，所獲花報，亦異七種方便，况真果報耶？此義在後第八重中，當廣分別。四、裂大網者，若人善用止觀觀心，則內慧明了，通達漸頓諸教，如破微塵，出大千經卷，恒沙佛法，一心中曉。此義至第九重當廣説，攝法中亦略示。五、歸大處者，自向三德，引他同入三德，故名旨歸入祕密藏，至第十重中當廣説也。記曰：此五略，衹是十廣。初五章，衹是發菩提心一意耳。方便、正觀，衹是四三昧耳。果報一章，衹明違順，違即二邊果報，順即勝妙果報。起教一章，轉其自心，利益於他，或作佛身，施權實，或作九界像，對揚漸頓，轉漸頓，弘通漸頓。旨歸章，衹是同歸大處祕藏中，故知略廣意同也。

二、釋止觀名，略有四：一、相待，二、絶待，三、會異，四、通三德。一、相待者，止觀各三義。止三義者，息義、停義、對不止止義。觀三義者，貫穿義、觀達義、對不觀觀義。二、絶待者，横破竪破。上三止觀則不可説，有因緣故，亦可得説。以六即望之，初心無所失，聖境無所濫。三、會異者，會諸經論異名。四、通三德者，以三德共通兩字，又三德各通兩字。

三、釋止觀體相爲四：一、教相，二、眼智，三、境界，四、得失。一、教相者，止觀名教，通於凡聖，不可尋通名，求於別體，故用相簡之。簡前三教，顯圓頓教止觀體也。二、眼智者，止觀爲因，智眼爲果，用不思議眼智，得圓頓止觀體也。三、境界者，若得能顯眼智中意，無俟所顯諦境之説，爲未解者，更此一科。夫信行尚多聞，因此分別以會圓妙，法行宗深觀，緣此思惟以見正境耳。四、得失者，失即思議，得即不思議也。

四、明止觀總持，徧收諸法：一、攝一切理，二、攝一切惑，三、攝一切智，四、攝一切行，五、攝一切位，六、攝一切教。

五、明偏圓者，簡偏就圓：一、明大小，二、明半滿，三、明偏圓，四、明漸頓，五、明權實。

六、明方便，謂善巧修行，以微少善根，能令無量行成解發，入菩薩位。圓教以假名五品觀行等位，去真猶遠，名遠方便；六根清浄，相似鄰真，名近方便。今就五品之前假名位中，復論遠近：二十五法爲遠方便，十種境界爲近方便。横竪該羅，十觀具足，成觀行位，能發真似。今釋遠方便，略爲五：一、具五緣，二、訶五欲，三、棄五蓋，四、調五事，五、行五法。具五緣者，一、持戒清浄，二、衣食具足，三、閒居静處，四、息諸緣務，五、得善知識。訶五欲者，謂色、聲、香、味、觸。棄五蓋者，謂貪欲、瞋恚、睡眠、掉悔、疑。調五事者，謂食、眠、身、息、心。行五法者，謂欲、精進、念、巧慧、一心。已上俱有事解、理解。

七、明正修止觀者，前六重，依脩多羅以開妙解，今依妙解以立正行，膏明相賴，目足更資。行解既勤，三障四魔紛然競作，重昏巨散翳動定明，不可隨，不可畏。隨之將人向惡道，畏之妨修正法。當以觀觀昏，即昏而朗，以止止散，即散而寂。如豬揩金山，衆流入海，薪熾於火，風益求羅耳。開止觀爲十：一、陰界入，二、煩惱，三、病患，四、業相，五、魔事，

六、禪定，七、諸見，八、增上慢，九、二乘，十、菩薩。此十境通能覆障，始自凡夫正報，終至聖人方便。陰入一境，常自現前，恒得爲觀。餘九境，發可爲觀，不發何所觀？又八境去正道遠，深加防護，得歸正轍。二境去正道近，至此位時，不慮無觀，薄修即證。又若不解諸境互發，大起疑網，如在歧〔一〕道，不知所從。先若聞之，恣其變怪，心安若空。

第一、觀陰界入境者，五陰、十二入、十八界也。界内外一切陰、入，皆由心起。佛告比丘：一法攝一切法，所謂心是。心是惑本，若欲觀察，須伐其根。如炙病得穴。今當去丈就尺，去尺就寸，置色等四陰，但觀識陰。識陰者，心是也。觀心具十法門：一、觀不可思議境，二、起慈悲心，三、巧安止觀，四、破法徧，五、識通塞，六、修道品，七、對治助開，八、知次位，九、能安忍，十、無法愛。此十重觀法，横竪收束，微妙精巧。初則簡境真僞，中則正助相添，後則安忍無著，意圓法巧，該括周備，規矩初心，將送行者，到彼薩雲，非闇證禪師、誦文法師所能知也。一、觀心是不可思議境者，若無心而已，介爾有心，即具三千，亦不言一心在前，一切法在後，亦不言一切法在前，一心在後。若從一心生一切法者，此則是縱；若心一時含一切法者，此則是横。縱亦不可，横亦不可，祇心是一切法，一切法是心，故非

〔一〕「如在歧道」的「歧」，康熙本、乾隆本作「疑」，北藏作「岐」，係「歧」的通假字，不據改。

此不思議境，縱非橫，非一非異，玄妙深絶，非識所識，非言所言，所以稱爲不可思議境也。何行不具？何法不收？此境發智，何智不發？依此境發誓願，乃至無法愛〔一〕，何誓不具？何行不滿足耶？説時次第，行時一心中具一切心。二、發真正〔二〕菩提心者，既深識不思議境，知一苦一切苦，自悲悲他，發兩誓願：衆生無邊誓願度，煩惱無盡誓願斷。又識不可思議心，一樂一切樂。我及衆生，昔雖求樂，不知樂因，今方始解，故起大慈，興兩誓願：法門無量誓願學，佛道無上誓願成。三、善巧安心者，善以止觀安於法性也，隨根、隨病、迴轉、自行、化他，有六十四番安心法等。四、破法徧者，不思議一境一切境，一心一切心，横竪諸法，悉趣於心。破心故，一切皆破，故言徧也。是中先約空無生門，以次第破顯圓頓破，然後以一門破例餘門破，文廣義深，須細尋之。五、識通塞者，破塞存通，如除膜養珠，破賊護將。六、明道品調適者，由圓三十七品，入圓三解脱門。七、助道對治者，以根鈍故，不能即開三解脱門，以遮重故，牽破觀心，爲是義故，應須治道，對破遮障。於助六度，但作一事解，不能助道，當觀此助不思議，攝一切法。八、明次位者，夫真似二位，有解脱、知見，朱紫

〔一〕「愛」，康熙本作「受」，乾隆本和底本改正。

〔二〕「真正」，康熙本、乾隆本皆作「正真」，北藏作「真正」。

分明，終不謬謂未得謂得。豈有凡夫造心，即言上聖，此非增上慢，推與誰乎？次明從五悔登隨喜品，乃至十信，四十二位，究竟妙覺，無有叨濫，名知次位。九、安忍者，若名利眷屬從外來破，憶此三術，嚙齒忍耐，雖千萬請，確乎難拔，讓哉！隱哉！去哉！若煩惱、業、定、見、慢等從內來破者，亦憶三術，即空、即假、即中。十、無法愛者，行上九事，過內外障，應得入真，而不入者，以法愛住著而不得前。若破法愛，入三解脱，發真中道，所有慧身不由他悟，自然流入薩婆若海。是十種法，名大乘觀。學是乘者，名摩訶衍。行、住、坐、卧、語作、見色、聞聲、嗅香、嘗味、覺觸、知法，一切緣中，一切境中，皆可修之。

第二、觀煩惱境，乃至第七、觀諸見境，各爲四意，各論十乘，具如全帙。

後三境不説，後三大章亦不説。

釋禪波羅蜜次第法門十卷　南刑北煩　隋〔一〕天台智者大師説，弟子法慎記，灌頂再治

大意第一　釋名第二　明門第三　辨詮次第四　簡法心第五　分別前方便第六　釋修證第七：於中有四：初、修證世間禪相，謂四禪、四無量心，四無色定。二、修證亦世間亦出世間禪相，謂六妙門、十六特勝、通明觀。三、修證出世間禪相，謂對治無漏、緣理無

〔一〕「隋」，康熙本、乾隆本皆無。

漏。對治無漏有九：九想、八念、十想，三種名壞法觀；八背捨、八勝處、十一切處，三種名不壞法觀；九次第定，名練；師子奮迅，名熏；超越三昧，名修。緣理無漏未說。四、修證非世間非出世間禪相，未說。八、顯示果報，九、從禪起教，十、結會歸趣，皆未說。

六妙門禪法一卷　元藏「謹」字號，南、北藏並〔缺〕。

天台大師於都下瓦官寺略出此法門。

修習止觀坐禪法要二卷　前有元照序。　一名童蒙止觀，亦名小止觀。　南踐北途　天台山修禪寺沙門智顗述

具緣第一　訶欲第二　棄蓋第三　調和第四　方便第五　正修第六　善發第七　覺魔第八　治病第九　證果第十　後附梁肅天台止觀統例及天台法門議。

釋摩訶般若波羅密經覺意三昧一卷　南煩北法　隋天台智者大師說，門人灌頂記〔一〕

辯〔二〕法相第一　釋覺意三昧名第二　釋方便行第三　明心相第四　入觀門第五　證相門第六

〔一〕「隋天台」、「門人灌頂記」八字，康熙本、乾隆本皆無。
〔二〕「辯」，原作「辨」，康熙本、乾隆本同，據北藏改。

四念處四卷　南煩北法　隋天台山修禪寺智者大師説

先明一切諸法皆不可思議，不可宣説；次明四悉檀因緣故，亦可得説。乃約生生等四句，各明四門、四念處、三十七品，因行果位，差别不同。

法界次第初門三卷　南翦北刑　隋天台智者大師撰〔一〕

天台山修禪寺沙門釋智顗輒依經附論，撰法界次第初門三百科，裁爲七卷，流傳新學。略爲三意：一爲讀經〔二〕尋論隨見法門，脱有迷於名數者，二、爲未解聖教所制法門淺深之次第，三、爲學三觀之者，當以此諸法名相義理，一一歷心而轉作，則觀解無礙，觸境不迷。若於一念心中通達一切佛法者，則三觀自然了了分明也。故出此三百科名教，仍當名下略辯體相，始得三卷。僅六十科。

浄土十疑論一卷十四紙　前有楊傑序。　南起北刑　隋〔三〕天台智者大師説

一、釋求生浄土無大慈悲疑，二、釋求生乖無生理疑，三、釋偏求生一土疑，四、釋偏念

〔一〕「隋天台智者大師撰」，康熙本、乾隆本皆未著録。
〔二〕「經」，原作「誦」，康熙本、乾隆本同，據北藏改。
〔三〕「隋」，康熙本、乾隆本無。

一佛疑，五、釋具縛得生疑，六、釋即得不退疑，七、釋不求内院疑，八、釋十念得生疑，九、釋女人、根缺不生疑，十、釋作何行業得生疑。後有陳瓘序。

觀心論　亦名煎乳論〔一〕。　二藏俱〔缺〕　天台修禪寺沙門智顗述

大乘論藏　諸論釋第三

瑜伽師地論釋一卷　南心北退　最勝子等諸菩薩造，唐大慈恩寺沙門釋玄奘譯

總釋「瑜伽師地」名義，略釋一十七地名義。

攝大乘論釋十卷　南持北枝　唐大慈恩寺沙門釋玄奘譯

世親菩薩釋前攝大乘論本。

攝大乘論釋十五卷　有慧愷序。　南操好北友投　陳優禪尼國沙門真諦譯

攝大乘論釋十卷　南堅北連　隋南天竺沙門達摩笈多譯

二譯並同前本。

〔一〕「亦名煎乳論」，康熙本、乾隆本無。

攝大乘論釋十卷　南雅北交　唐大慈恩寺沙門釋玄奘譯

無性菩薩釋前攝大乘論本。

成唯識論十卷　有沈玄明後序。　南縻北義　唐大慈恩寺沙門釋玄奘譯

護法等十菩薩各造論十卷，釋世親三十頌，奘師糅爲十卷，乃瑜伽一宗之精要也。

成唯識寶生論五卷　一名二十唯識順釋論。　南自北沛　唐大薦福寺沙門釋義淨譯

護法菩薩釋天親所造論。

大乘廣五蘊論十三紙半　南都北投　安慧菩薩造，唐中印土沙門地婆訶羅譯

觀所緣緣論釋八紙餘〔一〕　南華北投　唐大薦福寺沙門釋義淨譯

護法菩薩釋緣緣論中破執縱奪之法。

釋摩訶衍論十卷　元藏「笙」字號，南北藏俱〔缺〕　龍樹菩薩造，筏提摩多譯

釋馬鳴菩薩大乘起信論〔二〕。

廣百論釋論十卷　南真北廉　唐大慈恩寺沙門釋玄奘譯

〔一〕「八紙餘」，康熙本、乾隆本正文作「九紙欠」，總目作「八紙餘」。

〔二〕此句康熙本、乾隆本皆無，係底本增補。

護法菩薩釋前廣百論本，與成唯識論破我、法二執處相爲表裏，最宜詳玩。

華嚴懸談會玄記四十卷　鉅野洞庭　元蒼山再光寺普瑞集

消釋懸談文義，乃座主家學問耳。

佛説觀無量壽佛經疏妙宗鈔六卷　南韓北約　宋四明沙門知禮述

先略明大意云：果佛圓明之體，即我凡夫本具性德，故及一切教所談行法，無不爲顯此之覺體，故四三昧通名念佛，但其觀法爲門不同。今此觀門及般舟三昧，託彼安養依正之境，用微妙觀，專就彌陀，顯真佛體。雖託彼境，須知依正同居一心，心性徧周，無法不造，無法不具。據乎心性觀彼依正，依正可彰，託彼依正觀於心性，心性易發。所言心性具一切法者，實無能具所具、能造所造，即心是法，即法是心，能造因緣及所造法，皆悉當處全是心性。是故今觀若依若正，乃法界心觀法界境，生於法界依正色心，故釋「觀」字，用一心三觀，釋「無量壽」，用一體三身。體、宗、力、用，義並從圓，判教屬頓。

金光明經玄義拾遺記六卷　南遵北會　宋四明沙門知禮述

序曰：寶雲講次，學徒隨録，義或闕如，未及補治，不幸歸寂。孤山之製多事消文，復於中間毁除觀心。斯實不忍，今故秉筆，拾先師遺餘之義，拾後人遺棄之文，使教行二塗，不致壅蔽。大師深解法性，可尊可貴，當體名金；寂而常照，當體名光；大悲益物，當體稱明。是知法性具金光明，真實名義究竟成就也。此經以金光明爲名，以金光明爲體，以金光明爲宗，以金光明爲用，以金光明而爲教相。亦可三字别對五章，以金爲體，以光爲宗，以明爲用。總三爲名，分别三名而爲教相。法體既爾，體德合然。甚深，是光之德，窮法性底故；無量，是明之德，達法性邊故；此二不二，是金之德，法性究竟尊貴義故。亦可三義皆甚深，皆無量，皆不二也。五章之德，莫不如是。

金光明經文句記十二卷　南約法北盟何　宋四明沙門知禮述

即釋文句也。

請觀音經疏闡義鈔四卷　南煩北法　宋錢塘沙門智圓述

即釋智者疏，約文敷義，筆之爲鈔。

仁王護國般若〔一〕**經疏神寶記**　四卷　南弊北韓　宋四明沙門柏庭善月述

是經有六名，其末名龍寶神王，今摭二字，以名所釋，抑輪王興世，有神寶自至之言，故云。

天台名家，實以傳宗爲本，而釋經次焉。然以得佛心宗，發旋總持，故凡申一經，釋一

〔一〕「般若」，康熙本、乾隆本同，南、北藏於此字下有「波羅蜜」三字。

義，亦必有法。

般若波羅密多〔一〕**心經略疏連珠記** 一卷，北作二卷 南青北百 宋玉峰沙門釋師會述

佛母般若波羅密多圓集要義釋論〔二〕四卷，今作二卷〔三〕 南書北星 宋北印土沙門施護譯

三寶尊菩薩造，釋大域龍菩薩〔四〕所造頌。

法華玄義釋籤二十卷 前有普門子緣起序。 南晉楚北多士 唐天台沙門湛然述

昔於台嶺，隨諸問者籤下所録，不暇尋究文勢生起，亦未委細分節句逗。晚還毗壇，輒添膚飾，裨以管見。然所記者莫非述聞，兼尋經論，但識用暗短，而繁略頗馴，呈露後賢，敢悕添削。

〔一〕「波羅密多」四字，南、北藏無。

〔二〕此書在康熙本中放在瑜伽師地論之前，作爲「大乘論藏諸論釋第三」之首，乾隆本和底本後移。其中「釋論」，底本作「論釋」，據南、北藏改。

〔三〕「四卷，今作二卷」，語出南藏目録，南、北藏仍標四卷，合爲二册，故稱二卷。

〔四〕「大域龍菩薩」，即陳那論師，底本誤作「大域龍樹菩薩」，據康熙本、乾隆本删「樹」字。

法華文句記二十卷，北作三十卷〔一〕　南趙魏北晉楚吏　唐天台沙門湛然述

即釋智者文句也。後記云：適與江淮四十餘僧往禮臺山，因見不空三藏門人含光奉勅在山修造，雲與不空親遊天竺。彼有僧問曰：大唐有天台教跡，最堪簡邪正，曉偏圓，可能譯之，將至此土耶？豈非中國失法，求之四維？而此方少有識者，如魯人耳。故厚德向道者，莫不仰之。敬願學者、行者，隨力稱讚。應知自行兼人，並異他典，若説若聽，境智存焉，若冥若顯，種熟可期，並由弘經者有方故也。若直爾講説，是弘經者何須衣、座、室三之誡，如來所遣，豈可聊爾？余省躬揣見，自覺多慚，迫以衆緣，强復疏出。縱有立破，爲樹圓乘，使同志者開佛知見，終無偏黨，而順臆度。冀諸覽者，悉鑑愚忱。一句染神，咸資彼岸，思惟修習，永用舟航，隨喜見聞，恒爲主伴。若取若捨，經耳成緣，或順或違，終因斯脱。願解脱之日，依報正報，常宣妙經，一刹一塵，無非利物。唯願諸佛冥熏加被，一切菩薩密借威靈，在在未説，皆爲勸請，凡有説處，親承供養。一句一偈，增進菩提，一色一香，永無退轉。

〔一〕「二十卷，北作三十卷」，南藏標十卷，各分上下卷，共二十册，稱二十卷。北藏也標十卷，其中卷八分一、二、三、四子卷，一、二、三子卷合訂一册；其他卷各分上、中、下子卷，全書共三十册，故稱三十卷。

觀音玄義記四卷　南何北遵　宋四明沙門知禮述

即釋智者玄義也。

觀音義疏記四卷　南何北遵約　宋四明沙門知禮述

即釋義疏也。後附天竺寺沙門遵式釋重頌云：第二重頌，是隋煬大業中，智者滅後，笈多所譯，方入大部，故疏闕釋。

涅槃玄義發源機要四卷　土〔一〕　宋錢唐沙門釋智圓述

大乘百法明門論解〔二〕一卷　敦　唐大慈恩寺沙門釋窺基述〔三〕

大乘起信論疏五卷　巖　唐西太原寺沙門釋法藏述

大乘起信論疏筆削記十五卷　巖岫　宋長水沙門釋子璿録

肇論新疏游刃二十卷　杳冥　元大白馬寺沙門釋文才述

科一卷，新疏九卷，游刃十卷。

〔一〕「土」，底本作「南土北同」，康熙本、乾隆本同，據總目和北藏改。

〔二〕「解」，北藏無，但與另一部重名，智旭增「解」字以示區別。乾隆大藏經題「大乘百法明門論附唯識三十頌」。

〔三〕作者，北藏作「唐三藏法師玄奘奉詔譯，增修慈恩法師注解」。

摩訶〔一〕**止觀輔行傳弘決**四十卷　前有普門子序。　南假途滅虢北魏困横假　唐毗陵沙門湛然述

述此緣起，凡有十意：一、爲知有師承，非任胷臆，異師心故。二、爲曾師承者，而棄根本，隨末見故。三、爲後代展轉，隨生異解，失本依故。四、爲信宗好習，餘方無師，可禀承故。五、爲義觀俱習，好憑教者，行解備故。六、爲點示關節，廣略起盡，宗要文故。七、爲建立師解，使不淪墜，益來世故。八、爲自資觀解，以防謬誤，易尋討故。九、爲呈露所解，恐有迷忘，求删削故。十、爲隨順佛旨，運大悲心，利他行故。

止觀義例二卷　南踐北途　唐毗陵沙門湛然述

第一、所傳部别例，第二、所依正教例，第三、依正消釋例，第四、大章總别例，第五、心境釋疑例，第六、解行相資例，第七、喻疑顯正例。

止觀大意十紙餘　南翦北起　唐毗陵沙門湛然述

因員外李華欲知止觀大意，略報綱要。初、敘祖承，二、敘教觀。先敘教，次敘觀。

觀心論疏三卷，北作五卷　南起北刑　隋天台國清寺沙門灌頂撰

〔一〕「摩訶」，南藏、北藏等無。

論有序、正、流通。從初問「佛經無量」下去，至「四月一歲」，有三〔一〕紙半論文，並是序分。從「問觀自生心〔二〕，云何四不説」下去，至「寂然無言説」，有三十六行偈，是正説。從「今約觀一念」下去，有十行三字，是流通分。

〔一〕「三」，原作「四」，據北藏改。
〔二〕「生心」，原作「心生」，據北藏改。

閲藏知津卷第四十

北天目沙門釋智旭　彙輯

小乘論藏

立世阿毗曇論十卷　初卷標「佛説」字。　南聚北弁　陳優禪尼國沙門真諦譯

地動品第一　南閻浮提品第二　六大國品第三　夜叉神品第四　漏闍耆利象王品第五　四天下品第六　數量品第七　天住處品第八　歡喜園品第九　衆车園品第十　惡口園品第十一　雜園品第十二　波利夜多園品第十三　提頭賴吒城品第十四　毗留勒叉城品第十五　毗留博叉城品第十六　毗沙門城品第十七　天非天鬪戰品第十八　日月行品第十九　云何品第二十　受生品第二十一　壽量品第二十二　地獄品第二十三　小三災品第二十四　大三災品第二十五

文來未盡。

阿毗達磨集異門足論二十卷　亦名説一切有部集異門足論。　南邙面北甲帳　尊者舍利子説，唐大慈恩寺沙門釋玄奘譯

緣起品第一：世尊遊力士生處，住其所造初成臺觀，命舍利子代宣法要。舍利子承命結集法毗奈耶。　一法品第二：有三門。　二法品第三：有二十七門。　三法品第四：有五十門。　四法品第五：亦五十門。　五法品第六：有二十四門。　六法品第七：有二十四門。　七法品第八：有二十三門。　八法品第九：有十門。　九法品第十：略有二種。　十法品第十一：略有二種。　讚勸品第十二：佛從卧起，讚善勸持。

舍利弗阿毗曇論二十二卷，北作三十卷〔一〕　有道標序。　南羣英杜北鶩圖寫　姚秦天竺三藏曇摩崛多共曇摩耶舍譯

問分：入品第一　界品第二　陰品第三　四聖諦品第四　根品第五　七覺品第六　不善根品第七　善根品第八　大品第九　優婆塞品第十

非問分：界品第一　業品第二　人品第三　智品第四　緣品第五　念處品第六　正

〔一〕「二十二卷，北作三十卷」，北藏仍標二十二卷，其中卷一、三、七、八、十、十三、十七、二十各分上下卷，共三十册，故稱三十卷。

勤品第七　神足品第八　禪定品第九　道品第十　煩惱品第十一

攝相應分：攝品第一上〔一〕　相應品下〔二〕

緒分：偏品第一　因品第二　名色品第三　假結品第四　行品第五　觸品第六　假心品第七　十不善業道品第八　十善業道品第九　定品第十

阿毗達磨法蘊足論十二卷，北作十卷　亦名説一切有部法蘊足論〔三〕。　有靖邁後序。　南背北陛　尊者大目乾連造，唐大慈恩寺沙門釋玄奘譯

學處品第一：明優婆塞五戒。　預流支品第二：明四種法行：一、親近善士，二、聽聞正法，三、如理作意，四、法隨法行。　證淨品第三：明四不壞淨：一、佛證淨，二、法證淨，三、僧證淨，四、聖所愛戒。　沙門果品第四：明四聖果。　通行品第五：明四通行：一、苦遲通行，二、苦速通行，三、樂遲通行，四、樂速通行。　聖種品第六：明於衣食臥具知足，及樂斷、樂修聖種。　正勝品第七：明四正勤。　神足品第八：明欲、勤、心、觀四三摩地。　念住品第九：明身、受、心、法四觀。　聖諦品第十：明四聖諦。　靜慮品第

〔一〕「攝品第一上」，係依南藏著録，北藏分作「攝品第一」、「攝品第一之餘」。

〔二〕「相應品下」，係依南藏著録，北藏作「相應品第二」。

〔三〕此處夾注，康熙本、乾隆本在「尊者大目乾連造」之後，底本移至此處。

十一：明四禪法。　無量品第十二：明慈、悲、喜、捨定。　無色品第十三：明四空定。　修定品第十四：明四修定：一、得現法樂住，二、得殊勝智見，三、得勝分別慧，四、得諸漏永盡。　覺支品第十五：明七覺支。　雜事品第十六：明永斷一一法，皆能保彼定不退還，謂貪、瞋、癡，乃至苦、憂、擾、惱等。　根品第十七：明二十二根。　處品第十八：明十二處。　蘊品第十九：明五蘊。　多界品第二十：明界、處、蘊緣起，及處非處善巧。　緣起品第二十一：明十二因緣法。

施設論七卷，今作三卷〔一〕　南壁北通　宋中印土沙門法護譯

對法大論中世間施設門第一按：釋論有此門，梵本元闕。　因施設門第二：問答輪王七寶因果。　第三、明輪王七寶同如來法。　第四、問答佛生先現瑞相。　第五、問答佛出時、處。　第六、問答諸因果事。　第七、明三毒輕重由於習成。　第八、第九、問答世間諸法不同所由〔二〕。　第十、問答山、地、方、處等殊。　第十一、問答化事。　第十二、問答大海事。　第十三、問答神通事。　第十四、問答雨不雨事。

〔一〕「七卷，今作三卷」，南、北藏仍標七卷，分別合爲三册，故稱三卷。
〔二〕「由」，康熙本、乾隆本作「問」。

文來未盡。

阿毗達磨發智論二十卷　亦名説一切有部發智論。　南二京北傍啓　尊者迦多衍尼子造，唐大慈恩寺沙門釋玄奘譯

△雜蘊第一：蘊，梵名犍度。世第一法納息一納息，梵名跋渠。智納息二　補特伽羅納息三　愛敬納息四　無慚納息五　相納息六　無義納息七　思納息八

△結蘊第二：不善納息一　一行納息二　有情納息三　十門納息四

△智蘊第三：學支納息一　五種納息二　他心智納息三　修智納息四　七聖納息五

△業蘊第四：惡行納息一　邪語納息二　害生納息三　表無表納息四　自業納息五

△大種蘊第五：大造納息一　緣納息二　具見納息三　執受納息四

△根蘊第六：根納息一　有納息二　觸納息三　等心納息四　一心納息五　魚納息六　因緣納息七

△定蘊第七：得納息一　緣納息二　攝納息三　不還納息四　一行納息五

△見蘊第八：念住納息一　三有納息二　想納息三　智納息四　見納息五　伽陀納息六

彙門標目云：佛滅後三百年造，乃對法藏之根本也。

、阿毗曇八犍度論三十卷　有道安序。　南夏東西北彩仙靈　苻秦罽賓國沙門瞿曇僧伽提婆共竺佛念譯

即發智論同本先譯，而文煩拙。

阿毗達磨大毗婆沙論二百卷　南圖至席北心至縻　唐大慈恩寺沙門釋玄奘譯

五百大阿羅漢造，廣釋説一切有部發智論。

△阿毗曇毗婆沙論八十二卷，北作八十卷〔一〕　有釋道挺序。　南宫至驚北都至京　北凉沙門浮陀跋摩共道泰譯

與前本同，僅存三犍度。

鞞婆沙論十四卷　南鍾〔二〕隸北肆筵　迦旃延子造，苻秦罽賓國沙門僧伽跋澄譯

説阿毗曇八犍度第一〔三〕：鞞婆沙三結處第一　三不善根處第二　三有漏處第三　四流處第四　四受處第五　四縛受〔四〕處第六　五蓋處第七　五結處第八　五下結處第

〔一〕「八十二卷」，北作八十卷」，北藏仍標八十二卷，合爲八十册，故稱八十卷。

〔二〕「鍾」，原作「鐘」，康熙本、乾隆本同，據總目和南藏改。

〔三〕此句依南藏著録，北藏無「第一」二字。其中「犍」字，北藏写作「揵」，爲求本書統一，不改。八犍度指雜、結使、智、行、四大、根、定、見。

〔四〕「受」，原無，康熙本、乾隆本同，據北藏補。

九　五上結處第十　五見處第十一　六身愛處第十二　七使處第十三　九結處第十四

九十八使處第十五小章竟。

解十門大章：二十二根處第十六　十八界處第十七　十二入處第十八　五陰處第十

九　五盛陰處第二十亦名五取陰，亦名五受陰，唯是有漏。　六界處第二十一　色無色法處第二

十二　可見不可見法處第二十三　有對無對處第二十四　有漏無漏處第二十五　有爲無

爲法處第二十六　三世處第二十七　善不善無記處第二十八　欲界色界無色界繫法處第

二十九　學無學非學非無學法處第三十　見斷思惟斷不斷法處第三十一　四聖諦處第三

十二　四禪處第三十三　四等處第三十四　四無色處第三十五　八解脱處第三十六　八

除入處第三十七即八勝處也。　十一切入處第三十八　八智處第三十九　三三昧處第四十

廣説大章竟。　中陰處第四十一出阿毗曇結使犍度人品非次。　四生處第四十二

阿毗達磨俱舍論三十卷　南笙陞階北樓觀飛　尊者世親造，唐大慈恩寺沙門釋玄奘譯

分別界品第一　分別根品第二　分別世品第三　分別業品第四　分別隨眠品第五

分別賢聖品第六　分別智品第七　分別定品第八　破我執品第九

阿毗達磨俱舍釋論二十二卷　有慧愷序。　南鼓瑟吹北禽獸畫　陳優禪尼國沙門真諦譯

與前本同。

○**阿毗達磨俱舍論本頌**一卷，北作二卷〔一〕　南吹北畫　世親菩薩造，唐大慈恩寺沙門釋玄奘譯

即前論本中頌別行。

阿毗達磨順正理論八十卷　亦名説一切有部順正理論。　南納至通北背至涇　尊者衆賢造，唐大慈恩寺沙門釋玄奘譯

辯本事品第一：明蘊、處、界三種攝法。　辯差別品第二：明二十二根差別，及破無因、一因、不平等因，辯心、心所及不相應行等，及辯六因、四緣。　辯緣起品第三：明三界、五趣、七識住、九有情居、四生，及辯中有相、十二因緣相、有情世間相、器世間相。　辯業品第四　辯隨眠品第五　辯賢聖品第六　辯智品第七　辯定品第八

阿毗達磨藏顯宗論四十卷　南廣内左達北宮殿盤鬱　尊者衆賢造，唐大慈恩寺沙門釋玄奘譯

即順正理論廣文略出，而加序品。

阿毗達磨識身足論十六卷　亦名説一切有部識身足論。　南洛浮北設席　提婆設摩阿羅漢造，唐大慈恩寺沙門釋玄奘譯

目乾連蘊第一：沙門目連作如是説：過去未來無，現在無爲有。今依諸契經種種破

〔一〕「北作二卷」，原無，據北藏補。

之。補特伽羅蘊第二：補特伽羅論者作如是說：定有補特伽羅。性空論者依諸契經種種破之。因緣蘊第三：問答諸法互爲因緣義。所緣緣蘊第四：問答諸所緣義。雜蘊第五：明起染、離染等義。成就蘊第六：廣明十二心成就不成就等差別。十二心者，欲界繫有四心：一、善，二、不善，三、有覆無記，四、無覆無記；色、無色界繫各有三心，除不善；并學心、無學心，爲十二。

阿毗達磨界身足論三卷，北作二卷　亦名説一切有部界身足論。　南浮北席　尊者世友造，唐大慈恩寺沙門釋玄奘譯

本事品第一：明十大地法、十大煩惱、十小煩惱、五煩惱、五見、五觸、五受根、五法、六識身、六觸、六受、六想、六思、六愛。分別品第二：分別相應不相應等，略説十六門，廣有八十八門。後有釋基〔一〕序。

阿毗達磨品類足論十八卷　亦名説一切有部品類足論。　南渭據北對楹　尊者世友造，唐大慈恩寺沙門釋玄奘譯

辯五事品第一：一、色，二、心，三、心所，四、不相應行，五、無爲。辯諸智品第二

〔一〕「釋基」，南藏、北藏等諸藏皆同，疑即釋窺基。

辯諸處品第三　辯七事品第四　辯隨眠品第五　辯攝等品第六　辯千問品第七：舉二十門，各爲五十問答。　辯決擇品第八

◎**衆事分阿毗曇論**十二卷　南據涇北陞階　劉宋中天竺沙門求那跋陀羅共菩提耶舍譯

即前同本異出，止有七品。

阿毗曇心論四卷　南承北瑟　尊者法勝造，東晉罽賓國沙門瞿曇僧伽提婆共慧遠譯

界品第一　行品第二　業品第三　使品第四　賢聖品第五　智品第六　定品第七　契經品第八　雜品第九　論品第十

法勝阿毗曇心論六卷　南承北纳　大德優婆〔一〕扇多釋，高齊烏萇國沙門那連提黎耶舍譯

即釋前論，同前十品。

雜阿毗曇心論十一卷，北作十六卷〔二〕　南明既北鼓瑟　劉宋天竺沙門僧伽跋摩等譯

尊者法救造，梵稱達磨多羅。　亦釋前論，而加序品，又加第十擇品，而以論品爲第十一，較優波扇多者爲詳。

〔一〕「婆」，康熙本、乾隆本同，南藏、北藏作「波」。

〔二〕「十一卷，北作十六卷」，北藏標十一卷，卷一、三、五、八、十皆分上下卷，共有十六册，稱十六卷。

阿毗曇甘露味論二卷　南既北楹　尊者瞿沙造，曹魏代譯，失三藏名

布施持戒品第一　界道品第二　住食生品第三　業品第四　陰持入品第五持即界也。行品第六　因緣種品第七　淨根品第八　結使禪智品第九　三十七無漏人品第十　智品第十一　禪定品第十二　雜定品第十三　三十七品第十四　四諦品第十五　雜品第十六

入阿毗達磨論二卷　說一切有部。　南墳北笙　塞建地羅阿羅漢造，唐大慈恩寺沙門釋玄奘譯

略明五蘊及三無爲名義。

五事毗婆沙論二卷，北作一卷〔一〕　南杜北席　尊者法救造，唐大慈恩寺沙門釋玄奘譯

分別色品第一　分別心品第二　分別心所法品第三

釋尊者世友五事論，文來未盡。

阿毗曇五法行經九紙半　南籍北墳　後漢安息國沙門安世高譯

先釋四諦，次釋五法。

〔一〕「二卷」，北作「一卷」，北藏上、下二卷合訂一册，故稱一卷。

尊婆須蜜菩薩所集論十卷，北作十五卷　有序，未詳作者。　南集墳北吹笙　苻秦罽賓國沙門僧伽跋澄等譯〔一〕

菩薩即當來師子如來也。　聚犍度首〔二〕第一　心犍度第二　三昧犍度第三　天犍度第四　四大犍度第五　契經犍度第六　更樂犍度第七　結使犍度第八　行犍度第九　智犍度第十　見犍度第十一　根犍度第十二　一切有犍度第十三　偈犍度第十四

譯文甚拙。

成實論二十卷　南典亦北丙舍　訶梨跋摩造，姚秦天竺沙門鳩摩羅什譯

發聚中佛寶論五品　法寶論三品　僧寶論三品　吉祥品　立論品等六品　十論初有相品等十七品　苦諦聚色論二十四品　識論十七品　想陰品〔三〕　受論六品　行陰論十一品　集諦聚業論二十六品　煩惱論二十品　滅諦聚十四品　道諦聚四十八品

共二百二品，大旨與説一切有部相違。

〔一〕「苻秦」，康熙本、乾隆本和北藏都作「符秦」，因前秦姓氏現在統一作「苻」，故不改。

〔二〕「聚犍度首」，原作「偈品首聚犍度」，據南藏、北藏改。

〔三〕「想陰品」，康熙本、乾隆本作「想陰品一」。

四諦論四卷，北作三卷〔一〕　南漆北逸　婆藪跋摩所造，陳優禪尼國沙門真諦譯

思擇品第一　略説品第二　分別苦諦品第三　思量集諦品第四　分別滅諦品第五　分別道諦品第六

解脱道論十二卷　南藁北階納　羅漢優波底沙（梁言大光）造，蕭梁扶南國沙門僧伽婆羅譯

因緣品第一　分別戒品第二　頭陀品第三　分別定品第四　覓善知識品第五　分別行品第六：謂欲行、瞋行、癡行等相不同。　分別行處品第七　行門品第八：謂修十一切入、十不净想、十念、四無量心、四大觀、食不耐想等四十八行〔二〕。　五神通品第九　分別慧品第十　五方便品第十一：謂陰方便、入方便、界方便、因緣方便、聖諦方便。　分別諦品第十二

隨相論二卷　南既北筵　德慧法師造，陳優禪尼國沙門真諦譯

解四諦十六行相，破外道我執。

緣生論一卷，有序。　南華北匪　隋南天竺沙門達摩笈多譯

〔一〕「四卷，北作三卷」，北藏標四卷，合爲三册，故稱三卷。

〔二〕「四十八行」，南藏、北藏等諸藏皆同，高麗藏作「三十八行」。

聖者鬱楞伽造，明十二因緣義。

大乘緣生論十紙半　南壁北右　唐北天竺沙門大廣智不空譯

與上本同，實小乘耳。

十二因緣論三紙　南華北沛　元魏北天竺沙門菩提留支譯

淨意菩薩釋十二因緣。

止觀門論頌四紙欠　南華北匪　世親菩薩造，唐大薦福寺沙門釋義淨譯

七十七頌，明修不淨觀法門。

金剛針論八紙欠　南書北星　宋中印土沙門法天譯

法稱菩薩破婆羅門四韋陀論。

彰所知論二卷，南作一卷〔一〕　南羅北通　大元帝師癹合思巴造，元釋教總統沙門沙羅巴譯

前有廉復序。

器世界品第一　情世界品第二內釋十二緣生，約分位者，一一支中皆有五蘊，但是從勝爲名。　道法品第三　果法品第四　無爲法品第五　後有克己序。

三法度論三卷　南墳北畫　尊者山賢造，東晉罽賓國沙門瞿曇僧伽提婆共慧遠譯

〔一〕「二卷，南作一卷」，南藏上、下二卷合訂一册，故稱一卷。

德品第一　惡品第二　依品第三：謂陰、界、入。

四阿含暮抄解二卷，有序　南籍北英　阿羅漢婆素跋陀撰，苻〔一〕秦沙門鳩摩羅佛提等譯

共有九段解釋，初、功德三段，二、惡三段，三、依三段，即三法度論耳。文甚難讀。

三彌底部論三卷　南隸北畫　失譯人名，今附三秦録

大意破我、人知見，明中陰不無，而文不甚聯絡。

分别功德論三卷　南漆北笙　失譯人名，附後漢録

釋增一阿含經序品中偈，及念佛等十種一法，次釋弟子品各稱第一因緣。

阿含口解十二因緣經七紙欠　南籍北既　後漢安息國優婆塞安玄共嚴佛調譯

説欲斷生死趣、度世道者，當念卻十二因緣事。

辟支佛因緣論一卷　南漆北逸　失譯人名，今附秦録

説八位辟支佛覺悟因緣。

四品學法一紙半　南宜北藁　劉宋中天竺沙門求那跋陀羅譯

一、戒行備具，二、多知經法，三、能化度人，號真學，爲上品。純行五戒，號承法，爲中

〔一〕「苻」，康熙本、乾隆本和南藏、北藏皆作「符」。下同，不再出校。

品。但持四戒，號依福學，爲下品。一、身所護法，二、供養法，三、於同學法，號散侍，爲外品。

異部宗輪論七紙餘，作一卷　南漆北席　世友菩薩造，唐大慈恩寺沙門釋玄奘譯

説佛滅百年後，異執漸起，分爲二十部别。

十八部論　六紙半　南漆北席　失譯人名〔一〕

部異執論八紙餘　南漆北席　陳優禪尼國沙門真諦譯

二並是異部宗輪論同本異出。

〔一〕譯者據南藏、北藏抄録，大明釋教彙目義門作「三秦録失譯人名」。

閲藏知律卷第四十一

北天目沙門釋智旭　彙輯

雜藏　西土撰述第一

佛説四十二章經六紙　前有序。　南尺北璧　後漢中天竺沙門迦葉摩騰共竺法蘭譯

此西來教典之始也。古今釋經圖記云：四十二章經，本是外國經抄。騰以大化初傳，人未深信，藴其妙解，不即多翻，且撮經要，以導時俗。

大乘修行菩薩行門諸經要集三卷　南宜北英　唐于闐國沙門釋智嚴譯

諸經集四十二部，凡菩薩行門，總六十六條。

八大人覺經一紙欠　南賢北維　後漢安息國沙門安世高譯

菩薩内習六波羅蜜經三紙欠　南賢北悲　後漢臨淮郡沙門嚴佛調譯

説内習六妙門爲六波羅蜜，能制六根。

出曜經二十卷　前有僧叡序。　南定篤初北廣内　尊者法救造，姚秦涼州沙門竺佛念譯

無常品第一　欲品第二　愛品第三　無放逸品第四　念品第五　戒品第六　學品第七　口品第八　行品第九　信品第十　沙門品第十一　道品第十二　利養品第十三　忿怒品第十四　惟念品第十五　雜品第十六　水品第十七　華香品第十八　馬喻品第十九　恚品第二十　如來品第二十一　聞品第二十二　我品第二十三　廣演品第二十四　親品第二十五　泥洹品第二十六　觀品第二十七　惡行品第二十八　雙要品第二十九　樂品第三十　心意品第三十一　沙門品第三十二　梵志品第三十三

「出曜」之言，舊名譬喻，即十二部經第六部也。共集如來法句千章，釋之以訓未來。

○**法句譬喻經**四卷　南籍北亦　西晉沙門法炬共法立譯

共三十九品，大意與上經同，而次第不同，且少有解釋。

△**法句經**二卷　序中名曇鉢偈。　南所北羣　尊者法救造，吴天竺沙門維祇難等譯

即法喻經中三十九品法句，凡七百五十二偈。

⊙**法集要頌經**四卷　南甚北隸　尊者法救集，宋中印土沙門天息災譯

即出曜經三十三品法偈，皆是佛所説也。

佛本行經七卷　南初北達　劉宋六合山寺沙門釋寶雲譯

因緣品第一：阿育王時，密跡金剛爲諸天頌佛始末。　稱歎如來品第二　降胎品第三　如來生品第四　梵志占相品第五　阿夷決疑品第六　入譽論品第七　與衆綵女遊居品第八　現憂懼品第九　閻浮提樹蔭品第十　出家品第十一　車匿品第十二　瓶沙王問事品第十三　爲瓶沙王説法品第十四　不然阿蘭品第十五　降魔品第十六　轉法輪品第十七　度寶稱品第十八　廣度品第十九　現大神變品第二十　昇忉利宮爲母説法品第二十一　憶先品第二十二　遊維耶離品第二十三　歎錠光佛時品第二十四　降象品第二十五　魔勸捨壽品第二十六　調達入地獄品第二十七　現乳哺力品第二十八　大滅品第二十九　歎無爲品第三十　八王分舍利品第三十一

佛所行讚經五卷　南美北典　馬鳴菩薩造，北涼中天竺沙門曇無讖譯

生品第一　處宮品第二　厭患品第三　離欲品第四　出城品第五　車匿還品第六　入苦行林品第七　合宮憂悲品第八　推求太子品第九　瓶沙王詣太子品第十　答瓶沙王品第十一　見阿羅藍鬱頭藍品第十二　破魔品第十三　阿惟三菩提品第十四　轉法輪品第十五　瓶沙王諸弟子品第十六　大弟子出家品第十七　化給孤獨品第十八　父子相見品第十九　受祇洹精舍品第二十　守財醉象調伏品第二十一　菴摩羅女見佛品第二十二

神力住壽品第二十三　離車辭别品第二十四　般涅槃品第二十五　大般涅槃品第十二六　歎涅槃品第二十七　分舍利品第二十八

僧伽羅刹所集佛行經五卷　南宣北典　苻秦罽賓國沙門僧伽跋澄譯

大意發明如來因中、果上種種功德，乃至百年之後，阿育王起舍利塔。而譯文甚拙。

僧伽斯那所撰菩薩本緣經四卷　南令北聚　吴月支國優婆塞支謙譯

師子素馱娑王斷肉經三紙　南賢北景　唐于闐國沙門釋智嚴譯

十二游經四紙半　南終北英　東晉西域沙門迦留陀伽譯

達磨多羅禪經二卷　有序。　南榮北集　東晉迦維羅衛國沙門佛陀跋陀羅譯

修行方便道安那般那念退分第一　修行勝道退分第二　修行方便道安般念住分第三　修行勝道住分第四　修行方便道升進分第五　修行勝道升進分第六　修行方便道安般念決定分第七　修行勝道決定分第八　修行方便道不净觀退分第九　住分第十　升進分第十一　決定分第十二　修行觀界分第十三：已上皆五言頌。　修行四無量三昧第十四　修行觀陰分第十五　修行觀入分第十六外六入如賊，内六入如空聚，亦説内外入爲此彼岸。　修行觀十二因緣第十七：已上皆長文。

内身觀章句經三紙欠　南令北聚　漢失譯師名〔一〕

頌説内身苦、空、無常、無我、不浄。

法觀經四紙半　南令北聚　西晉月支國沙門竺法護譯

明數息、觀身等法，文甚拙澀。

三慧經十一紙　南籍北墳　北涼録失譯人名

雜集經論中種種因緣法義。

佛使比丘迦旃延説法没盡偈五紙餘　南宜北既　西晉録失譯人名

迦丁比丘説當來變經七紙半　南甚北英　失譯人名，今附宋録

大阿羅漢難提蜜多羅所説法住記六紙半　南甚北漆　唐大慈恩寺沙門釋玄奘譯

説十六大阿羅漢名，并眷屬數目、住處，及明末法之中於三寶所種善根者，三會得度。

撰集三藏及雜藏傳七紙餘　南籍北漆　失譯人名，附東晉録

大意與後經同，而是四言偈述，兼釋三藏與雜藏事。

迦葉結經八紙欠　南籍北聚　後漢安息三藏安世高譯

〔一〕譯者據北藏正文著録，南藏作「失譯人名，附後漢録」。

說佛滅度，迦葉舉阿難九過，及結集三藏事。

密跡力士大權神王經偈頌一卷　有智昌序。　南學北杜　元廣福大師〔一〕僧録管主八撰

共一百七十五讚。

請賓頭盧經一紙餘　南甚北墳　劉宋沙門釋慧簡譯

那先比丘經三卷　南業北聚　失譯人名，附東晉録

佛滅度後，有彌蘭王向那先比丘種種問難，比丘一一答之。

阿育王譬喻經五紙餘　南基北墳　失譯人名，今附東晉録

百喻經二卷　南令北羣　蕭齊中天竺沙門求那毗地譯

設一百喻，喻道法邪正等事，末結云：尊者僧伽斯那造作癡華鬘竟。

無明羅刹經一卷　南所北羣　失譯人名，今附秦録

以鬱禪耶城折吒王降伏疫鬼爲喻，明如來逆觀十二因緣，用大智慧破無明羅刹。

龍樹菩薩爲禪陀迦王說法要偈七紙半　南甚北漆　劉宋罽賓國沙門求那跋摩譯

七言偈，種種勸誡，令修學正法。

〔一〕「廣福大師」，康熙本作「延祐」。

○**勸發諸王要偈**六紙餘　南甚北隸　劉宋天竺沙門僧伽跋摩譯

△**龍樹菩薩勸誡王頌**七紙欠　南甚北隸　唐大薦福寺沙門釋義浄譯

二皆同上本，宋譯五言，唐譯五七言雜。

大勇菩薩分別業報略經八紙　南甚北墳　劉宋天竺沙門僧伽跋摩譯

偈說六趣善惡因果。

十不善業道經一紙餘　南優北英　宋西夏沙門日稱等譯

賢聖集伽陀一百頌五紙餘　南甚北英　宋中印土沙門天息災譯

集一切伽陀，說供施佛、僧福報。

勝軍化世百喻伽陀〔一〕**經**七紙欠　南盡北則　宋中印土沙門天息災〔二〕譯

六道伽陀經五紙　南盡北則　宋中印土沙門法天〔三〕譯

文殊師利菩薩及諸仙所說吉凶時日善惡宿曜經二卷　南優北亦　唐北天竺沙門大廣智不空譯

〔一〕「陀」，康熙本、乾隆本同，南藏、北藏作「他」。

〔二〕「天息災」，原作「法天」，康熙本、乾隆本同，據南藏、北藏改。

〔三〕「法天」，康熙本、乾隆本作「譯人同上」。上部經譯者由法天改爲天息災，與此經譯者不再相同。

迦葉仙人説醫女人經三紙欠　南夙北臨　宋中印土沙門法賢譯

付法藏因緣經本名傳，六卷　南榮北集　後魏西域沙門吉迦夜共曇曜譯

婆伽婆囑摩訶迦葉，一。迦葉囑阿難，二。阿難付摩田地及商那和修，三。商那和修付優波毱多，降伏天魔，度人無量，稱爲無相好佛，四。優波毱多付提多迦，五。提多迦付彌遮迦，六。彌遮迦付佛陀難提，七。佛陀難提付佛陀密多，八。佛陀密多付脇比丘，九。脇比丘付富那奢，十。富那奢付馬鳴大士，十一。馬鳴菩薩付比丘比羅，十二。比羅付龍樹大士，十三。龍樹菩薩付迦那提婆，由毁神眼，故無一目，十四。迦那提婆付尊者羅睺羅，十五。羅睺羅付尊者僧伽難提，以偈試阿羅漢云：轉輪種中生，非佛非羅漢，不受後世有，亦非辟支佛。羅漢往問彌勒，乃能知之。十六。僧伽難提付僧伽耶舍，十七。僧伽耶舍付鳩摩羅馱，十八。鳩摩羅馱付闍夜多，世尊所記最後律師，十九。闍夜多付婆修槃陀，二十。婆修槃陀付摩奴羅與尊者夜奢，分化南北，二十一。次有尊者名鶴勒那夜奢，二十二。復有比丘名曰師子，爲彌羅掘國王劍斬其頭，唯乳流出，相付法人，於是便絶。二十三。結歎善知識功德，説白象聞法起慈，及優婆塞分别買髑髏事。

○馬鳴菩薩傳

○龍樹菩薩傳

〇**提婆菩薩傳**三傳仝〔一〕卷，共九紙半　南籍北漆　姚秦天竺沙門鳩摩羅什譯

與上經中三人事蹟同。

婆藪槃豆傳九紙　南甚北漆　陳優禪尼國沙門真諦譯

阿育王傳五卷　南基北漆　西晉安息國沙門安法欽譯

本施土緣第一：勝德小兒以土施佛，佛爲授記。　阿育王本緣第二：先作地獄，後因比丘現化，改惡修善，造舍利塔，廣修供養。　阿恕伽王本緣第三：化弟宿大哆，生信證果。　半庵摩羅果緣第四：王臨終時，僅以半果爲最後施。　拘那羅緣本〔二〕第五：即法益王子壞目因緣。　阿育王現報因緣第六：以珠與受持八戒夫人。　比丘口香。　婦女犯禁，問法得果。　沙彌食婆羅門，度令出家。　賣人頭，調伏邪見臣。　下賤婢施一錢，得轉生報。　庫中缺如意珠。　賓頭盧純酥澆飯。　修福禳衰相，修福勝龍王。　優波毱多因緣第七：佛預授記并結集三藏等事。　摩訶迦葉涅槃因緣經第八　摩田提因緣第九　商那和修本緣第十　優波毱多因緣第十一：廣明化度令證果事。

〔一〕「仝」，康熙本、乾隆本作「同」。

〔二〕「拘那羅緣本」，其中「拘」字原作「駒」，據南藏、北藏等改。康熙本、乾隆本作「駒那羅本緣」，同於趙城金藏等。

△**阿育王經**十卷，南作五卷半，北作六卷〔一〕　南基北墳　蕭梁扶南國沙門僧伽婆羅譯

即前本别出，而次第小異，詳略亦各不同。

阿育王子法益壞目因緣經一卷　前有序。　南所北羣　苻秦兜佉勒國曇摩難提譯

偈説法益王子壞目本緣，及説從六趣者性行不同。較傳、經稍詳。

附外道論

勝宗十句義論十紙，作一卷　南吹北納　勝者慧月造，唐大慈恩寺沙門釋玄奘譯

一、實，二、德，三、業，四、同，五、異，六、和合，七、有能，八、無能，九、俱分，十、無説。

即勝論六句義演出。

金七十論三卷　南羅北疑　陳優禪尼國沙門真諦譯

此是外道迦毗羅仙人所造，明二十五諦，亦名數論，非是佛法。

〔一〕「十卷，南作五卷半，北作六卷」，南、北藏仍標十卷，分别合爲五册半、六册，故稱五卷半、六卷。

附疑僞經

大明仁孝皇后夢感佛説第一希有大功德經〔一〕二卷　南大北史

〔一〕此經係明成祖仁孝皇后徐氏述，大明釋教彙目義門稱「大明永樂元年頒行入藏」。

閱藏知律卷第四十二

北天目沙門釋智旭　彙輯

雜藏　此方撰述第二之一 分十五科〔一〕

一、懺儀〔二〕

慈悲道場懺法十卷　南茂北公　梁誌公、寶唱等集〔三〕

歸依三寶第一　斷疑第二　懺悔第三　發菩提心第四　發願第五　發迴向心第六　顯果報第七　出地獄第八　解怨釋結第九　自慶第十　警緣三寶第十一　懺主謝大衆第

〔一〕「分十五科」，康熙本、乾隆本無，底本增加。

〔二〕「一懺儀」，康熙本、乾隆本無，底本增加。

〔三〕作者，康熙本作「續僧傳興福篇云，梁武懺悔六根門，真觀廣作慈悲懺文。後人不忘其本，仍以梁懺稱之」，乾隆本作「梁天監年高僧倣浄住子製」。

十二　總發大願第十三　奉爲天道禮佛第十四　奉爲諸仙禮佛第十五　奉爲梵王等禮佛第十六　奉爲阿脩羅道一切善神禮佛第十七　奉爲龍王禮佛第十八　奉爲魔王禮佛第十九　奉爲國王人道禮佛第二十　奉爲諸王王子禮佛第二十一　奉爲父母禮佛第二十二　奉爲過去父母禮佛第二十三　奉爲師長禮佛第二十四　爲十方比丘比丘尼禮佛第二十五　爲十方過去比丘比丘尼禮佛第二十六　爲阿鼻地獄禮佛第二十七　爲灰河鐵丸等地獄禮佛第二十八　爲飲銅炭坑等地獄禮佛第二十九　爲刀兵銅釜等地獄禮佛第三十　爲火城刀山等地獄禮佛第三十一　爲餓鬼道禮佛第三十二　爲畜生道禮佛第三十三　爲六道發願〔一〕第三十四　警念無常第三十五　爲執勞運力禮佛第三十六　發迴向第三十七　菩薩迴向法第三十八　發願第三十九：凡〔二〕八段。　囑累第四十

方等三昧行法一卷　前有遵式序。　南起北刑　隋智者大師説，門人灌頂記

方等秘法具六緣第一：一、法緣，二、善知識，三、前方便，四、辨衣，五、行法，六、供養。　禁法第二：識遮障第二：一、洗浴調適，二、飲食調適，三、行道調適，四、坐禪調適。

〔一〕「願」，乾隆本下有「禮佛」，南藏、北藏等皆無。

〔二〕「凡」，康熙本無，乾隆本和底本增。

一、七日要心及誦呪，二、請師受戒及發露，三、見善惡業相及十法王子等，不得向人說。内律要訣第四：一、明五篇戒滅不滅相，二、明十惡十善業滅不滅相。　修行第五、受戒第六，不說。

法華三昧懺儀一卷　南實北輔　瓦官寺沙門釋智顗輒采法華、普賢觀經及諸大乘經意撰此法門，流行後代。

勸修第一　方便第二　正入道場方法第三　正修行方法第四：一、嚴浄道場，二、浄身，三、三業供養，四、奉請三寶，五、讚歎三寶，六、禮佛，七、懺悔，八、行道旋遶，九、誦法華經，十、思惟一實境界。　略明修證相第五

法華三昧行事運想補助儀二紙半，即附懺儀後　南實北輔〔一〕　唐國清沙門湛然撰

撰香華、禮拜等偈，以便運想〔二〕，及逆順十心、略懺文等。

慈悲水懺法三卷　南實北輔　唐悟達國師知玄撰〔三〕

金光明懺法補助儀一卷　南實北輔　宋天台東掖山沙門遵式集

〔一〕「南實北輔」，康熙本、乾隆本無。

〔二〕此句，康熙本作「撰香華、禮拜等運想偈」，乾隆本和底本修改。

〔三〕乾隆本遺漏此條，康熙本無作者，底本補足。

緣起第一　按文開章以定銓次第二　别明禮請灑散二法第三　略明能請及所求離過第四　總示事理觀慧所依第五　補助正修十科事儀第六：一、嚴淨道場，二、清淨三業，三、香華供養，四、召請誦呪，五、讚歎述意，六、稱名散灑，七、禮敬三寶，八、修行五悔，九、旋遶自歸，十、唱誦金光明典。

金光明最勝懺儀五紙半　南實北輔　宋四明沙門知禮集

大段與前儀同，而觀慧文略。

往生淨土懺願儀十二紙　南實北輔

沙門遵式輒采大本無量壽經及稱讚淨土等諸大乘經，集此方法，流布諸後，普結淨緣。一、嚴淨道場，二、明方便法，三、明正修意，四、燒香散華，五、禮請法，六、讚歎法，七、禮佛法，八、懺願法，九、旋誦法〔一〕，十、坐禪法。

請觀世音菩薩消伏毒害陀羅尼三昧儀十四紙　南實北輔

東山沙門遵式，始於天台國清集，於四明大靄山蘭若再治。

敘緣起第一　明正意第二：一、莊嚴道場，二、作禮，三、燒香散華，四、繫念數息，五、

〔一〕「旋誦法」，藏經原文作「旋遶誦經法」。

召請，六、具楊枝浄水，七、誦三呪，八、披陳懺悔，九、禮拜旋遶，十、誦經。

千手千眼大悲心呪行法十五紙餘　南實北輔　宋四明沙門知禮集

一、嚴道場，二、浄三業，三、結界，四、修供養，五、請三寶諸天，六、讚歎申誠，七、作禮，八、發願持呪，九、懺悔，十、修觀行。

熾盛光道場念誦儀十三紙半　前有靈鑑序。　南實北輔　宋天竺寺沙門遵式撰

第一、設壇場供養；第二、示方法；第三、揀衆清浄；第四、誦呪法；第五、三業供養禮請陳意自爲七：一、供養，二、奉請，三、讚歎，四、作法持呪，五、禮拜，六、懺悔，七、行道旋遶；第六、釋疑；第七、誡勸檀越

觀自在菩薩如意輪呪課法十紙半　南實北輔　宋霅川沙門仁岳撰

一、法式，二、觀想，三、禮讚，四、持誦，五、懺願，六、證驗，七、釋疑。

禮法華經儀式一紙餘　南實北輔　宋四明沙門知禮集〔一〕

釋迦如來涅槃禮讚文六紙餘　南實北輔　宋霅谿〔二〕沙門仁岳撰

〔一〕南藏、北藏未署作者，智旭添加。
〔二〕「宋霅谿」，康熙本、乾隆本無。

集諸經禮懺悔文二卷，北作四卷　南功北桓　唐西崇福寺釋智昇撰

上卷共有六段，下卷約求生西方，明六時禮法。

天台智者大師齋忌禮懺文六紙餘　南實北輔〔一〕　宋天竺寺遵式述

二、淨土〔二〕

往生淨土決疑行願二門九紙　南實北輔　宋耆山沙門遵式撰

第一、決疑門：一、疑師，二、疑法，三、疑自，今並決之。　第二、行願門：一、禮懺門，二、十念門，三、繫緣門，四、衆福門。

即世稱小淨土懺。

淨土境觀要門六紙餘　南刑北起　元虎谿沙門懷則述

深明約心觀佛、境觀不二法門。

蓮宗寶鑑七卷〔三〕　素　元廬山東林寺善法堂主優曇普度集

念佛正因第一：凡十四章。　念佛正教第二：凡十九章。　念佛正宗第三：凡八

〔一〕「輔」，原作「起」，康熙本、乾隆本同，據北藏改。

〔二〕「二淨土」，康熙本、乾隆本無，底本增加。

〔三〕此書係萬曆增修入藏的，北藏於「蓮」字上有「廬山」二字。正文標十卷，因合裝七册，故稱七卷。

章。念佛正派第四：凡二十二章。念佛正信第五：凡六章。念佛正行第六：凡十四章。念佛正願第七：凡七章。念佛往生正訣第八：凡十二章。念佛正報第九：凡五章。念佛正論第十：凡二十五章。附楚山示衆念佛警語、曉山勸修淨業箴。

阿彌陀經不思議神力傳一紙餘　貞　附隋録，未詳作者

三、台宗〔一〕

南嶽思大禪師立誓願文〔二〕一卷　起

天台智者大師禪門口訣〔三〕一卷，僅九紙半　南起北約

天台智者大師别傳〔四〕一卷　南蓢北起　門人灌頂撰

天台八教大意一卷　南蓢北韓　門人灌頂撰

前佛後佛，自行化他，究其旨歸，咸宗一妙。佛之知見，但機緣差品，應物現形，爲實施權，故分乎八：頓、漸、秘密、不定，化之儀式，譬如藥方；藏、通、别、圓，所化之法，譬如

〔一〕「三台宗」，康熙本、乾隆本無，底本增加。
〔二〕此書作者，北藏目録作「陳慧思述」，大明釋教彙目義門作「陳南岳思大禪師撰」。
〔三〕此書作者，北藏目録作「隋智顗説」。
〔四〕書名據南藏著録，北藏作「隋天台智者大師别傳」。

藥味。

國清百録四卷　南起北弊　門人灌頂纂

卷第一、二，立制法第一，敬禮法第二，乃至王重請義〔一〕書第五十。卷第三、四，王謝義疏書第五十一，乃至論放生書〔二〕第一百。後有戒應題、有嚴序，及新添智者大禪師年譜事跡。

永嘉集一卷　前有魏静序。　起　唐慎水沙門玄覺述

舊分十門：慕道志儀第一、戒憍奢意第二、浄修三業第三、奢摩他頌第四、毗婆舍那頌第五、優畢叉頌第六、三乘漸次第七、事理不二第八、勸友人書第九、發願文第十。

幽谿法師新定十門：皈敬三寶第一、發弘誓願第二、親近師友第三、衣食警戒第四、浄修三業第五、三乘漸次第六、事理不二第七、簡示偏圓第八、正修止觀第九、觀心十門第十。

幽谿有註二册，可作四卷，尚未入藏，甚妙。　南北兩藏皆無「禪宗」二字，流通作禪宗永嘉集，幽谿作永嘉禪宗集。

金剛錍一卷　前有浄岳科序。　南翦北起　唐荆谿尊者述〔三〕

〔一〕「義」，原無，康熙本、乾隆本同，據北藏補。

〔二〕「論放生書」，北藏原文作「智者遺書論放生池」。

〔三〕作者，北藏作「唐天台沙門湛然述」，南藏無「唐」字。

序曰：圓伊金錍，以抉四眼無明之膜，令一切處悉見遮那佛性之指，偏權疑碎，加之以剛，假夢寄客，立以賓主。觀者恕之。

始終心要一卷　南翦北起　唐荆谿尊者述

十不二門九紙　南翦北起　唐荆谿尊者述

一、色心，二、内外，三、修性，四、因果，五、染浄，六、依正，七、自他，八、三業，九、權實，十、受潤。即釋籤中結釋十妙文也。以是妙觀大體，故後人録出别行。

十不二門指要鈔二卷　前有遵式序。　南翦北起　宋四明沙門知禮述

敘曰：十不二門者，本出釋籤，豈須鈔解？但斯宗講者，或示或註，著述云云，而事理未明，解行無託。荆谿妙解，翻隱於時，天台圓宗，罔益於物。爰因講次，對彼釋之，命爲指要鈔焉。蓋指介爾之心，爲事理解行之要也。

修懺要旨九紙　南翦北起　宋四明沙門知禮述

初、通敘四明，二、正明法華，三、結歸止觀。

法智遺編觀心二百問一卷　南翦北起　法孫繼忠集〔一〕

〔一〕作者據南藏、北藏正文著録，北藏目録作「宋知禮撰，法孫繼忠集」。

四明沙門，謹用爲法之心，問義於淅陽講主昭上人。

天台傳佛心印記八紙　南刑北起　元傳天台宗教興教大師懷則述

深明性具圓宗，直指人心，見性成佛，不同餘宗緣理斷九。

天台四教儀一卷　南翦北會　宋高麗沙門諦觀録

本宗八教大意，而詳於名相，略於前三教之十乘。

天台四教儀集註十卷　稼　元南天竺沙門蒙潤集

四、禪宗〔一〕

宗鏡録百卷　南阿至孰北策至谿　宋永明寺智覺禪師延壽述

景德傳燈録三十卷　南桓公輔北合濟弱　宋景德東吴沙門道原纂

先敘七佛并偈。始自摩訶迦葉，終於南岳第九世、青原第十一世，共祖師一千七百十二人，内九百五十四人有語見録，餘七百五十八人但存名字，盡二十六卷。寶誌、善慧、南岳、天台、僧伽、萬迴、豊干、寒山、拾得、布袋十人，及諸方雜舉徵拈代别語一卷。南陽、大寂乃至法眼等十二人廣語一卷。讚、頌、偈、詩一卷。銘、記、箴、歌一卷。

〔一〕「四禪宗」，康熙本、乾隆本缺，底本增加。

續傳燈録三十六卷　南合濟弱扶北〔缺〕

不出編録人名。彙目義門云：靈谷寺沙門居頂編。始自汾陽昭，終至天童禮及諸庵肇，共三千一百一十八人。内一千二百零三人有語見録，一千九百零七人但存名字。

傳法正宗記十卷　南綺北回　宋明教禪師契嵩編修

前有上皇帝書，及許收入藏中書劄子并題跋等。始祖釋迦如來表一卷；迦葉至六祖傳共五卷；正宗分家略〔一〕傳一千三百零四人，共二卷；旁出略傳二百五人，宗證略傳十一人〔二〕，共一卷；定祖圖一卷。

傳法正宗論二卷　南回北綺　宋明教禪師契嵩編修

共有四篇，廣明達磨大師的有師承，以破唐沙門神清〔三〕之妄譏毀，兼破付法藏因緣傳。

〔一〕「略」，原作「列」，康熙本、乾隆本同，據北藏改。

〔二〕「人」，原無，康熙本、乾隆本同，據北藏補。

〔三〕「清」，原作「機」，康熙本、乾隆本同，據北藏改。神清北山録卷六有譏異説，譏毁禪宗。

宗門統要續集二十卷，北作二十一卷　前有徑山希陵序、耿延禧序。　南漢惠北扶傾綺　宋建康沙門宗永集，元保寧寺沙門清茂續集

釋迦文佛。西竺應化聖賢。二十八祖。東土六祖。四祖旁出，凡八世。五祖旁出，凡三世。六祖下旁出，凡二世。應化聖賢。未詳嗣法。亡名古宿。南嶽下凡十一世，共二百四十八人，五百五十三則機緣。青原下凡十世，共二百六十四人，五百五十四則機緣。續南嶽下至十八世，共二百一十二則機緣。續青原下至十四世，共四十七則機緣。

禪宗正脈二十卷　勸賞　明弘治真如寺沙門如巹集

於五宗機緣中，取其顯明簡直者集出，使人易曉。

禪宗頌古聯珠通集二十一卷　前有張掄序。　南雞田赤北〔缺〕　宋光孝寺沙門法應集，元沙門普會續集，明中天竺住山沙門淨戒重校

初集機緣三百二十五則，作頌宗師一百二十二人，頌有二千一百首；續加機緣四百九十三則，作頌宗師四百二十六人，頌有三千零五十首。

六祖大師法寶壇經一卷　前有明教嵩讚。　南密北扶　嗣祖比丘宗寶編，靈谷住持淨戒重校〔一〕

〔一〕編校者據南藏著録，北藏作「門人法海等集」。

韶州韋刺史請師於大梵寺説法，師先説得法行由，次説摩訶般若波羅蜜義，并無相頌。次答實無功德之疑，次答願生西方之問。要人浄心則生浄土，不是説無西方也。次示定慧一體不二。次示一行三昧。次示心不住法，道即流通，心若住法，名爲自縛。次示教無頓漸，人有利鈍。次示坐禪元不著心，亦不著浄，亦不是不動。次示坐禪實義。次傳自性五分法身香，授無相懺悔，發四弘誓願，授無相三歸依戒。又説一體三身及頌。

古尊宿語録四十八卷　中有阿育王山住持大觀序。　南密勿多士北〔缺〕　賾藏主捜採，靈谷寺住持浄戒重校

南嶽讓　馬祖一　百丈海　黄蘗運　臨濟玄　興化獎　睦州蹤　南院顒　風穴沼　首山念　石門聰　汾陽昭　唐明嵩　慈明圓　南泉願　子湖神力蹤　趙州諗　雲門偃　楊岐會　道吾真　白雲端　佛照光　北磵簡　物初觀　晦機熙　笑隱訢　仲方倫　覺源曇有宋濂藏衣塔銘。　五祖演　葉縣省　神鼎諲　翠岩芝　法華舉　佛眼遠　大隋真　投子同　鼓山晏　洞山初嗣雲門。　智門祚嗣香林。　雲峰悦嗣大愚。　雲庵文嗣黄龍南。　瑯琊覺嗣汾陽。　雲門庵主頌古〔一〕。　佛照禪師奏對録〔二〕宋孝宗時，嗣大慧杲。

〔一〕「雲門庵主頌古」，康熙本、乾隆本和南藏皆無，徑山藏有。

〔二〕「奏對録」，原作「奏對語録」，康熙本、乾隆本和南藏等皆無「語」字，删。

○**黄蘗山斷際禪師傳心法要**并宛陵録，一卷　素　唐河東裴休集并序

即古尊宿語録中重出，而稍略。

萬善同歸集六卷　史　宋永明智覺禪師延壽述

明衆善所歸，皆宗實相。

唯心訣九紙餘　素　宋永明智覺禪師延壽述

於中略標百二十種邪宗見解。

定慧相資歌四紙欠　素

警世二紙欠　素

二並永明壽禪師作〔一〕。

明覺禪師語録六卷　南回北綺　明靈谷寺沙門淨戒重校〔二〕

上堂、舉古、勘辨、拈古、偈頌、讚等，共六卷。

〔一〕「二並永明壽禪師作」，原作「宋永明智覺禪師延壽述」，不能指明定慧相資歌的作者，據康熙本、乾隆本改。

〔二〕作者係據南藏著録，北藏作「參學小師惟蓋竺編」，北藏目録作「宋重顯説，惟蓋等編」。

圓悟佛果禪師語録十七卷　有耿延禧序及張浚序。　南扶傾北漢惠　學徒若平集，浄戒重校〔一〕

上堂語六卷，開示法語三卷，小參示衆四卷，頌古一卷，拈古三卷，偈、頌、讚一卷。

大慧普覺禪師語録三十卷　説感武　宋乾道門人藴聞集

天目〔二〕**中峰和尚廣録**三十卷　丁俊乂　元至治門人慈寂集

真心直説一卷　敦　元曹谿山老衲知訥述

凡十五章，明正信、異名、妙體、妙用乃至所往，以釋疑問。後附誡初心學人文，又附皖山正凝禪師示蒙山法語、東山崇藏主送子行腳法語、蒙山和尚〔三〕示衆。蒙堂跋。

高麗國普照禪師修心訣一卷　敦

直指心性本來同佛，既悟心已，或習輕，則用自性定慧門，或習重，則用隨相對治門，皆與先修後悟者不同。

禪宗決疑集一卷　素　元西蜀智徹述

〔一〕南藏只署校者「學徒若平集」，當係智旭據耿延禧序、張浚序補充。北藏作「宋平江府虎丘山門人紹隆等編」。

〔二〕「天目」，康熙本、乾隆本正文無，總目有，南藏、北藏皆有。

〔三〕「和尚」，原無，據北藏補。

示提話頭工夫次第。

五、賢首宗〔一〕

修大方廣佛華嚴法界觀門已乏單本　唐終南山釋杜順集

略有三重：真空第一，理事無礙第二，周偏含容第三。三中又各辨十門。

華嚴法界玄鏡一卷，北作二卷　南青北百　唐清涼山大華嚴寺沙門澄觀述

即釋前法界觀門。

注華嚴法界觀門一卷　前後有裴休、淨源二序。　南青北跡　唐圭峰蘭若沙門宗密註

修華嚴奧旨妄盡還源觀十二紙　南青北跡　唐京大薦福寺〔二〕沙門法藏述

一、顯一體，謂自性清淨圓明體。二、起二用，謂海印森羅常住用、法界圓明自在用。三、示三偏，謂一塵普周法界偏、一塵出生無盡偏、一塵含容空有偏。四、行四德，謂隨緣妙用無方德、威儀住持有則德、柔和質直攝生德、普代衆生受苦德。五、入五止，謂照法清虛離緣止、觀人寂怕絶欲止、性起繁興法爾止、定光顯現無念止、事理玄通非相止。六、起六

〔一〕「五賢首宗」，康熙本、乾隆本無，底本增加。

〔二〕「京大薦福寺」，康熙本、乾隆本無，北藏無「京」字。

觀，謂攝境歸心真空觀、從心現境妙有觀、心境秘密圓融觀、智身影現衆緣觀、多身入一鏡像觀、主伴互現帝網觀。後有淨源序。

華嚴金師子章未有别行　唐京大薦福寺沙門法藏述

因對武后問，借庭前金師子爲喻。初、明緣起，二、辨色空，三、約三性，四、顯無相，五、説無生，六、論五教，七、勒十玄，八、括六相，九、成菩提，十、入涅槃，以顯華嚴教觀。

金師子章雲間類解十三紙　南青北百　宋沙門淨源述

禪源諸詮集都序四卷　前有惟大等四序。　敦

亦名禪那理行諸詮集，圭峰山沙門宗密述，今但存序。大意先判三宗、三教，然後會爲一味，以息鬬諍。意則美矣，惜其未盡善也。夫論宗意教意，則不可有三，此圭公所知也；若論宗門教門，則非止局三，此圭公所昧也。又彼云：南嶽、天台，依三諦之理，修三止三觀，教意雖最圓妙，然其趨入門户次第，亦只是前之諸禪行相。此則似僅涉獵次第禪門及童蒙止觀二書，絶未覯見大乘止觀、摩訶止觀者矣。今據大乘止觀、摩訶止觀，何嘗不頓同佛體，迥異諸門乎？又彼云：諸部般若千餘卷經，及中、百、門論等，皆説破相教，智度論百餘卷，亦説此理，但論主通達不執，故復將大小乘法相，潛同後一真性宗。今問智論、中論皆龍樹所造也，何以一執一不執乎？又龍樹尚能通達不執，潛通後宗，佛説般若，豈反

有執，止名破相乎？般若經云：菩薩欲具足一切佛法者，當學般若。謂之唯説破相，可乎？又彼云：心是名，知是體，譬如水是名，溼是體。尤爲可笑。夫説水，口固不溼，即説溼，口豈溼哉？説心，固不得體，即説知，豈便得體哉？故古人云：「知」之一字，衆妙之門。又云：「知」之一字，衆禍之門。而圭公乃於能詮文字，妄分親疏，何耶？又彼云：法華且收二乘，至涅槃經方普收六道。尤爲可笑。調達授記，不收地獄乎？龍女成佛，不收畜生乎？妙莊悟道，不收邪見乎？散心稱名，童子聚沙，不收人、天乎？又彼云：破相止説二諦，性宗則爲三諦，是誠未究七種二諦、五種三諦之旨者也。嗚呼！淺矣。

原人論八紙半　南青北跡　唐終南山草堂寺沙門宗密述

斥迷執第一習儒、道者。　斥偏淺第二習佛不了義教者。　直顯真源第三佛了義實相教。　會通本末第四會前所斥，同一真源，皆爲正義。

華嚴原人論解四卷〔一〕　茲　元長安大開元寺沙門圓覺述

即解前論，科一卷，解三卷。

〔一〕此書係萬曆增修入藏的，正文標四卷，因分爲五册，北藏目録稱五卷。

註華嚴七字經題法界觀三十門頌〔一〕二卷　史　元歸德法雲沙門琮湛集註

右註解夷門山廣智大師本嵩所述經題、觀門偈頌，點示初機禪門眼目。

六、慈恩宗〔二〕

真唯識量

宋永明壽禪師宗鏡録中節出。

八識規矩補註二卷　敦　明魯庵沙門普泰註

六離合釋法式〔三〕附補註後

七、密宗〔四〕

陀羅尼雜集十卷　南封北卿　未詳撰者，今附梁録

第一卷，七佛所説神呪，并八菩薩所説神呪，合十五首。　第二卷，釋摩男、阿難比丘、

〔一〕「觀三十門頌」，原作「觀門三十頌」，據北藏改。本嵩所撰爲華嚴七字經題法界觀三十門頌，琮湛有注華嚴經題法界觀門頌引，智旭合併爲本書之名。

〔二〕「六慈恩宗」，康熙本、乾隆本無，底本增加。

〔三〕「法式」，原無，康熙本、乾隆本同，據北藏補。

〔四〕「七密宗」，康熙本、乾隆本無，底本增加。

普賢菩薩等，共十八呪。卷第三，摩醯首羅天等，共呪十一首。文殊説四弘誓，虚空藏説四浄土妙行，觀世音説四攝法，救脱説四弘誓，跋陀和説八菩薩妙行，大勢至説四誓利益衆生，心無疲倦，得大勢説四事擁護作佛事者，堅勇説四菩薩妙行，并諸菩薩、天、龍各各説偈。卷第四，阿彌陀鼓音聲王陀羅尼等，共呪二十一首。卷第五，除一切恐畏毒害伏惡魔陀羅尼等，共呪二十七首。卷第六，除腫患〔一〕陀羅尼等，共呪九首。五戒神名二十五，三歸神名有九，護伽藍神名十八，燒香、散華等呪，共二十二首。卷第七，滅一切罪得一切所願陀羅尼等，共呪七十九首。卷第八，六字大陀羅尼經等，共呪二十二首。卷第九，阿吒婆拘上佛陀羅尼等，共呪十首，觀〔二〕佛三昧經一段。卷第十，定志慧見陀羅尼等，共呪三十一首。

顯密圓通成佛心要集二卷　有陳覺序。　南營北封　宋北遼金河寺沙門釋道殿集

開示修行一真大法界心，及持誦準提呪法，然與準提三譯及尊那經並不全合。

〔一〕「患」，原無，康熙本、乾隆本同，據北藏補。

〔二〕「觀」，原作「歎」，康熙本、乾隆本同，據北藏改。此經收入本書第五卷。又，觀佛三昧經爲佛説觀佛三昧海經之略名。

密呪圓因往生集一卷　有賀宗壽序。　南營北封　智廣、慧真編集，金剛幢譯定

集諸經神呪三十三段，華梵並書。

八、律宗〔一〕

曇無德部四分律删補隨機羯磨二卷，北作四卷　南猶北存　唐沙門釋道宣撰

南海寄歸内法傳四卷　南功北尹　唐沙門釋義净撰

凡四十章。

説罪要行法〔二〕

受用三水要行法

護命放生儀軌法三法合卷　南功北桓

三法並義浄法師作

〔一〕「八律宗」，康熙本、乾隆本無，底本增加。

〔二〕「説罪要行法」，康熙本、乾隆本皆放在卷末，底本前移，與總目和南藏、北藏順序吻合。

閱藏知津卷第四十三

北天目沙門釋智旭　彙輯

雜藏　此方撰述第二之二

九、纂集〔一〕

諸經要集二十卷，北作三十卷〔二〕　南八縣家給北路俠槐　唐西明寺沙門道世玄惲撰

三寶部第一：敬佛篇六緣，敬法篇八緣，敬僧篇三緣。　敬塔部第二：有七緣。　攝念部第三：有四緣。　入道部第四：有四緣。　唄〔三〕讚部第五：有三緣。　香燈部第

〔一〕「九纂集」，康熙本、乾隆本無，底本增加。

〔二〕「二十卷，北作三十卷」，北藏標二十卷，卷二、四、六、八、九、十、十二、十四、十七、二十分上下卷，共有三十册，故稱三十卷。

〔三〕「唄」，原作「吹」，康熙本、乾隆本同，據北藏改。

六：有四緣。受請部第七：有八緣。受齋部第八：有二緣。破齋部第九：有二緣。富貴部第十：有二緣。貧賤部第十一：有五緣。獎導部第十二：有七緣。報恩部第十三：有三緣。放生部第十四：有四緣。興福部第十五：有六緣。擇交部第十六：有五緣。思慎部第十七：有五緣。六度部第十八：布施篇有七緣，持戒篇有二緣，忍辱篇有三緣，精進篇有三緣，禪定篇有二緣，智慧篇有二緣。業因部第十九：有五緣。欲蓋部第二十：有三緣。四生部第二十一：有六緣。受報部第二十二：有九緣。十惡部第二十三：有十緣。詐僞部第二十四：有六緣。惰慢部第二十五：有三緣。酒肉部第二十六：有三緣。占相部第二十七：有三緣。地獄部第二十八：有八緣。送終部第二十九：有九緣。雜要部第三十：有十三緣。

經律異相五十卷　南路至户北經至相　梁沙門僧旻、寶唱等撰

天部上下一、二卷。地部三。應始終佛部第一四。應身益物佛部第二五。現涅槃後事佛部第三造佛舍利塔第一，造佛形像第二，法滅盡第三。六〔一〕。外緣佛部第四七。自行菩薩部第一八。外化菩薩部第二九。隨機現身上菩薩部第三十。隨機現身下菩薩部第

〔一〕「六」，康熙本作「俱在六卷」，乾隆本作「六」。

四十一。　出家菩薩僧部第一十二。　聲聞無學第一僧部第二十三。　聲聞無學第二僧部第三十四。　聲聞無學第三僧部第四十五。　聲聞無學第四僧部門第五十六。　聲聞無學第五僧部第六十七。　聲聞無學第六僧部第七十八。　聲聞不測淺深僧部第八十九。　聲聞學人僧部第九二十。　聲聞行惡行僧部第十二十一。　聲聞無學沙彌僧部第十一二十二。　聲聞無學尼僧部第十二二十三。　轉輪聖王諸國王部第一〔一〕二十四。　行菩薩道上諸國王部第二二十五。　行菩薩道下諸國王部第三二十六。　行聲聞道上諸國王部第四二十七。　行聲聞道中諸國王部第五二十八。　行聲聞道下諸國王部第六二十九。　諸國王夫人部三十。　行菩薩道諸國王子部上三十一。　行菩薩道下諸國太子部中〔二〕三十二。　學聲聞道諸國太子部下〔三〕三十三。　諸國王女部三十四。　得道長者部上三十五。　雜行長者部下三十六。　優婆塞部三十七。　優婆夷部三十八。　外道仙人部三十九。　梵志部四十。　婆羅門部四十一。　居士部四十二。　估客部四十三。　男庶人部上四十四。　女庶人部下四十五。

〔一〕「第一」，據南藏著録，北藏作「第十三」，其後第十四、第十五、第十六等依次排列。

〔二〕標題據南藏著録，北藏作「行菩薩道諸國王子部第二十二之二」。

〔三〕標題據南藏著録，北藏作「學聲聞道諸國王子部第二十三」。

鬼神部四十六。雜獸畜生部上四十七。禽畜生部中 蟲畜生部下四十八。地獄部上四十九。地獄部下五十。並引大小諸經中事相，以示勸誡。

法苑珠林百卷 唐西明寺沙門釋道世撰 前有李儼字仲思序。 南勒至時北高至禄

劫量篇第一：小劫有六部：一、述意，二、疫病，三、刀兵，四、饑饉，五、相生，六、對除。大劫有四部：一、時量，二、時節，三、壞劫，四、成劫。 三界篇第二：初明四洲有十二部，述意乃至優劣。次明諸天有二十二部，辨位乃至送終。 日月篇第三：有十三部，述意乃至地動。 六道篇第四：諸天四部，述意至報謝。 人道八部，述意至受苦。 脩羅七部，述意至戰鬬。 鬼神十一部，述意至舍宅。 畜生十部，述意至好醜。 地獄八部，述意至誡勖。 千佛篇第五：七佛九部，述意至久近。 因緣三部，述意、引證、業因。 種姓四部，述意至求婚。 降胎六部，述意至獎導。 出胎八部，述意至校量。 侍養三部，述意、養育、善徵。 占相八部，述意至百福。 遊學四部，述意至校量。 納妃六部，述意至神異。 厭苦四部，述意至厭欲。 出家十部，述意至會同。 成道十部，述意至變化。 說法三部，述意、赴機、說益。 涅槃五部，述意至弟子。 結集二部，述意、結集。 敬佛篇第六：有七部，述意乃至觀音。 於中第四、彌陀又六部，述意至引證；第五、彌勒又五部，述意至發願。 敬法篇第七：有六部，述意乃至謗罪。 敬僧篇第八：有四部，述意乃至違損。 致敬篇第九：有六部，述

意乃至儀式。　福田篇第十：有三部，述意、優劣、平等。　歸信篇第十一：有三部，述意、小乘、大乘。　士女篇第十二：俗男三部，述意、誡俗、勸導。俗女二部，述意、奸僞。　入道篇第十三：有四部，述意至引證。　慚愧篇第十四：有二部，述意、引證。　獎導篇第十五：有四部，述意乃至業因。　説聽篇第十六：有九部，述意乃至利益。　見解篇第十七：有二部，述意、引證。　宿命篇第十八：有四部，述意乃至五通。　至誠篇第十九：有八部，述意乃至濟難。　神異篇第二十：有五部，述意乃至雜異。　感通篇第二十一：有二部，述意、聖迹。　住持篇第二十二：有十部，述意乃至鬼神。　潛道篇第二十三：有二部，述意、引證。　妖怪篇第二十四：有二部，述意、引證。　變化篇第二十五：有三部，述意、通變、厭欲。　眠夢篇第二十六：有五部，述意乃至無記。　興福篇第二十七：有八部，述意乃至洗僧。　攝念篇第二十八：有二部，述意、引證。　發願篇第二十九：有二部，述意、引證。　法服篇第三十：有六部，述意乃至違損。　然燈篇第三十一：有二部，述意、引證。　懸旛篇第三十二：有二部，述意、引證。　華香篇第三十三：有二部，述意、引證。　唄讚篇第三十四：有四部，述意、引證、讚歎、音樂。　敬塔篇第三十五：有六部，述意乃至修故。　伽藍篇第三十六：有三部，述意、營造、致敬。　舍利篇第三十七：有五部，述意乃至感福。　供養篇第三十八：有二部，述意、引證。　受請篇第三十九：有九部，述意乃至施福。　輪王篇第四十：有五部，述意至育王。　君臣篇第四十一：有六部，述意至王都。　納諫篇第四十二：有二部，述意、引證。　審察篇第四十三：有四部，述意、審怒、審過、審學。　思慎篇第四十四：有五部，述意乃至慎過。　儉約篇第四十五：有二部，述意、引證。　懲過篇第四十六：亦二部。　和順篇第四十七：有五部，述意乃至和事。　誡勖篇第四十八：有六部，述意乃至雜誡。　忠孝篇第四十九：有五部，述意乃至業因。　不孝篇第五十：有四部，述意乃至棄父。　報恩篇第五十一：有二部，述意、引證。　背恩篇第五十二：亦二部。　善友篇第五十三：亦二部。　惡友篇第五十四：亦二部。　擇交篇第五十五：亦二部。　眷屬篇第五十六：有四部，述意乃至離著。　校量篇第五十七：有七部，述意乃至方土。　機辯篇第五十八：有三部，述意、菩薩、羅漢。　愚戇篇第五十九：有三部，述意、般陀、雜癡。　詐僞篇第六十：有六部，述意乃至詐畜。　惰慢篇第六十一：有二部。　破邪篇第六十二：亦二部。　富貴篇第六十三：亦二部。　貧賤篇第六十四：有五部，述意至貧女。　債負篇第六十五：有二部，述意、引證。　諍訟篇第六十六：亦二部。　謀謗篇第六十七：有五部，述意乃至宿障。　呪術篇第六十八：有七部，述意乃至雜呪。　祭祠篇第六十九：有三部，述意、獻佛、祭祠。　占相篇第七十：有二部。　祈雨篇第七十一：有四部，述意乃至河海。　園菓篇第七十二：有五部，述意乃至種子。　漁獵篇第七十三：有二部。　慈悲篇第七十四：有五部，述意乃至觀苦。　放生篇第七十五：有二部。　救厄篇第七十六：有五部，述意乃至獸王。　怨苦篇第七十七：有五部，述意乃至雜難。　業因篇第七十八：有五部，述意乃至引證。　受報篇第七十九：有十二部，述意乃至住處。　罪福篇第八十：有四部，述意乃至福行。　欲蓋篇第八十一：有二部，五欲、五蓋。　四生篇第八十二：有五部，述意乃至五生。　十使篇第八十三：有四部，述意乃至斷障。　十惡篇第八十四：有十三部，述意、業因、果報、殺生，乃至邪見。　六度篇第八十五：有六部，布施乃至智慧。　懺悔篇第八十六：有六部，述意乃至洗懺。　受戒篇第八十七：有七部，一、述意，二、勸持，三、三皈，四、五戒，五、八戒，六、十善，七、三聚。　破戒篇第八十八：有二部。　受齋篇第八十九：有二部。　破齋篇第九十：亦二部。　賞罰篇第九十一：亦二部。　利害篇第九十二：亦二部。　酒肉篇第九十三：有三部，述意、飲酒、食肉。

穢濁篇第九十四：有四部，述意、五辛、嘘氣、便利。　病苦篇第九十五：有六部，述意、引證、瞻病、醫療、安置、歛念。　捨身篇第九十六：有二部。　送終篇第九十七：有四部，述意、捨命、遺送、受生。　法滅篇第九十八：有九部，述意、五濁、時節、度女、佛鉢、訛替、破戒、諍訟、損法。　雜要篇第九十九：有十部，述意、四依、四果、四食、淨口、鳴鐘、入衆、求法、衰相、雜行。　傳記篇第一百：有六部，述意、翻譯、雜集、般若、興福、曆算。

釋迦譜十卷　南將相北書　蕭齊釋僧祐撰

釋迦始祖劫初刹利相承姓緣譜第一　賢劫初姓瞿曇緣譜第二　六世祖始姓釋迦氏緣譜第三　降生釋種成佛緣譜第四　在七佛末種姓衆數同異譜第五　同三千佛緣譜第六　内外族姓名譜第七　弟子姓釋緣譜第八　四部名聞弟子譜第九　從兄調達出家緣記第十　從弟阿那律跋提出家記第十一　弟孫陀羅難陀出家緣記第十二　子羅云出家緣記第十三　姨母大愛道出家緣記第十四　父浄飯王泥洹記第十五　母摩耶夫人記第十六　姨母大愛道泥洹記第十七　釋迦種滅宿業緣記第十八　竹園精舍緣記第十九　祇洹精舍緣記第二十　髮爪塔緣記第二十一　天上四塔緣記第二十二　優填王造釋迦栴〔一〕檀像記第二十三　波斯匿王造釋迦〔二〕金像記第二十四　阿育王弟出家造釋迦〔三〕石像記第二十五　留影在石室記第二十六　雙樹般涅槃記第二十七　八國分舍利記第二十八　天上龍

〔一〕「釋迦栴」，原無「釋迦」二字，康熙本、乾隆本同，據北藏補。「栴」，康熙本、乾隆本作「旃」。

〔二〕「釋迦」，原無，康熙本、乾隆本同，據北藏補。

〔三〕「釋迦」，原無，康熙本、乾隆本同，據北藏補。

宫舍利寶塔記第二十九　龍宫佛髭塔記第三十　阿育王造八萬四千塔記第三十一　釋迦獲八萬四千〔一〕塔宿緣記第三十二　法滅盡緣記第三十三　法滅盡相記第三十四　已上並兼引大小乘經律，以明化迹。

釋迦氏譜一卷　南相北壁　唐釋道宣撰

一、敘所依賢劫，二、敘氏族根源，三、敘所託方土，四、敘法王化相，五、敘聖凡後胤〔二〕。大意與前譜同，而文簡略。

釋迦方誌二卷，北作三卷　南相北壁　唐釋道宣撰

封疆篇第一　統攝篇第二　中邊篇第三　遺迹篇第四：具明五印度百五十餘國中佛事，並是西域記中録出。　遊履篇第五：略明十六人家往西求法。　通局篇第六〔三〕　時住篇第七　教相篇第八：紀歷代所立寺數、所譯經數、所度僧尼之數。

〔一〕「釋迦獲八萬四千」，原無，康熙本、乾隆本同，據北藏補。
〔二〕本段五個「敘」字，康熙本、乾隆本同，北藏皆作「序」。
〔三〕「通局篇第六」，原無，康熙本、乾隆本同，據北藏補。

翻譯名義集十四卷，北作二十卷〔一〕　前有周敦義序。　南鉅野北〔二〕貢新　宋姑蘇景德寺法雲編

十種通號第一，諸佛别名第二，乃至寺塔壇幢第六十四，並舉梵名而釋其義。

大明三藏法數四十卷　北昆池碣石南（缺）　明天竺山沙門一如集

教乘法數四十卷　前有道遐序。　穡俶載南　明會稽沙門圓瀞集

始從一數，終至八萬四千，各列名，略引釋之。

禪林寶訓四卷　黍　宋沙門妙喜、竹菴共集，東吴沙門淨善重集

凡三百篇，大概使學者削勢利人我，趨道德仁義。

緇門警訓十卷　前有空谷隆序。　陟　明嘉禾沙門如卺續集

始自溈山警策，終於梁皇捨道事佛詔，凡二百餘首。

百丈清規八卷　前有正統年胡濙等請重刊奏本，并元朝劄付。　黜　元至元聖壽寺沙門德煇重編，大訢校正

分爲九章，大抵多是世諦流布，不唯非佛世芳規，亦且非古百丈風格矣。

〔一〕「北作二十卷」，原無，康熙本、乾隆本同，據北藏補。

〔二〕「南鉅野北」，原無，據昭和本北藏目録補。

十、傳記〔一〕

佛祖統紀四十五卷　南城昆池碣北〔缺〕　宋四明東湖沙門志磐撰

前有通例一卷。　釋迦本紀一　西土二十四祖紀二　東土九祖紀三　興道下八祖紀四　諸祖旁出世家五　諸師列傳六　諸師雜傳七　未詳承嗣傳八　歷代傳教表九　佛祖世〔二〕系表十　山家教典志十一　浄土立教志十二　諸宗立教志十三　三世出興志十四　三界名體志十五　法門光顯志十六　法運通塞志十七　名文光教志十八　歷代會要志十九

佛祖歷代通載三十六卷　前有翰林虞集序、比丘覺岸序。　畝我藝黍　元大中祥符寺華亭念常集

目録一卷，七佛偈及彰所知論一卷，從第三〔三〕卷至二十二卷，載盤古乃至元朝至正年間一切三教事蹟，今分爲三十四卷〔四〕。

〔一〕「十傳記」，康熙本、乾隆本無，底本增加。
〔二〕「世」，原作「氏」，乾隆本同，據康熙本和北藏改。
〔三〕「三」，原作「二」，康熙本、乾隆本同，據北藏改。
〔四〕「三十四卷」，作者自刻本爲二十二卷，北藏改爲三十六卷，徑山藏、乾隆藏沿襲。

歷代三寶紀〔一〕十五卷　南主云北營桓　隋開皇十七年翻經學士費長房撰

初三卷，上列甲子，係以帝年，下注佛生、出家、成道、入滅，乃至孔子初生、問禮、獲麟等事，訖至開皇時，佛法東流，翻譯次第。　次九卷，詳記歷代譯師所譯經典。　次一卷，大乘録入藏目。　次一卷，小乘録入藏目。　後一卷，開皇三寶録總目。

高僧傳十四卷　南輦驅北伊尹　梁嘉祥沙門釋慧皎撰

序云：始於漢明帝永平十年，終至梁天監十〔二〕八年，凡四百五十三載，二百五十七人，又旁〔三〕出附見者，二百三十九人，開其德業，大爲十例：一曰譯經，二曰義解，三曰神異，四曰習禪，五曰明律，六曰遺身，七曰誦經，八曰興福，九曰經師，十曰唱導。　譯經始攝摩騰，終求那毗地，共三十五人。　義解始朱士行，終曇斐，共百人。　神異始佛圖澄，終釋保誌，共二十人。　習禪始竺僧顯，終釋慧明，共二十一人。　明律始釋慧猷，終釋僧

〔一〕「紀」，原作「記」，康熙本、乾隆本和南藏目録同，據南藏、北藏正文改。
〔二〕「十」，原無，康熙本、乾隆本同，據北藏補。
〔三〕「旁」，北藏原文作「傍」。

佑〔一〕，共十三人。忘〔二〕身始僧羣，終曇弘，共十一人。誦經始曇邃，終道琳，共二十一人。興福始慧達、劉薩訶，終法悦，共十四人。經師始帛法橋，終釋慧忍，共十一人。唱導始道照，終法鏡，共十人。

續高僧傳三十一卷，北作四十卷〔三〕　南轂至世北佐至衡　唐釋道宣撰

序云：始距梁之初運，終唐貞觀十有九年，一百四十四載，包括岳瀆，歷訪華夷，正傳三百三十一人，附見一百六十人，大爲十例：一、譯經，二、義解，三、習禪，四、明律，五、護法，六、感通，七、遺身，八、讀誦，九、興福，十、雜科。譯經始僧伽婆羅，終僧那提，正十五人。義解始法申，終義褒，正百六十一人。習禪始僧副，終慧〔四〕明，正九十八人。明律始法超，終曇光，正二十九人。護法始曇無最，終慈藏，正十八人。感通始勒那鉢提，終浄辯，正百十八人。遺身始法凝，終道休，正十二人。讀誦始志湛，終寶相，正十

〔一〕「佑」，康熙本、乾隆本同，北藏作「祐」。

〔二〕「忘」，序作「遺」，趙城金藏作「亡」。

〔三〕「三十一卷」，北作四十卷」，北藏仍標三十一卷，卷四、六、十五、十六、二十一、二十三、二十五、二十六、二十九各分上下卷，共有四十册，故稱四十卷。

〔四〕「慧」，康熙本、乾隆本同，北藏作「惠」。

四人。　興福始明達，終慧雲，正十二人。　雜科聲德始慧明，終寶巖，正十二人。

有宋高僧傳三十卷　前有進傳表及批答。　南禄侈富北宅曲阜　宋沙門贊寧、智輪同奉勅撰

譯經始唐義淨，終唐滿月，正三十二人。　義解始唐窺基，終宋義寂，正七十一人。　護法始習禪始唐弘忍，終宋德韶，正百三人。　明律始唐道宣，終周澄楚，正五十八人。　護法始唐威秀，終周道丕，正十八人。　感通始後魏檀特師，終宋法圓，正八十九人。　遺身始唐僧藏，終宋懷德，正二十二人。　讀誦始隋行堅，終宋守真，正四十二人。　興福始周法成，終宋師律，正五十人。　雜科聲德始南宋智一，終宋宗淵，正四十五人。

法顯傳一卷　南兵北微

東晉沙門法顯，自記遊天竺事。

大唐西域記十二卷，北作十卷〔一〕　前有尚書左僕射燕國公序。　南千兵北孰　唐三藏法師玄奘奉詔譯，大總持寺沙門釋辯機撰

記往還共一百三十八國中風土及佛法靈跡，唯摩竭陀國最詳。

大唐大慈恩寺三藏法師傳十卷　有沙門釋彥悰序。　南高北奄　唐昭仁寺沙門慧立本，釋彥悰箋

〔一〕「十二卷，北作十卷」，北藏仍標十二卷，合爲十册，故稱十卷。

即玄奘大師始終事蹟也。

大唐西域求法高僧傳二卷　南兵北尹　唐三藏法師義淨撰

總有五十六人。又重歸南海傳，有師資四人。

比丘尼傳四卷，北作二卷〔一〕　南功北微　梁莊嚴寺釋寶唱撰

起晉咸和，訖梁普通，凡六十五人。

神僧傳九卷　北城南〔缺〕　不出編録人名

始自漢摩騰，終元膽巴，凡二百八人。

〔一〕「四卷，北作二卷」，北藏標四卷，合爲二册，故稱二卷。

閲藏知律卷第四十四

北天目沙門釋智旭　彙輯

雜藏　此方撰述第二之三

十一、護教〔一〕

弘明集十四卷　南車駕北八縣　梁釋僧祐撰

牟子理惑論三十七篇　正誣論未詳作者。　宗炳明佛論，一名神不滅論　孫綽喻道論　宗居士炳答何承天書難白黑論　何承天達性論，顔光禄延之難〔二〕　羅君章更生論

〔一〕「十一護教」，康熙本、乾隆本無，底本增加。
〔二〕「顔光禄延之難」，原在「何承天達性論」之前，據北藏改。

鄭道子神不滅論　遠法師法門不敬〔一〕王者論五篇　遠法師答何鎮南難沙門袒服論　遠法師答桓玄明報應論　遠法師三報論　道恒法師釋駁論　明僧紹正二教論　周剡顒難張長史融門論　謝鎮之折夷夏論　朱昭之難夷夏論　朱廣之諮夷夏論　慧通法師駁夷夏論　僧愍法師戎華論　玄光法師辯惑論　記室劉勰滅惑論　僧順法師析三破論　大梁皇帝立神明成佛義記，并吴興沈績作序注　蕭琛難范縝神滅論　曹思文難范縝神滅論，并二啓、詔答　大梁皇帝勅答臣下神滅論　莊嚴寺法雲法師與公王朝貴書，并公王朝貴六十二人答　何令尚之答宋文皇帝讚揚佛教事　高、明二法師答李交州淼難佛不見形事并李書　司徒文宣王書，與孔中丞稚珪釋疑惑，并箋答　恒、標二公答姚主勸罷道書并書。　僧䂮、僧遷、鳩摩答姚主奏并書　遠法師答桓玄勸罷道書并書　釋僧巖答劉青州勸還俗書并劉答，往返六首　習鑿齒與釋道安書　譙王書論孔、釋，張新安答　鄭道子與禪師書論踞食　范伯倫書與王司徒論踞食　義法師答范伯倫書并范重答　范伯倫與生、觀二法師書　范伯倫踞食表，并詔，往返四首　晉尚書何充等執沙門不應敬王者奏三首，并詔二首　桓玄與八座書，論道人敬王事，并八座答　桓玄與王令書論敬王事，并王令答，往返八首　廬山遠法師

〔一〕「敬」，原作「拜」，康熙本、乾隆本同，據北藏改。

答桓玄論沙門不應敬王者書一首并桓玄書二首　桓玄詔沙門不復敬天子，并卞嗣之等答，往返五首　遠法師與桓玄論料簡沙門書一首并桓玄教一首　支道林法師與桓玄論州符求沙門名籍書一首　天保寺釋道盛啓齊武帝論檢試僧事　郄嘉賓奉法要　顔延之庭詰二章　王該日燭　竺道爽檄泰山文　釋智静檄魔文　釋寶林破魔露布文　釋僧佑弘明論後序〔一〕

廣弘明集三十卷，南作三十三卷，北作四十卷〔二〕　南駕至策北家至兵　唐終南山釋道宣撰

歸正篇第一：始商太宰問孔子聖人，終釋彦悰通極論，凡十五篇。　辨惑篇第二：始魏陳思王辨道論，終唐李師政内德論，凡十八篇。　佛德篇第三：始支道林佛像讚，終舍利感應記，凡六十餘首。　法義篇第四：始晉戴安公釋疑論，終釋明濬答博士柳宣書，凡七十餘首。　僧行篇第五：始東晉丘道護支曇諦誄，終百官駁儀表啓狀等及詔所親表啓論等，凡五十餘首。　慈濟篇第六：始沈休文究竟慈悲論，終梁武帝斷酒肉文，凡五首。戒功篇第七：始遠公與劉遺民書，終南齊文宣公浄行法門，凡十首。浄住子浄行法門，始皇覺

〔一〕「後序」，原無，據北藏補。

〔二〕「三十卷，南作三十三卷，北作四十卷」，南、北藏皆標三十卷，分别分爲三十三册、四十册，故稱三十三卷、四十卷。

辨德門第一，終發願莊嚴門第三十一，即慈悲懺之所宗也。　啓福篇第八：始諸帝與太山朗法師書，終唐太子西明寺鐘銘，凡四十餘首。　悔罪篇第九：始梁簡文謝勅爲建涅槃懺啓，終梁、陳皇帝依經悔過文，凡十五首。　統歸篇第十：梁武帝淨業賦并序，梁高祖孝思賦，梁宣帝遊七山寺賦，梁王錫宿山寺賦，魏高允鹿苑賦，李顒大乘賦并序，釋慧命詳玄賦，蕭子雲玄圃園講賦，釋真觀夢賦，江淹傷愛子賦、無爲論，釋道安檄魔文、魔主報檄、破魔露布文、平魔赦文、平心露布文，晉沙門支道林讚佛詩八首，終宣法師秋日遊東山寺尋𥓓、曇二法師一首，凡一百五十八首。

集古今佛道論衡實録四卷　南給北壁　唐終南山釋道宣撰

後漢隆法道士表請角試事第一，乃至唐天子在司成宣范義頵宅難莊易義第三十三〔一〕，皆辨釋、老優劣事。

續集古今佛道論衡一卷　南給北壁　唐沙門智昇撰

西域、天竺國事，出後漢列傳七十八。

〔一〕篇名，北藏作「茅齋中與國學博士范贇談論三十三」。

集神州塔寺三寶感通録三卷，北作四卷〔一〕　南兵北富　唐麟德元年終南山釋道宣撰

初、明舍利表塔，共緣二十。　第二、靈像垂降，共緣五十。　第三、引聖寺、瑞經、神僧，聖寺十二，瑞經三十八，神僧三十。

集沙門不應拜俗等事六卷　有太原王隱容字少微序。　南冠北縣　唐弘福寺沙門釋彦悰纂録

故事篇第一上，共十八首。　故事篇下，共十四首。　聖朝議不拜篇第二上下　聖朝議拜篇第三上，各有彈詞。　議拜篇下，結成不拜。

破邪論二卷　有虞祕書序及上殿下啓。　南冠北微　唐沙門釋法琳撰

廣破傅奕邪説。

辯正論八卷，北作九卷　有陳子良序。　南陪北旦　唐沙門釋法琳撰，東宮學士陳子良注

三教治道篇第一上下　十代奉佛篇第二上下　佛道先後篇第三　釋李師資篇第四　十喻篇第五：答傅道士十異。　九箴篇第六：答外九迷論。　氣爲道本篇第七　信毁交報篇第八　品藻衆書篇第九：儒推孝經，佛備衆典。　出道僞謬篇第十：略明八謬。　歷世相承篇第十一：略辨九事。　歸心有地篇第十二：引梁武帝捨道勑文及蕭綸等受菩

〔一〕「三卷，北作四卷」，北藏分爲卷一、卷二、卷三上、卷三下，共四册，稱四卷。

薩戒啓，後有法琳與尚書右僕射蔡國公書。

十門辯惑論二卷　南冠北微　唐興善寺沙門釋復禮撰

通力上感門一　應形俯化門二　浄穢土別門三　迷悟見殊門四　顯實得記門五　反經讃道門六　觀業救捨門七　隨教抑揚門八　化佛隱顯門九　聖王興替門十：答太子文學權無二釋典稽疑。

甄正論三卷　南輦北微　唐佛授記寺沙門玄嶷撰

廣破靈寳等經、天尊等名之僞。

護法論一卷　南營北旦　宋無盡居士張商英述

廣破歐陽修謗佛邪説，申明佛理。後附李長者昭化院記及徐師川跋、鄭德興後序。

鐔津文集二十卷　孟軻　宋明教禪師契嵩撰

初一卷，目録并行業記。　前三卷，即輔教篇重出。　第四卷，皇極論及中庸解五篇。　第五至第七卷，論原四十篇、雜著六篇。　第八卷，雜著六篇、萬言書一封。　第九卷，書、啓，共十三封。　第十卷，書、啓、狀，共四十四封。　第十一卷，敘十四篇，又九篇。　第十二卷，志、記、銘、碑，十二篇。　第十三卷，碑、記、銘、表、辭，七篇；述、題、書、贊、傳、評，十二篇。　第十四至十六卷，非韓三十篇。　第十七卷，古律詩六十首。　第十八卷，唱和詩六十九首。　第十九卷，諸師序、讚、詩、題、疏，并後序。

輔教篇〔一〕三卷　南回北漢　宋明教禪師契嵩撰

原教　勸書三篇　廣原教并序，二十六篇。　孝論并序，一十三篇。　壇經贊　真諦無聖論元在嘉祐集中。

元至元辯僞録〔二〕五卷　有張伯淳序、貴吉祥序。　南營北嶽　元雲峰禪寺沙門祥邁奉勅實録撰

安立天尊僞第一，乃至偷佛神化僞第十四，并後記。共二卷。　當時侵奪僧寺，及辨論勅復事實。二卷。聖旨焚毀諸路僞道藏經之碑、下火文、如意答石介怪記、聖旨特建釋迦舍利靈通之塔碑文。共一卷。

三教平心論二卷　黜　元静齋學士劉謐撰

先明三教並是勸人止惡行善，不可偏廢。次明極功淺深不同。後廣破韓愈之説，并破歐陽、程、朱之説。

折疑論五卷　前有屈蟠序。　兹　比丘子成號妙明著，西域師子比丘述註

〔一〕書名據南藏著録，北藏作「輔教編」。

〔二〕書名據南藏著録，北藏無「元至元」三字。

敘問第一　聖生第二：言佛降誕之迹。　問佛第三：答不稱姓名而稱佛之問。　喻舉第四：喻明佛經非是繁而不要。　宗師第五：言古今帝王、賢士皆宗師佛。　通相第六：通明佛之妙相。　論孝第七　拒毁第八　評儀第九　舉問第十：答事鬼知死之問。　解惑第十一：解夷夏之惑。　釋謗第十二　辨施第十三　殊見第十四　隨宜第十五　優劣第十六　先知第十七：謂漢明以前，已先有知佛者。　尊釋篇第十八：客方崇佛。　言符第十九：脗合三教之理。　會名第二十：會同三教聖人之名。

十二、音義〔一〕

一切經音義二十五卷，北作二十六卷　前有道宣序。　南云亭雁北郡秦并　唐翻經沙門玄應撰

卷一，華嚴、大集、日藏、月藏、大威德、法炬六經。卷二，大涅槃經。卷三，般若十部。卷四，見實等十九經。卷五，海龍王等六十四經。卷六，法華經。卷七，正法華等四十四經。卷八，維摩等七十一經律。卷九，智度論。卷十，般若燈等十論。卷十一，正法念等四經。卷十二，長阿含等十五經。卷十三，般泥洹等八十七經。卷十四，四分律。卷十五，十誦、僧祇、五分三律。卷十六，善見等二十一律。卷十七，阿毗曇等五論。卷十八，成實等

〔一〕「十二音義」，康熙本、乾隆本無，底本增加。

十六論。卷十九，佛本行集、撰集百緣。卷二十，陀羅尼等二十八集〔一〕。卷二十一，大菩薩藏等十三經。卷二十二，瑜伽師地論。卷二十三，顯揚等十論。卷二十四，阿毗達磨俱舍論。卷二十五，阿毗達磨順正理論。

新譯大方廣佛華嚴經音義二卷，北作四卷　有序。　南塞北并　唐京兆静法寺沙門慧苑述

紹興重雕大藏音三卷　前有柳豫序。　南塞北百　宋精嚴寺釋處觀集

略如字彙，共一百七十四部。

十三、目録〔二〕

出三藏記集十五卷，北作十七卷〔三〕　有序。　南跡百北户封　梁釋僧祐撰

卷一，集三藏緣記第一、十誦律五百羅漢出三藏記第二、菩薩處胎經出八藏記第三、梵漢譯經文字音義同異記第四、前後出經異記第五。卷二，新集撰出經律論録第一、新集條解異出經録第二。卷三，新集安公古異經録第一、失譯經録第二、涼土異經録第三、關中異

〔一〕「集」，當爲「經」，此卷所收雖爲賢聖集傳，但多以「經」爲名。

〔二〕「十三目録」，康熙本、乾隆本無，底本增加。

〔三〕「十五卷，北作十七卷」，北藏標十五卷，卷四、卷十二分上下卷，共十七册，故稱十七卷。

經録第四、新集律分爲五部記録第五、十八部記録第六、漢地四部記録第七。卷四，新集續撰失譯雜經録。卷五，新集鈔經〔一〕録第一、安公疑經録第二、新集疑經録第三、安公注經及雜經志録第四、小乘迷學竺法度造異儀記第五、長安叡法師喻疑第六。卷六至十一，共經序一百十篇。卷十二，雜録序十篇。卷十三至十五，共傳三十二篇。

衆經目録七卷，今作六卷〔二〕　南郡北宗　隋翻經沙門法經等奉勅撰

大乘修多羅藏録第一：有六分。一譯一、異譯二、失譯三、別生四、疑惑五、僞妄六。小乘修多羅藏録第二六分如前。　大乘毗尼藏録第三六分如前。　小乘毗尼藏録第四六分如前。　大乘阿毗曇藏録第五六分如前。　小乘阿毗曇藏録第六六分如前。　佛滅度後撰集録第七：西方聖賢一、此土鈔集二。　傳記録第八：西域、此方。　著述録第九：西域、此方。

衆經目録五卷　有序〔三〕。　南百北嶽　隋仁壽年翻經沙門及學士等撰

〔一〕「經」下，原多一「經」字，據康熙本、乾隆本、北藏删。
〔二〕「七卷，今作六卷」，南、北藏仍標七卷，合爲六册，故稱六卷。
〔三〕「有序」，康熙本、乾隆本放在下一行「學士等撰」後，底本移至此處。

單本第一，重翻第二，賢聖集傳第三，別生第四〔一〕，疑僞第五，闕本第六〔二〕。

大唐内典録十一卷，北作十六卷〔三〕　有序。　南并嶽北侈富　唐沙門〔四〕釋道宣撰

歷代衆經傳譯所從録第一　翻本單重人代存亡録第二　總撮入藏録第三　舉要轉讀録第四　有目缺本録第五　道俗述作注解録第六　支派陳化録第七　疑僞經論録第八　録目終始序第九　應感興敬録第十　續録一卷

武周刊定衆經目録十五卷　有序〔五〕　南郡秦北宗泰　唐沙門明佺等撰

大乘單譯經目一。　重譯經目二、三、四、五。　大乘律論目六。　小乘單譯經目七。　重譯經目八、九〔六〕。　小乘律論賢聖集傳十。　大小乘失譯經目十一。　闕本經目十二。　見

〔一〕「賢聖集傳第三，別生第四」，底本作「別生第三，賢聖集傳第四」，康熙本、乾隆本同，據北藏改。

〔二〕「闕本第六」，原無，康熙本、乾隆本同，據北藏補。

〔三〕「十一卷，北作十六卷」，北藏標十卷，卷三、四、五、九、十各分上下卷，又有續大唐内典録一卷，共十六册，稱十六卷。

〔四〕「沙門」，康熙本、乾隆本無，底本增補。

〔五〕「有序」，康熙本、乾隆本在下一行「撰」字後，底本移至此處。

〔六〕「九」，原無，康熙本、乾隆本同，據北藏補。

定入藏流行目上下十三、十四。　附刊定僞經目録一卷

古今譯經圖紀〔一〕四卷　南嶽北輕　唐翻經沙門靖邁撰

始自漢明帝時摩騰尊者，終於唐太宗時玄奘法師，各敘其所譯經論。

續古今譯經圖紀〔二〕一卷　南嶽北輕　唐開元庚午歲沙門智昇撰

始自唐貞觀時沙門智通，終於開元時金剛智國師。

開元釋教録舊二十卷，南作二十五卷，北作三十卷〔三〕　南宗泰岱禪北車駕肥　唐西崇福寺沙門智昇撰

總括羣經録上分爲十卷。　別分乘藏録下，更爲七：有譯有本録第一，一千一百四十二部，五千四十八卷；有譯無本録第二；支派別行録第三；删略繁重録第四；補闕拾遺録第五；疑惑再詳録第六；僞妄亂真録第七。有譯有本中，又爲三：一、菩薩三藏録，二、聲聞三藏録，三、聖賢傳記録。已上共爲十一卷。　入藏録三卷

〔一〕「紀」，原作「記」，康熙本、乾隆本和南藏目録同，據北藏目録和南藏、北藏正文改。

〔二〕「紀」，原作「記」，康熙本、乾隆本和南藏目録同，據北藏目録和南藏、北藏正文改。

〔三〕「舊二十卷，南作二十五卷，北作三十卷」，南藏、北藏皆標二十卷，南藏分爲二十五册，稱二十五卷；北藏卷二、四、五、八、十一、十二、十三、十四、十五、十九各分上下卷，共三十册，稱三十卷。

開元釋教録略出四卷，北作五卷〔一〕　南禪北輕　唐西崇福寺沙門智昇撰

即前入藏録，用千字文編定。

至元法寶勘同總録十卷　前有釋克己及浄伏序。　南紫北禪　元講經論沙門慶吉祥等奉詔集

初、總標年代，括人代之宏綱。自漢明戊辰，迄至元乙酉，凡一千二百十九年，歷朝二十二代，譯師一百九十四人，所出三藏一千四百四十部，五千五百四十六卷。二、别約歲時，分記録之殊異。三、略明乘藏，顯古録之梯航。開元録所紀一千一十六部，四千五百七卷，貞元録所紀一百二十七部，二百四十二卷，祥符録所紀二百部，三百八十四卷，景祐録所紀十九部，百五十卷，弘法録及拾遺編七十五部，百五十六卷。四、廣列名題，彰今目之倫序。初、契經藏，分菩薩、聲聞。菩薩藏中又分顯密。顯中先列般若等五大部，略同南、北兩藏。二、調伏藏，亦分菩薩、聲聞。三、對法藏，亦分菩薩、聲聞。於中先出梵語經題，次出此間經題，後出譯人及品數。

〔一〕「四卷，北作五卷」，北藏分卷一、卷二上、卷二下、卷三、卷四，共五册，稱五卷。

大藏聖教法寶標目十卷　前有王古序偈及釋克己序。　南門北岱　宋〔一〕清源居士王古撰

即依勘同總録，略標各經卷帙及品數大旨〔二〕。

大明重刊三藏聖教目録三卷　南塞北〔缺〕

即南藏目録，分十七科：一、般若部，二、寶積部，三、大集部，四、華嚴部，五、涅槃部，六、五大部外重譯經，七、單譯經，八、小乘阿含部，九、小乘單譯經，十、宋元入藏諸大小乘經，十一、西土聖賢撰集，十二、大乘律，十三、小乘律，十四、大乘論，十五、小乘論，十六、續入藏諸論，十七、此方撰述。

十四、序讚詩歌〔三〕

大明太宗文皇帝御製序讚文〔四〕一卷　北主南〔缺〕

〔一〕「宋」原作「元」，康熙本、乾隆本、南藏、北藏、乾隆藏作「元」，磧砂藏、徑山藏未題朝代。智旭閱藏知津敍稱「宋有王古居士」，現代學者皆考證爲「宋」，據改。

〔二〕閱藏知津敍謂「標目僅順宋藏次第，略指端倪」。由於後人將至元法寶勘同總録「文前大科」抄入此書，智旭誤解爲「即依勘同總録」，實際法寶標目成書在前。

〔三〕「十四序讚詩歌」，康熙本、乾隆本無，底本增加。

〔四〕「序讚文」，原無「讚」字，康熙本、乾隆本作「敍文」，據北藏補。

諸佛世尊如來菩薩尊者神僧名經四十卷　北云亭雁門南〔缺〕

諸佛世尊如来菩薩尊者神僧名稱歌曲五十一卷　北紫至城南〔缺〕

十五、應收入藏此土撰述〔一〕

大方廣佛新華嚴經論四十卷，今合經百二十卷　唐太原方山長者李通玄造論，唐福州開元寺沙門志寧釐經合論〔二〕

略釋新華嚴經修行次第決疑論四卷　大唐北京李通玄撰

解迷顯智成悲十明論一卷　唐太原李通玄撰

大方廣佛華嚴經普賢行願品疏一卷　唐太原大崇福寺沙門澄觀述

維摩詰所説經無我疏十二卷〔三〕　明天台山幽谿沙門傳燈著

法界聖凡水陸勝會修齋儀軌六卷　宋四明東湖沙門志磐撰，明古杭雲棲沙門袾宏重訂

念佛三昧寶王論三卷　唐紫閣山草堂寺沙門飛錫撰

浄土或問　元師子林天如和尚説，小師善遇編

〔一〕「十五應收入藏此土撰述」，康熙本、乾隆本無，底本增加。

〔二〕此處兩位作者，康熙本、乾隆本無，底本增補。直到卷末，情況相同，不再一一出校記。

〔三〕「十二卷」，康熙本、乾隆本無，底本補。

寶王三昧念佛直指四卷　四明鄞江沙門妙叶集

西齋浄土詩〔一〕二卷　明四明沙門梵琦著

浄土生無生論一卷　明天台山幽谿沙門傳燈撰

西方合論十卷，可作六卷　明荷葉庵石頭道人袁宏道撰述

樂邦文類六卷，可作十二卷　宋四明石芝沙門宗曉編次

龍舒浄土文十卷　宋國學進士王日休譔

往生集三卷　明古杭雲棲沙門袾宏輯

西方發願文　明古杭雲棲沙門袾宏著并釋

四明尊者教行録七卷　宋沙門宗曉述

十不二門指要鈔詳解　唐荆谿尊者湛然釋籤，宋四明尊者知禮鈔，宋武林沙門可度詳解

三千有門頌略解〔二〕

〔一〕「西齋浄土詩」，康熙本、乾隆本作「楚石禪師西齋浄土詩」。

〔二〕「三千有門頌略解」，宋陳瓘述，明釋真覺解。

永嘉禪宗集註可作四卷〔一〕　明天台山幽谿沙門傳燈重編并註

傳佛心印記註〔二〕

心賦註四卷〔三〕　宋杭州慧日永明寺智覺禪師延壽述

石門文字禪三十卷〔四〕　宋江西筠谿石門寺沙門釋德洪覺範著

智證傳〔五〕十卷，可作五卷　附寶鏡三昧〔六〕　宋寂音尊者惠洪覺範撰，門人覺慈編

正法眼藏三卷　宋徑山大慧禪師宗杲集并著語

大慧〔七〕**書**二卷　宋徑山沙門釋宗杲撰

雪巖欽禪師語録

〔一〕「可作四卷」，康熙本、乾隆本無，底本增加。

〔二〕「傳佛心印記註」，元釋懷則記，明釋傳燈注。

〔三〕「四卷」，康熙本、乾隆本正文無，總目作「五卷」。

〔四〕「三十卷」，康熙本、乾隆本正文無，總目有。

〔五〕「智證傳」，康熙本、乾隆本作「寂言尊者智證傳」。

〔六〕「附寶鏡三昧」，康熙本、乾隆本無，底本增補。

〔七〕「大慧」，康熙本、乾隆本無。

高峯妙禪師語録

天如則禪師語録

楚石琦禪師語録

紫柏老人全集三十卷　前有憨山大師并居士李日華序〔一〕。　明徑山沙門釋真可撰

方便語明憨山德清著

壽昌經禪師語録二卷〔二〕　門人元來集

唯識開蒙　元義臺寺宗法圓明通濟大師雲峰集

林間録二卷　宋明白庵釋惠洪撰

羅湖野録二卷　宋江西沙門曉瑩集

大慧普覺禪師〔三〕宗門武庫一卷　參學比丘道謙編

緇門崇行録一卷　明古杭雲棲沙門袾宏輯

〔一〕「三十卷」至「李日華序」，康熙本、乾隆本無，底本增補。

〔二〕「二卷」，康熙本、乾隆本無，底本補。

〔三〕「大慧普覺禪師」，康熙本、乾隆本無，底本補。

釋氏通鑑十二卷　宋括山一庵釋本覺編集

禪林僧寶傳三十卷　前有長沙侯延慶引、臨川張宏序〔一〕。　宋明白庵居沙門惠洪撰

續〔二〕**原教論**上下合卷〔三〕　明翰林院待詔建安沈士榮著

通翼

佛法金湯編十六卷　明會稽沙門釋心泰編

廣養濟院説

大明釋教彙門目録四卷　**標目**四卷　**彙目義門**四十一卷　明東吴沙門釋寂曉集

已上此方撰述，始自御製序文，終至釋教彙門等，共四十八種，老人但載其名，甫即示寂。今不敢妄增，敬依原稿録出，觀者諒之。○光緒辛卯，金陵刻經處校訂重刊，添註撰述人名，其無考者缺焉。

〔一〕「三十卷」至「張宏序」，康熙本、乾隆本無，底本補。

〔二〕「續」，康熙本、乾隆本無。

〔三〕「上下合卷」，康熙本、乾隆本作「一卷」。

附録

一、清人序跋

康熙四十八年重修版跋語(釋德成)

自紫柏大師之刊布方册藏典也,撰述家羣以附藏流行爲不朽之圖。夫今人之撰述而欲附藏以流行也,必其書果可與三藏並行然後可,否則吾未見其不磨滅也。且從來已經入藏者,而亦有幸不幸存乎其間,況僅附藏流行者乎! 吾嘗見元藏中,有宋太宗秘藏詮、宋孝宗圓覺解,考之今藏,則無復存者。又慈恩一家著述,如唯識述記、唯識樞要、上生經疏、因明論疏、彌陀通贊、法華玄贊等,有百餘卷,及其他典籍,共有六十餘函,元藏具有,今皆無復存者。由是言之,則已入藏者尚難保其不失,況僅附藏流行者乎! 夫有爲法皆遷變無常,紙貴則易模糊,歲久不免朽蠹,此必然之理也。故以今時之附藏,較之昔年之附藏,增益者固多,而減去者亦不少。何則? 以歲久板壞故也。

無論其他，即如我祖靈峯蕅益大師，一生著述最富，板存楞嚴者有三十餘種，其間如浄信堂初集八卷、浄信堂答問一册，皆板壞不復存，餘可知矣。此閲藏知津一書，流行亦最廣，而朽蠹者大半，經坊乏資修補，擬欲停印。甲申初夏，余在靈峯，適有武水孝廉朱公岸登入山隨喜，發心修刻，許資五十餘金，肇工於乙酉之冬，次第補刻，至戊子冬，一病不起，餘工未竟，遺命諄諄，必終其事，期於今夏，必欲告竣。勸導以發其始者，爲緑天幬上人，受囑以要其終者，亦緑天幬上人。上人之力與朱公之功，當並垂不朽云。

朱公字蹈勇，二十六舉於鄉，乃篤信實行君子也。讀書懷古，兼慕佛乘，擬以皇家之柱石，爲法苑之金湯。請僧修大悲行法，極其誠敬，不惜千金之費。復以千金建壇，擬欲重修行法。年僅三十有八，而竟賫志長往也，惜哉！然佛云「福不唐捐」，有願必遂。吾願朱公以此功勳，回向浄土，得無生忍，還入娑婆，於以弘濟時艱，懋昭偉績，率天下之人，同入無爲之域，寧僅柱石、金湯而已哉！　時康熙己丑春分，檇李鳳鳴講寺法孫德成謹識。

乾隆五十七年覺生寺刻本識語（張珩）

佛種從緣起，誠哉言不虚。
即此板與書，因緣亦偶爾。

昔蕅益大師，爲傳佛慧命，
彙集此知津，二十年心力。
原板刻南方，惜今已無有，
都下諸藂林，書僅存兩部。
今覺生師尊，上徹下悟。深恐成斷滅，
因囑幻園公，展轉共尋覓。
自行并自信，皆寶坻張氏。拈花二弟子，皈依上懷下仁和尚。
托人諸方尋，書板皆無獲。
善友鄂伯仲，文秀、文光。勇於夏之鼎，
一聞樂捐資，即願廣流通。
立行付剞劂，經年始告成。
緇素各欣然，合掌同回向：
願以此功德，普及於一切，
我等與衆生，皆共成佛道。
皈依三寶弟子張珩法名。自信敬識。乾隆五十七年佛歡喜日重刊。

二、智旭傳記資料

閲藏願文（智旭）

歸命法界大醫王，種種應病玅法藥，觀音地藏看病母，願賜慈悲同哀護。智旭與衆生背一真性，起諸幻疾，三惑爲衆罪根元，四大爲百病窟宅，保妄念而塵劫不肎捨離，受毒身而輪迴無有窮絶。幸獲人倫，仍嬰衆苦，叨成僧相，尚纏惑根。禪那教觀，徒有虚名，戒律總持，咸無實義。致使魔軍得便，障難頻侵，身則衆病交煎，心則他緣逼迫，欲行善事，每不能成。

是以深生慚愧，諦信因緣，歸命觀音、地藏二大慈尊，求哀懺悔，懇賜護持，爲療惡瘧，持完大悲章句二百七十堂，而瘧漸愈。然香三炷，供養三寶，願與衆生離病因緣，斷病苦報，身心安樂，真性現前，發起大心，行諸玅行。復然三炷，今日爲始，暫減恒課，續閲藏經。願此番決無障緣，從始至終，字字明解。外則事事豐饒，行人和順，毫無片節擾心；内則精義入神，隨聞入證，決得聞持勝力。普與衆生開頓悟門，成正修路，摧魔外邪幢，奪權小僻執，沈疴立起，枯槁旋生，恭唯慈覆。

（據嘉慶五年刻靈峯宗論）

閱藏畢願文甲午九月初一日（智旭）

敬禮無邊際，去來現在佛，等空不動智，救世大悲尊。弟子智旭敬然臂香四炷，供養盡十方三世一切諸佛、一切尊法、一切菩薩、一切聖賢。痛念智旭年三十，幻寓龍居，第二閱律，遂復發心徧閱大藏，於一夏中僅閱千卷，旋以事阻。至三十三歲，甫進靈峰結冬，時山中無藏。癸酉春，藏至未裝。丙子季春，遁迹九華，於彼抱病閱千餘卷。壬午，山中藏裝成，癸未結制，簡閱僅千餘卷，又被他緣所牽。幻寓祖堂及石城北，共閱二千餘卷。己丑歸山，因註法華、占察二經，改治律要，未遑展閱。壬辰秋，擬進山畢茲夙願，又值幻緣牽至長水，借閱千卷。直至今甲午春，方獲歸卧林泉，又以一夏病緣居半，乃於仲秋月畢，僅獲完滿。

竊計發心看藏已經二十七年，出入茲山亦帀二十三載，凡歷龍居、九華、漳州、泉州、祖堂、石城、長水、靈峰八處，方獲竣事。於中前後閱律三遍，大乘經兩遍，小乘經及大小論、兩土撰述，各止一遍而已。

嗚呼！緬想法緣不易，可勝涕泗滂沱。今幸仗三寶力，已畢微願，是以然香更求加被：一者竊見南、北兩藏，竝皆糢糊失次，或半滿不辨，或經論互名，或真僞不分，或巧拙無別。雖有宋朝法寶標目、明朝彙目義門，竝未盡美盡善。今輙不揣，謬述閱藏知津、法海觀瀾二書，儻不背佛旨，乞得成就流通。二者如圓覺、維摩、彌陀、地藏，乃至大涅槃經，夙有微願，再加解釋，并僧史、寶訓，亦願增修，仰求庇護，令得速成。三者大殿半傾，前殿盡倒，觸目傷心，實難爲力，今以付與天龍，願蚤成就。四者念此荒野之地，久不聞佛法名，實賴大檝法主，大粹静主、大頎期主以創其端，至於請藏，則戒周首發大心，道晉、如源等助成其美，印刷則受籌之功，裝潢則心見之力，苦守不墜，則成瓊爲最，助緣成就，則善信是資。

伏願已上過去者，以今然香功德，三障頓消，四生永脱，蓮開上品之華，佛授一生之記，現在者道心堅固，福德增長，壽命延長，智慧開發。又願學人六人。及堂内堂外、上下静室一切法眷，各各尅除習氣，趣向菩提，戒定慧以增明，福壽康而如意。又願智旭從今以去，病苦消除，煩惱冰釋，不遭逆順兩魔，恒得安心著述。以兹法施功德，回向西方浄土，普與法界衆生，同生極樂世界。

（據嘉慶五年刻靈峰宗論）

靈峰蕅益大師自傳

先大師生平不曾乞緇素一字，不唯佛法難言，知己難得，亦鑒尚虚名之陋習，而身爲砥也。西逝時誡勿乞言，徒增訛誤。嗚呼！冰操如彼，治命如此，安敢不遵？今刻老人自傳一通，述其意于首。門人靈晟稽首。

先師壬辰秋決志肥遯，緇素遮道不得，請述行脚。冬憩長水瞀泉寺，念行脚未盡致，復述茲傳。癸巳春過古吴，有老人二三舊友，或謂傳既寓名，則宗譜法號可弗出，或謂一生心迹可述，夢感等嫌自言。老人一笑，慨然删改。時從古吴傳至留都，與長水本數處不同。後堅密子成時謂傳收著述未盡，請補，於是與古吴本又增數句矣。今同門刻傳，命南酌同異。南思老人一生苦心，唯佛祖知之，餘難知者，至不獲已述傳，令後裔有聞此四弘法門、三祇誓海，可以古人自作别傳之例例之也。邪允宜從瞀泉本，照第三番補遺書，閑字不妨互證。僉曰：善。録定本如左。門人照南稽首。

八不道人傳老人親筆評語三處附。○取中論「八不」、梵網「八不」之旨。

八不道人，震旦之逸民也。古者有儒、有禪、有律、有教，道人既蹵然不敢；今亦有儒、有禪、有律、有教，道人又艴然不屑，故名「八不」也。

俗姓鍾，名際明，又名聲，字振之。先世汴梁人，始祖南渡，居古吴木瀆。母金氏，以父岐仲公持白衣大悲咒十年，夢大士送子而生，蓋萬曆二十七年己亥五月三日亥時也。

七歲茹素。十二歲就外傳，聞聖學，即千古自任，誓滅釋老。開葷酒，作論數十篇，闢異端，夢與孔顔晤言。十七歲，閲自知録序及竹窻隨筆，乃不謗佛，取所著闢佛論焚之。二十歲，詮論語，至「天下歸仁」，不能下筆，廢寢忘飡三晝夜，大悟孔顔心法。冬，喪父，聞地藏本願，發出世心。二十二歲，專志念佛，盡焚窻稾二千餘篇。二十三歲，聽大佛頂經，謂世界在空，空生大覺，遂疑何故有此大覺，致爲空界張本。悶絶無措，但昏散最重，功夫不能成片，因決意出家，體究大事。

二十四歲，夢禮憨山大師，哭恨緣慳，相見太晚。師云：「此是苦果，應知苦因。」語未竟，遽請曰：「弟子志求上乘，不願聞四諦法。」師云：「且喜居士有向上志，雖然不能如黄檗、臨濟，但可如巖頭、德山。」心又未足，擬再問，觸聲而醒。因思古人安有高下，夢想妄分別耳。一月中三夢憨師。師往曹谿，不能遠從，乃從雪嶺師剃度，命名智旭。雪師，憨翁門人也。

夏、秋作務雲棲，聞古德法師講唯識論，一聽了了，疑與佛頂宗旨矛盾。請問，師云：「性相二宗，不許和會。」甚怪之，佛法豈有二岐邪？一日問古師云：「不怕念起，只怕覺遲。且如中陰入胎，念起受生，縱令速覺，如何得脱？」師云：「汝今入胎也未？」道人微笑，師云：「入胎了也。」道人無語。師云：「汝謂只今此身果從受胎時得來者邪？」道人流汗浹背，不能分曉，竟往徑山坐禪。次年夏，逼拶功極，身心世界忽皆消殞，因知此身從無始來當處出生，隨處滅盡，但是堅固妄想所現之影，刹那刹那，念念不住，的確非從父母生也。從此性相二宗一齊透徹，知其本無矛盾，但是交光邪説大誤人耳。是時一切經論、一切公案，無不現前，旋自覺悟，解發非爲聖證，故絶不語一人。久之則胷次空空，不復留一字脚矣。

二十六歲，受菩薩戒。二十七歲，偏閲律藏，方知舉世積譌。二十八歲，母病篤，四刲肱不救，痛切肺肝。既悟此身非父母生，何故又刲肱救母？參！ 葬事畢，焚棄筆硯，矢往深山。道友鑒空留掩關於松陵。關中大病，乃以參禪工夫求生浄土。三十歲，出關朝海。將往終南，道友雪航願傳律學，留住龍居，始述毗尼事義集要及梵室偶談。是年遇惺谷、歸一兩友，最得交修之益。

三十一歲，送惺谷至博山薙髮，隨無異禪師至金陵，盤桓百有十日，盡諳宗門近時流弊，乃決意弘律。然律解雖精，而煩惱習强，躬行多玷，故誓不爲和尚。三業未浄，謬有知律之名，名過於實，此道人生平之恥。 三十二歲，擬註梵網，作四鬮問佛，一曰宗賢首，二曰宗天台，三曰宗慈恩，四曰自立宗。頻拈得台宗鬮，於是究心台部，而不肎爲台家子孫。以近世台家與禪宗、賢首、慈恩各執門庭，不能和合故也。時人以耳爲目，皆云道人獨弘台宗，謬矣，謬矣！

三十三歲秋，惺谷、壁如二友去世，始入靈峰過冬，爲作請藏因緣。三十五歲，造西湖寺，述占察行法。三十七歲，住武水，述戒消災略釋、持戒犍度略釋、盂蘭盆新疏。三十八歲，住九華，次年述梵網合註。四十一歲，住温陵，述大佛頂玄義文句。四十二歲，住漳州，述金剛破空論、蕅益三頌、齋經科註。四十四歲，住湖州，述大乘止觀釋要。四十六歲，住靈峰，述四十二章經、遺教經、八大人覺解。四十七歲，住石城，述周易禪解。是秋住祖堂。越二年，述唯識心要、相宗八要直解、彌陀要解、四書蕅益解。五十一歲，冬返靈峰，述法華會義。次年，述占察疏，重治律要。五十四歲，住晟谿，草楞伽義疏，遷長水而始竟。

尚有閲藏知津、法海觀瀾，圓覺、維摩、起信諸疏，厥願未完，姑竢後緣而已。生平嘗有言曰：「漢宋註疏盛而聖賢心法晦，如方木入圓竅也；隨機羯磨出而律學衰，如水添乳也；指月録盛行而禪道壞，如鑿混沌竅也；四教儀流傳而台宗昧，如執死方醫變證也。」是故舉世若儒、若禪、若律、若教，無不目爲異物，疾若寇讎。道人笑曰：「知我者，唯釋迦、地藏乎？罪我者，亦唯釋迦、地藏乎？」孑然長往，不知所終。

先大師示寂，不肖成時謬膺同門嚴命，輯靈峰宗論。輯成，載老人自傳於卷首。因念老人癸巳、甲午二年中行脚還山，并所有著述及乙未正月末後一段光明，皆缺然無紀。同門又謬謂不肖侍行脚，知其事爲詳，理應附記。辭不獲，合十稽首記曰：

靈峰蕅益大師自傳，成於壬辰臘月。次年癸巳，老人五十五歲，夏四月，入新安，結後安居於歙浦天馬院，著選佛譜，閲宗鏡録，删正法涌、永樂、法真諸人所竄雜説，引經論之誤，及歷來寫刻之譌，於三百六十餘問答，一一定其大義，標其起盡。閲完，作校定宗鏡録跋四則。又汰袁宏道集，存一册，名袁子。秋八月，遊黄山、白嶽諸處。冬，復結制天馬，著起信裂網疏。

次年，五十六歲，甲午，於正月應豐南仁義院請，法施畢，出新安。二月後褒灑陀日還靈峰，夏卧病，選西齋淨土詩，製贊，補入淨土九要，名淨土十要。夏竟，病愈。七月，述儒釋宗傳竊議。八月，續閲大藏竟，九月，成閲藏知津、法海觀瀾二書。冬十月病，復有獨坐書懷四律，中有「庶幾二三子，慰我一生思」之句。十一月十八日，有病中口號偈。

臘月初三，有病間偶成一律，中有「名字位中真佛眼，未知畢竟付何人」之句。是日口授遺囑，立四誓，命以照南、等慈二子傳五戒、菩薩戒，命以照南、靈晟、性旦三子代座、代應請，命闍維後磨骨，和粉麪，分作二分，一分施鳥獸，一分施鱗介，普結法喜，同生西方。十三起淨社，有願文，嗣有求生淨土偈六首。除夕，有艮六居銘，有偈。

乙未元旦，有偈二首。二十日病復發，二十一日晨起病止，午刻，趺坐繩牀角，向西舉手而逝。時生年五十七歲，法臘三十四，僧夏從癸亥臘月至癸酉自恣日，又從乙酉春至今乙未正月，共計夏十有九。丁酉冬，門人如法茶毗，髮長覆耳，面貌如生，趺坐巍然，牙齒俱不壞，因不敢從粉骴遺囑，奉骨塔於靈峰之大殿右。「丁酉」下四十二字係戊戌春茶毗後補記。

嗚呼！痛哉！世間眼滅，正法幢摧，惡心向佛之魔邪，誰與救正？好心遭毒之男女，誰與扶持？良以吾輩業重，不能感哲人久住故耳。老人傳末云：「尚有閲藏知津、法海觀瀾，圓覺、維摩、起信諸疏，厥願未完，姑竢後緣。」又閲藏畢然香願文中云：「一者竊見南北兩藏，竝皆糢糊失次，或半滿不辨，或經論互名，或真譌不分，或巧拙無别。雖有宋朝法寶標目、明朝彙目義門，竝未盡美盡善。今輒不揣，謬述閲藏知津、法海觀瀾二書，儻不背佛旨，乞得成就流通。二者如圓覺、維摩、彌陀、地藏，乃至大涅槃經，夙有微願，再加解釋，并僧史、寶訓，亦願增修，仰求庇護，令得速成。」又定嗣註經目，有行願品續疏、圓覺經新疏、無量壽如來會疏、觀經疏鈔録要、十輪經解、賢護經解、藥師七佛經疏、地藏本願經疏、維摩補疏、金光明最勝王經續疏、同性經解、無字法門經疏、十二頭陀經疏、仁王續疏、大涅槃合論、四阿含節要、十善業道經解、發菩提心論解、摩訶止觀輔行録要、僧史删補、緇門寶訓，共二十一種。上三處所列，唯閲藏知津、法海觀瀾、起信疏告成，餘俱不可復得矣。

雖然，老人著述頗富，識取綱宗，更何所欠！况大用方新，願輪正轉，珍池受記之後，速入娑婆，收拾有緣，喘息未了，公案當可頓完。吾輩現在未來皆可親近受學，勿以時方形骸不實之相貳其心，可也。但成時受恩最深，負恩最重，又緬想哲人間出，玅法難逢，又念大事因緣關繫萬世，雖流通有時，而衆生障難殷繁，爰然香一千炷，捨身洪流，一報師恩，助轉願輪；二供玅法，生生值遇；三轉劫濁，救苦衆生；四代粉骴，滿師弘誓；五懺重罪，決生珍池。嗚呼！知我罪我，唯大地衆生乎？

順治乙未臘月十二日，不肖門人成時稽首謹記。

（據嘉慶五年刻靈峰宗論）

浄土聖賢録卷六智旭（彭希涑）

智旭，字蕅益，姓鍾，吴縣人。父持白衣大悲咒，夢大士送子而生。旭少以聖學自任，著書闢佛，凡數千言。及閲雲棲竹窗隨筆，乃焚所著論。年二十，讀地藏本願經，發出世志，日誦佛名。天啓元年，年二十三〔一〕，聽一法師講經，疑情忽發。用心參究，已而豁然。尋掩關於吴江，遇疾且殆，始一意求生浄土。疾少間，結壇持往生咒七日，説偈曰：「稽首無量壽，拔業障根本，觀世音勢至，海衆菩薩僧。我迷本智光，妄墮輪回苦，曠劫不暫停，無救無歸趣。劣得此人身，仍遭劫濁亂，雖復預僧倫，未入法流水。目擊法輪壞，欲挽力未能。良由無始世，不植勝善根。今以決定心，求生極樂土。乘我本誓船，廣度沈淪衆。我若不往生，不能滿所願。是故於娑婆，畢定應舍離。猶如被溺人，先求疾到岸，乃以方便

〔一〕「三」，原作「四」，據智旭八不道人傳改。

力，悉拯暴流人。我以至誠心，深心回向心，然臂香三炷，結一七浄壇，專持往生咒，惟除食睡時。以此功德力，求決生安養，我若退初心，不向西方者，寧即墮泥犂，令疾生改悔。誓不戀人天，及以無爲處。仰願大威神，力無畏不共，三寶無邊德，加被智旭等，折伏使不退，攝受令增長。」其後歷住温陵、漳州、石城、晟溪、長水、新安，廣宏台教，而歸老於靈峯。

時諸方禪者多以浄土爲權教，遇念佛人，必令參究「誰」字。「旭」獨謂持名一法即是圓頓心宗。有卓左車者，嘗設問言：「如何是念佛門中向上一路？如何得離四句、絶百非？如何是念佛人最後極則？如何是淆譌處腦後一鎚？冀和尚將向來『自性彌陀、唯心浄土』等語，撇向一邊，親見如來境界，快説一番，震動大千世界。」旭答言：「向上一著，非禪非浄，即禪即浄，才言參究，已是曲爲下根。果大丈夫，自應諦信是心作佛，是心是佛。設一念與佛有隔，不名念佛三昧。若念念與佛無間，何勞更問阿誰？浄土極則事，無念外之佛，爲念所念，無佛外之念，能念於佛？正下手時，便不落四句百非，通身撈入，但見阿彌陀佛一毛孔光，即見十方無量諸佛；但生西方極樂一佛國土，即生十方諸佛浄土。此是向上一路。若捨現前彌陀，别言自性彌陀，捨西方浄土，别言唯心浄土，此是淆譌公案。經云：『三賢十聖住果報，唯佛一人居浄土。』此是腦後一鎚。但能深信此門，依信起願，依願起行，則念念流出無量如來，徧坐十方微塵國土，轉大法輪，照古照今，非爲分外，何止震動大千世界？」

又嘗示人云：「夫念佛法門，别無奇特，只是深信力行爲要耳。佛云：『若人但念彌陀佛，是名無上深妙禪。』天台云：『四種三昧，同名念佛，念佛三昧，名爲三昧中王。』雲棲云：『一句阿彌陀佛，該羅八教，圓攝五宗。』可惜如今人將念佛看做淺近勾當，謂愚夫愚婦工夫。所以信既不深，行亦不力，終日悠悠，淨功莫尅。或有巧設方便，欲深明此念佛三昧者，動以參究『誰』字爲向上，殊不知一念現前之心本自離句絶非，不消作意離絶。即現前一句所念之佛，亦本超情離見，何勞説妙説玄？只貴信得及，守得穩，直下念去，或晝夜十萬，或五萬、三萬，以決定不缺爲準，畢此一生，誓無變改，而不得往生者，三世諸佛便爲誑語。一得往生，則永無退轉，種種法門，悉得現前。切忌今日張三，明日李四，遇著教下人，又思尋章摘句，遇著宗門人，又思參究問答，遇著持律人，又思搭衣用鉢。此則頭不了，帳不清。豈知念得阿彌陀佛熟，三藏十二部極則教理，都在裏許；千七百公案，向上機關，亦在裏許；三千威儀，八萬細行，三聚淨戒，亦在裏許。真能念佛，放下身心世界，即大布施；真能念佛，不復起貪嗔癡，即大持戒；真能念佛，不計是非人我，即大忍辱；真能念佛，不稍間斷夾雜，即大精進；真能念佛，不妄想馳逐，即大禪定；真能念佛，不爲他歧所惑，即大智慧。試自簡點，若於身心世界猶未放下，貪嗔癡念猶自現起，是非人我猶自挂懷，閒斷夾雜猶未除盡，妄想馳逐猶未永滅，種種他岐猶能惑志，便不名爲真念佛也。要到一心不亂境界，亦無他術，最初下手，須用數珠記得分明，刻定課程，決定無缺。久久純熟，不念自念，然後記數亦得，不記數亦得。若初心便要説好看話，要不著相，要學圓融自在，總是信不深，行不力。饒你講得十二分教，下得千七百公案〔一〕，皆是生死岸邊事，臨命終時，決然用不著。」

順治十年冬，有疾，遺命闍維後，屑骨和粉，分施禽魚，結西方緣。明年正月二十一日晨起，病良已，午刻，趺坐繩牀，向西舉手而逝。年五十七。既寂二年，如法闍維，啓龕，髮長覆耳，面如生。門人不忍從遺命，收其骨，塔於靈峯。靈峯宗論。

同治蘇州府志卷一三四智旭

智旭，吴縣鍾氏子。父持白衣大士咒，母夢大士送子而生。三歲喪母〔二〕。年十三，無書不讀，以聖學自任，著書闢佛，凡數千言。父見而責之，示以雲棲竹窗隨筆，乃焚所著論。年二十，父卒，延僧作福，見地藏本願經，讀之，始發出世志。

〔一〕「公案」，靈峯宗論示念佛法門作「轉語」。

〔二〕「三歲喪母」，據智旭八不道人傳，應係二十八歲喪母。

年二十四，入湖州金蓋山爲僧。歷主温陵、漳州、石城、長水、新安等處方丈，廣宏台教。時諸方禪士多以淨土爲權教，遇念佛人必令參究「誰」字，師獨謂持名一法即是圓頓心宗。晟溪雪篔翁聞之，乃延主慧明寺方丈。順治己丑退休靈峰，旋出雲游江浙間，自號靈峰老人。廣度故明諸老，凡得遇師者莫不言下立悟。歲甲午正月二十一日端坐而逝〔一〕，塔於靈峰。金蓋心燈。

（據光緒九年江蘇書局刻本）

蕅益大師年譜（弘一法師）

依大師自撰八不道人傳，及成時續傳録寫。復檢宗論中諸文增改，併參考别行諸疏序跋補訂焉。己未，居錢塘，初稿。辛酉，掩室永嘉，改纂。乙亥，住温陵月臺，再治。老病纏綿，精力頹弊，未能詳密校理，殊自愢也。

年譜諸文，雖有撮略，或加潤飾，但悉有所據。若述私意，則寫雙行小字，上冠「案」字，以區别也。

明萬曆二十七年己亥　一歲

〔一〕「甲午」，據智旭弟子成時對靈峰蕅益大師自傳的續傳，智旭卒年爲「乙未」。

是年五月三日亥時，大師生。

俗姓鍾，名際明。又名聲，字振之。先世汴梁人，始祖南渡，在古吴木瀆。父名之鳳，字岐仲。母金氏，名大蓮。以父持白衣大悲咒十年，夢大士送子而生。時父母皆年四十。

庚子　二歲

辛丑　三歲

壬寅　四歲

癸卯　五歲

甲辰　六歲

乙巳　七歲

始茹素。己巳，大師禮大悲銅殿偈有云：「我幼持齋甚嚴肅，夢感大士曾相召。」

丙午　八歲

丁未　九歲

戊申　十歲

己酉　十一歲

庚戌　十二歲

就外傅，聞聖學，即以千古道脈爲任，嚻嚻自得。天子不得臣，諸侯不得友，於居敬慎獨之功，致知格物之要，深究之。開脾酒，作論數十篇，闢異端，夢與孔顏晤言。

辛亥　十三歲

壬子　十四歲

癸丑　十五歲

甲寅　十六歲

乙卯　十七歲

閲自知録序及竹窗隨筆，乃不謗佛，取所著闢佛論焚之。

丙辰　十八歲

丁巳　十九歲

戊午　二十歲

詮論語顏淵問仁章，竊疑「天下歸仁」語。苦參力討，廢寢忘餐者三晝夜，忽然大悟，頓見孔顏心學。

冬十一月初五日喪父，享年五十九。聞地藏本願，發出世心。庚午，大師結壇水齋持大悲咒願文，有云：「七歲斷肉，未知出世正因。十二學儒，乃造謗法重業。賴善根未絕，每潛轉默移。一觸念於自知之序，次旋意於寂感之譚。禮藥師妙典，知佛與神殊。聞地藏昔因，知道從孝積。既懷喪父之哀，復切延慈之想。書慈悲懺法，矢志尸羅，聽大佛頂經，決思離俗。」

己未　二十一歲

至星家問母壽，言六十二三必有節限。遂於佛前立深誓，唯願減我算，薄我功名，必冀母臻上壽。

庚申　二十二歲

專志念佛，盡焚窗稿二千餘篇。

天啓元年辛酉　二十三歲

聽大佛頂經，謂世界在空，空生大覺，遂疑何故有此大覺，致爲空界張本。悶絕無措，但昏散最重，功夫不能成片。因決意出家，體究大事。七月三十日，撰四十八願願文。時名大朗優婆塞。

壬戌　二十四歲

夢禮憨山大師，哭恨緣慳，相見太晚。師云：「此是苦果，應知苦因。」語未竟，遽請曰：「弟子志求上乘，不願聞四諦法。」師云：「且喜居士有向上志，雖然不能如黄檗、臨濟，但可如巖頭、德山。」心又未足，擬再問，觸聲而醒。因思古人安有高下，夢想妄分别耳。

一月中，三夢憨師。師往曹谿，不能遠從，乃從雪嶺峻師剃度，命名智旭。雪師，憨翁門人也。

案：大師字藕益，又字素華，當時諸緇素撰述中，多稱素華也。將出家，先發三願：一、未證無生法忍，不收徒衆；二、不登高座；三、寧凍餓死，不誦經禮懺及化緣，以資身口。又發三拌：拌得餓死，拌得凍死，拌得與人欺死。

將出家，與叔言别詩云：「世變不可測，此心千古然。無限他山意，丁寧不在言。」

大師出家時，母舅謂曰：「法師世諦流布，吾甥決不屑爲，將必爲善知識乎？」大師曰：「佛且不爲，況其他也。」舅曰：「既爾，何用出家？」大師曰：「只要復我本來面目。」舅乃歎善。夏、秋作務雲棲，聞古德法師講唯識論，一聽了了，疑與佛頂宗旨矛盾。請問，師云：「性相二宗，不許和會。」甚怪之，佛法豈有二歧耶？一日，問古師云：「不怕念起，只怕覺遲，且如中陰入胎，念起受生，縱令速覺，如何得脱？」師云：「汝今入胎也未？」大師微笑。師云：「入胎了也。」大師無語。師云：「汝謂只今此身果從受胎時得來者耶？」大師流汗浹背，不能分曉。竟往徑山坐禪，始受一食法。此時即與新伊法主相識，爾後爲忘年交，幾三十年，自庚午歲始，每一聚首，輒曉夜盤桓佛法弗置。學人從大師遊者，皆令禀沙彌戒於法主。初出家時，剃度師令作務三年，其時急要工夫成片，不曾依訓。始意工夫成片，仍可作務，後以聲謦日隆，竟無處討得務單。

癸亥　二十五歲

是春拜見幽溪尊者，時正墮禪病，未領片益。大師坐禪徑山。至夏，逼拶功極，身心世界忽皆消殞。因知此身從無始來，當處出生，隨處滅盡，但是堅固妄想所現之影，刹那刹那，念念不住，的確非從父母生也。從此性相二宗，一齊透徹，知其本無矛盾，但是交光邪說大誤人耳。是時一切經論、一切公案無不現前，旋自覺悟，解發非爲聖證，故絶不語一人。久之，則胸次空空，不復留一字脚矣。秋，住静天台。臘月初八日，從天台躡冰冒雪，至杭州雲棲。苦到懇古德賢法師爲阿闍梨，向蓮池和尚像前，頂受四分戒本。

甲子　二十六歲

正月三日，於三寶前，燃香刺血，寄母書。勸母勿事勞心，惟努力念佛，求出輪迴。

十二月廿一日，重到雲棲，受菩薩戒。後一日，撰受菩薩戒誓文。

大師甫受菩薩戒，發心看律藏。闍梨古德師試曰：「汝已受大，何更習小？」對曰：「重樓四級，上級既造，下級可廢耶？」師曰：「身既到上層，目豈緣下級？」對曰：「雖升他化，佛元不離寂場。」

乙丑　二十七歲

是春，就古吳閱律藏一遍，方知舉世積訛。四旬餘，録出毗尼事義要略一本，僅百餘紙。此後仍一心究宗乘。

同二三法友結夏。

寄剃度師雪嶺及闍梨古德師書，痛陳像季正法衰替，戒律不明，詞至懇切。

乙丑、丙寅兩夏，爲二三友人逼演大佛頂要義二徧。實多會心，願事闡發，以志在宗乘，未暇筆述。

丙寅　二十八歲

母病篤。四刲肱不救，痛切肺肝。

六月初一日，母亡，享年六十七。大師賦四念處以寫哀。

葬事畢，焚棄筆硯，矢往深山。道友鑒空、如寧留掩關於吴江之松陵。關中大病，乃以參禪工夫，求生浄土。

丁卯　二十九歲

是春出關，朝南海，觀洛伽山，將往終南。遇道友雪航檝公，願傳律學，留住龍居。是夏，第二次閱律藏一遍，始成毗尼事義集要四本及梵室偶談。

是年，在龍居閱藏，於一夏中，僅閱千卷。夏初遇惺谷師，乃訂交焉。時惺谷師尚未剃染。仲冬，又獲交歸一師。於是二友最得交修之益，同結冬。

崇禎元年戊辰　三十歲

刺舌血書大乘經律。撰刺血書經願文及書佛名經迴向文。

過檇李東塔，見人上堂，有感，賦偈云：「樹杪聲聲泣露哀，岸舟魚背漫相猜。宗乘頓逐東流下，觸目難禁淚滿腮。」「一滴狐涎徹體腥，當陽鴉立法王庭。却慚普眼能弘護，猶使天人掩耳聽。」「聾人聽曲啞人歌，跛躄相將共伐柯。今日已成冥暗界，不知向後又如何。」

己巳　三十一歲

正月十五日，爲同學比丘雪航智檝師講四分戒本，並刺血書願文。

是春，同歸一籌師送惺谷至博山，依無異韯禪師薙髪。韯禪師見大師所著毗尼事義集要，喜之，即欲付梓，大師不許。

在博山，遇璧如鎬師，詳論律學，遂與訂交。

隨無異韯禪師至金陵，盤桓百有十日，盡諳宗門近時流弊，乃決意弘律。大師律解雖精，而自謂「煩惱習强，躬行多玷，故誓不爲和尚」。「三業未浄，謬有知律之名，名過於實」，引爲「生平之恥」。

是春，撰持咒先白文，願持滅定業真言百萬，觀音靈感、七佛滅罪、藥師灌頂、往生浄土真言各十萬，次當結壇持大悲咒十萬。

母亡三周年，乞善友課持經咒，撰爲母三周求拔濟啓及爲母發願迴向文。

秋，遊棲霞，始晤自觀印闍梨。贈以偈云：「舉世不知真，吾獨不愛假。羨君坦夷性，堪入毗尼社。」

是冬，同歸一籌師結制龍居。第三次閲律一遍。至除夕，第三次閲律藏畢，録成六册，計十八卷。

撰禮大報恩塔偈、持準提咒願文、禮大悲銅殿偈、起咒文、除夕白三寶文。

撰尚友録序。

庚午　三十二歲

春，病滯龍居。正月初一，然臂香，刺舌血，致書惺谷。三月盡，惺谷同如是昉公從金陵回，至龍居，請季賢師爲和尚，新伊法主爲羯磨闍梨，覺源法主爲教授闍梨，受比丘戒。經三閱律，始知受戒如法不如法事。彼學戒法，固必無此理，但見聞諸律堂，亦並無一處如法者。

是春，歸一籌師作毗尼事義集要跋。

撰閱律禮懺總別二疏、安居論律告文、爲母四周願文、爲父十二周求薦拔啓。結夏安居，爲惺谷壽、如是昉、雪航檝三友細講毗尼事義集要一遍，添初後二集，共成八册。雖然盡力講究，不意或尋枝逐葉，不知綱要；或東扯西拽，絶不留心；或頗欲留心，身嬰重恙，聽不及半，其餘隨緣衆，無足責者，大師大失所望。

擬註梵網，作四鬮問佛，一曰宗賢首，二曰宗天台，三曰宗慈恩，四曰自立宗。頻拈，得天台鬮。於是究心台部，而不肯爲台家子孫。以近世台家與禪宗、賢首、慈恩，各執門庭，不能和合故也。時人以耳爲目，皆云大師獨宏台宗，謬矣謬矣。

案：大師法語，示如母云：「予二十三歲，即苦志參禪，今輒自稱私淑天台者，深痛我禪門之病，非台宗不能救耳。奈何台家子孫，猶固拒我禪宗，豈智者大師本意哉！」復松溪法主書云：「私淑台宗，不敢冒認法派。誠恐著述偶有出入，反招山外背宗之誚。」「然置弟門外，不妨稱爲功臣。收弟室中，則〔一〕不免爲逆子。知我罪我，聽之而已。」

撰結壇水齋持大悲咒願文、爲父迴向文。

辛未　三十三歲

是春，撰毗尼事義集要序于皋亭古永慶寺。先是真寂聞谷老人、博山無異禪師，勸將毗尼事義集要付梓流通，乃同壁如、歸一二友商榷參詳，備殫其致。惺谷以此書呈金臺法主，隨付梓人，至今歲於皋亭佛日寺刊成。

春，同新伊法主禮大悲懺於武林蓮居庵。

撰楞嚴壇起咒及迴向二偈。

八月，惺谷師示寂於佛日。師病時，大師割股救之，並賦偈云：「幻緣和合受兹身，欲剜千瘡愧未能。爪許薄皮聊奉供，用酬嚴憚切磋恩。」

九月，入孝豐。取道武林，晤壁如師，不旬日，師示寂，著惺谷壁如二友合傳。

〔一〕「則」，原無，據靈峰宗論補。

始入北天目靈峯山過冬，即靈岩寺之百福院也。有句云：「靈峯一片石，信可矢千秋。」時山中無藏，爲作請藏因緣。

是冬，在靈峯講毗尼事義集要七卷。次夏，續完。聽者十餘人，惟徹因比丘能力行之。是冬，有温陵徐雨海居士，向大師説占察妙典。大師倩人特往雲棲請得書本，一展讀之，悲欣交集。撰續持迴向偈〔一〕。

壬申　三十四歲

結夏靈峯。爲自觀師秉羯磨授具戒。

撰龍居禮大悲懺文及禮大悲懺願文。

癸酉　三十五歲

是春，爲靈峯請藏至，未裝。

撰西湖寺安居疏。結夏金庭西湖寺，細講毗尼事義集要一遍，聽者九人，能留心者，唯徹因、自觀及幻緣三比丘。

撰前安居日供鬮文。前安居日，大師自念再三翻讀律藏，深知時弊多端，不忍隨俗餚

〔一〕「續」，原作「讀」，據靈峯宗論改。

訛，共蝕如來正法。而自受具，心雖殷重，佛制未周。爰作八鬮，虔問三寶：若智旭比丘戒從心感得，十夏行持，當得作和尚鬮；若得戒前，輕犯未浄，當得禮懺作和尚鬮，先行懺法；若未得不成遮難，或已得未堪作範，當得見相好作和尚鬮，禮懺求相；若不成難而未得，當得重受鬮，如法秉受，更滿十夏；若成盜難而通懺，當得禮懺重受鬮；若已成難，當得菩薩沙彌鬮；若不許沙彌法，當得菩薩優婆塞鬮；若一切戒法悉遮，當得但三歸鬮。若得作和尚等三鬮，誓忘身命，護持正法，寧受劇苦，作真聲聞，不爲利名，作假大乘；若得重受等二鬮，敦弟子職，誓不窺法；若得菩薩沙彌鬮，誓尊養比丘，護持僧寶；若得菩薩優婆塞鬮，誓以身命護正法，終不迷失菩提心；若得但三歸鬮，誓服役佛法僧間，種種方便，摧邪顯正。並燃香十炷，一夏持咒加被。至自恣日，更然頂香六炷，撰自恣日拈鬮文，遂拈得菩薩沙彌鬮。撰禮浄土懺文二首。

冬，述占察行法。

甲戌　三十六歲

癸酉、甲戌之際，大師匍匐苦患。徹因比丘獨盡心竭力相濟於顛沛中，毫無二心。是冬，在吴門幻住庵，講毗尼事義集要一遍。聽者僅五六人，惟自觀、僧聚二比丘能力行之。

撰禮金光明懺文。

乙亥　三十七歲

春，阻雨祥符。始晤影渠、道山（字靈隱）二師，爲莫逆交。

是冬，大師遘篤疾，二師盡力調治，不啻昆季母子也。

撰講金光明懺告文。

夏初，住武水智月庵，講演占察經。是時即有作疏之願，病冗交沓，弗克如願。述戒消災略釋、持戒犍度略釋、盂蘭盆新疏。

丙子　三十八歲

是春，大師自輯净信堂初集。

三月，遁迹九華，禮地藏菩薩塔，求決疑網，拈得閱藏著述一鬮。於彼抱病，腐滓以爲饌，糠秕以爲糧，忘形骸，斷世故，續閱藏經千餘卷。

撰九華地藏塔前願文、亡母十周願文。

丁丑　三十九歲

是歲夏、秋之際，居九子別峯，述梵網合註。先是如是昉公，遠從閩地携杖來尋，爲其令師肖滿全公，請講此經，以資冥福。復有二三同志，歡喜樂聞。大師由〔一〕是力疾敷演，不覺心華開發，義泉沸湧，急秉筆而隨記之，共成玄義一卷、合註七卷。

案：梵網合註初刊之板，存金陵古林庵，後康熙丙辰歲，沈書準應成時師之請，重刻板，送嘉興楞嚴寺入藏流通。（見沈書準跋。）日本元禄五年所刊之板，即據此也。

撰完梵網告文、讚禮地藏菩薩懺願儀。

自觀印闍梨自武水尋大師於九子別峯，商證梵網、佛頂要旨。大師見其躬行有餘，慧解不足，設壇中十問拶之。

夢感正法衰替，痛苦而醒，寫懷二偈云：「魔軍邪幟三洲偏，孽子孤忠一線微。夢斷金河情未盡，醒來餘淚尚沾衣。」「休言三界盡生盲，珠繫貧衣性自明。肯放眼前閑活計，便堪劫外獨稱英。」

戊寅　四十歲

結夏新安，重拈佛頂妙義，加倍精明。

四十初度詩云：「物論悠悠理本齊，年來漸覺脱筌蹄。拳開非實掌元在，瞖去惟空眼

〔一〕「由」下，原有「讚」字，據靈峰宗論中梵網合註自序，刪除。

不迷。流水有心終匯海，落花無語亦成谿。刹那生處生何性？卻笑威音劫外提。」

自輯絶餘編。

秋，踐誦帚師之約，入閩。渡洪塘，往温陵。

十一月，撰陳罪求哀疏。

己卯　四十一歲

住温陵。

誦帚昉師及一切知己堅請疏解大佛頂經。大師感其意，兼理夙願，在小開元撰述玄義二卷、文句十卷。

刊佛頂玄義，板藏大開元寺之甘露戒壇。

如是師示寂。助其念佛，並爲撰誦帚師往生傳。

撰如是師六七禮懺疏、輓如是師詩。

庚辰　四十二歲

住漳州。

辛巳　四十三歲

述金剛破空論（在温陵刊）、蕅益三頌、齋經科註。

結冬温陵月臺。有郭氏問易，遂舉筆述周易禪解，稿未及半，以應請旋置。

壬午　四十四歲

是夏，自輯閩遊集。

自温陵返湖州。

述大乘止觀釋要。

靈峯山中藏經裝成。

撰鐵佛寺禮懺文。

癸未　四十五歲

結夏靈峯。

是歲結制，簡閱藏經，僅千餘卷。

崇禎十七年

清順治元年甲申　四十六歲

是秋，居槜李，遊鴛湖寶壽堂，撰遊鴛湖寶壽堂記。

返靈峯。有句云：「靈峯片石舊盟新。」

九月，述四十二章經、遺教經、八大人覺經解。

是歲，大師退作但三歸依人。

撰禮慈悲道場懺法願文、佛菩薩上座懺願文。

乙酉　四十七歲

自去歲退作但三歸人以來，勤禮千佛、萬佛及占察行法。於今歲元旦獲清淨輪相。

夏，撰周易禪解竟。

撰大悲行法道場願文。

是秋，住祖堂及石城北，共閱藏經二千餘卷。

是歲，紫竹林顓愚大師遣七人來學。

丙戌　四十八歲

晤妙圓尊者於石城之隈，同住濟生庵。

撰占察行法願文。

丁亥　四十九歲

三月，述唯識心要、相宗八要直解。九月，述彌陀要解、四書蕅益解。

去歲，顓愚大師坐脱於紫竹林，門人以陶器奉全身供於林之山陽。今年弟子請歸雲居，於是金陵緇素以所存爪髮衣鉢，就山陽建塔供養，大師爲撰誌銘。

是冬，自輯淨居堂續集。居祖堂幽棲寺。除夕普說。

戊子　五十歲

成時師始晤大師。大師一日顧成時師曰：「吾昔年念念思復比丘戒法，邇年念念求西方耳。」成時師大駭，謂何不力復佛世芳規耶？久之，始知師在家發大菩提願以爲之本，出家一意宗乘，徑山大悟後，徹見近世禪者之病，在絶無正知見，非在多知見；在不尊重波羅提木叉，非在著戒相也。故抹倒「禪」之一字，力以戒教匡救，尤志求五比丘如法共住，令正法重興。後決不可得，遂一意西馳，冀乘本願輪，仗諸佛力，再來與拔。至於隨時著述，竭力講演，皆聊與有緣下圓頓種，非法界衆生一時成佛，直下相應，太平無事之初志矣。

是冬，自輯西有寱餘。

己丑　五十一歲

九月，從金陵歸卧靈峯。

撰北天目十二景頌。

臘月，力疾草法華會義。翌年正月告成。

庚寅　五十二歲

結夏北天目，究心毗尼，念末世欲得淨戒，捨占察輪相之法，更無別塗。

六月，述占察疏。

自癸酉迄今十餘年，毗尼之學無人過問者，而能力行之徹因、自觀、僧聚三比丘，又皆物故。毗尼之學，真不啻滯貨矣。是夏安居靈峯，乃有心學律者十餘人，請大師重講。大師念向所輯，雖諸長並採，猶未一一折衷。又問辯、音義二書，至今未梓。因會入集要而重治之，兼削一二繁蕪，以歸簡切，名曰重治毗尼事義集要。

六月二十一日，撰重治毗尼事義集要序。

安居竟，重拈自恣芳規，悲欣交集，慨然有作，賦偈云：「秉志慵隨俗，期心企昔賢。擬將凡地覺，直補涅槃天。半世孤燈嘆，多生緩戒愆。幸逢針芥合，感泣淚如泉。正法衰如許，誰將一線傳？不明念處慧，徒誦木叉篇。十子哀先逝，諸英喜復聯。四弘久有誓，莫替馬鳴肩。」

八月初八日，撰重治毗尼事義集要跋。

與見月律主書，談論律學，冀獲良晤。

冬，住祖堂。

辛卯　五十三歲

夏，結制長干。

九月，重登西湖寺。

是冬，歸臥靈峯。重訂選佛圖。

壬辰　五十四歲

結夏晟谿。

草楞伽義疏。八月，還長水南郊冷香堂，乃閣筆。

秋，輯續西有寱餘。

是歲臘月，草自傳。先是，是秋大師決志肥遯，緇素遮道不得，請述行脚。冬，憩長水譬泉寺，念行脚未盡致，復述兹傳，曰八不道人傳，取中論「八不」、梵網「八不」之旨。又大師自云：「古者有儒、有禪、有教、有律，道人既蹴然不敢；今亦有儒、有禪、有教、有律，道人又艴然不屑，故名八不也。」

住長水，閲藏經千卷。

癸巳　五十五歲

是春，大師過古吴，删改自述八不道人傳，故從古吴傳至留都，與長水本數處不同。後成時師謂傳收著述未盡，請補，於是與古吴本又增數句矣。

夏四月，入新安。結後安居於歙浦天馬院。五月著選佛譜，閲宗鏡録，删正法涌、永樂、法真諸人所纂雜説，引經論之誤，及歷來寫刻之訛。於三百六十餘問答，一一定大義，標其起盡。閲完，七月作校定宗鏡録跋四則。又汰袁宏道集，存一册，名袁子。

秋八月，遊黄山、白嶽諸處。

冬，復結制天馬。著起信論裂網疏。

甲午　五十六歲

正月，應豐南仁義院請。法施畢，出新安。二月後褒灑日，還靈峯。自輯幻住雜編。夏卧病。選西齋浄土時，製讚，補入浄土九要，名浄土十要。夏竟，病愈。七月，述儒釋宗傳竊議。八月，續閲大藏竟。九月，成閲藏知津、法海觀瀾二書。九月一日，撰閲藏畢願文，計前後閲律三遍，大乘經兩遍，小乘經及大小論、兩土撰述各一遍。

冬十月，病。復有獨坐書懷四律，中有「庶幾二三子，慰我一生思」之句。十一月十八日，有病中口號偈。臘月初三，有病間偶成一律，中有「名字位中真佛眼，未知畢竟付何人」之句。是日口授遺囑，立四誓，命以照南、等慈二子傳五戒、菩薩戒；命以照南、靈晟、性旦三子代座、代應請；命闍維後，磨骨和粉麵，分作二分，一分施鳥獸，一分施鱗介，普結法喜，同生西方。十三，起淨社，撰大病中啓建淨社願文。嗣有求生〔一〕淨土偈六首。除夕有艮六居銘，有偈。

是歲多病。寄錢牧齋書云：「今夏兩番大病垂死，季秋閱藏方竟。仲冬一病更甚，七晝夜不能坐卧，不能飲食，不可療治，無術分解，唯痛哭稱佛菩薩名字，求生淨土而已。具縛凡夫損己利人，人未必利，己之受害如此。平日實唯在心性上用力，尚不得力，況僅從文字上用力者哉？出生死，成菩提，殊非易事。非丈室，誰知此實語也？」

乙未　五十七歲

元旦有偈云：「爆竹聲傳幽谷春，蒼松翠竹總維新。泉從龍樹味如蜜，石鎮雄峯苔似鱗。課續三時接蓮漏，論開百部擬天親。況兼已結東林社，同志無非法藏臣。」「法藏當年願力宏，於今曠劫有同行。歲朝選佛歸圓覺，月夜傳燈顯性明。萬竹並沾新令早，千梅已露舊芳英。諸仁應信吾無隱，快與高賢繼宿盟。」

正月二十日，病復發。二十一日晨起病止。午刻，趺坐繩牀角，向西舉手而逝。世壽

〔一〕「生」，原無，靈峯宗論作「大病初起求生淨土六首」，據補。

五十有七歲，法臘三十四，僧夏從癸亥臘月至癸酉自恣日，又從乙酉春至乙未正月，共計夏十有九。

大師生平不曾乞緇素一字，不唯佛法難言，知己難得，亦鑒尚虚名之陋習，而身爲砥也。西逝時，誡勿乞言，徒增謌誤。

大師著述，除靈峯宗論十卷外，其釋論則有：阿彌陀經要解一卷，占察玄疏三卷，楞伽義疏十卷，盂蘭新疏一卷，大佛頂玄文十二卷，準提持法一卷，金剛破空論附觀心釋二卷，心經略解一卷，法華會義十六卷，妙玄節要二卷，法華綸貫一卷，齋經科註一卷，遺教經解一卷，梵網合註八卷，後附授戒法、學戒法、梵網懺法問辯共一卷，優婆塞戒經受戒品箋要一卷，羯磨文釋一卷，戒本經箋要一卷，毗尼集要十七卷，大小持戒揵度略釋一卷，戒消災經略釋一卷，五戒相經略解一卷，沙彌戒要一卷，唯識心要十卷，相宗八要直解八卷，起信論裂網疏六卷，大乘止觀釋要四卷，大悲行法辯訛一卷，附觀想偈略釋、法性觀、懺壇軌式三種，四十二章經解一卷，八大人覺經解一卷，占察行法一卷，禮地藏儀一卷，教觀綱宗並釋義二卷，閲藏知津四十四卷，法海觀瀾五卷，旃珊録一卷，選佛譜六卷，重訂諸經日誦二卷，周易禪解十卷，闢邪集二卷，共四十七種。又定嗣註經目，有行願品續疏，圓覺經新疏，無量壽如來會疏，觀經疏鈔録要，十輪經解，賢護經解，藥師七佛經疏，地藏本願經疏，維摩補疏，金光明最勝王經續疏，同性經解，無字法門經疏，十二頭陀經疏，仁王續疏，大涅槃合論，四阿含節要，十善業道經解，發菩提心論解，摩訶止觀輔行録要，僧史刪補，緇門寶訓，共二十一種，俱未及成書。

大師示寂，諸弟子請成時師輯靈峯宗論。輯成，成時師燃香一千炷，願捨身洪流，一、報師恩，助轉願輪；二、供妙法，生生值遇；三、轉劫濁，救苦衆生；四、代粉骴，滿師弘誓；五、懺重罪，決生珍池。

臘月十二日，成時師撰大師續傳。後一日撰靈峯始日大師私謚竊議，後二日撰靈峯宗論序，越一日撰靈峯宗論序説。

丙申

丁酉

是冬如法荼毗。髮長覆耳，面貌如生，趺坐巍然，牙齒俱不壞。因不敢從粉骴遺囑，奉骨塔於靈峯大殿右。

戊戌

己亥

是冬，靈峯宗論刻板成。

庚子

辛丑

康熙元年壬寅

大師入滅八年，壬寅七月，門人性旦病逝，先書囑語，面乞成時師並胞兄胡浄廣粉遺骨，代大師滿甲午臘月初三日所命。先是成時師邀浄侶禮佛説佛名經，旦就壇然頂燈，以報法乳深恩，至是復有此囑。謹就八月集衆修藥王本事七晝夜而作法焉。

雍正元年癸卯（即日本享保八年）

是年孟春，日本京都靈峯宗論重刊版，老苾芻光謙序云：「（前略）昔嘗讀靈峯蕅益大師所著諸書，見其學之兼通博涉，其行之苦急嚴峻，因竊自嘆雖荆谿、四明大祖師幾不及也。（中略）古人有言曰，讀孔明出師表而不墮淚者，其人必不忠；讀令伯陳情表而不墮淚者，其人必不孝；讀退之祭十二郎文而不墮淚者，其人必不友。余亦嘗言，讀蕅益宗論而不墮血淚者，其人必無菩提心。（後略）」

（據一九九一年福建人民出版社弘一大師全集第七册所收本譜，參校靈峰宗論）

三、今人論述

佛家經録在中國目録學之位置（節録）（梁啓超）

有宋一代，作者未聞。祥符、景祐兩録，僅見徵引。法寶標目卷首。原書似已佚，無從評騭。大抵續貞元之舊，補入新譯而已。元代則有極有價值之經録二種：一曰王古之大藏聖教法寶標目十卷〔一〕，二曰慶吉祥等奉勑撰之至元法寶勘同十卷。二書皆依元大藏經原目爲次，其組織無特别可論，所注意者則書之内容而已。

前此經録雖多，求其如郡齋讀書志、直齋書録解題之例，撮舉各書内容爲作提要者竟無有。祐録録諸經序，雖頗存此意，然經不皆有序，序亦不皆爲提要體，範圍亦云狹矣。況祐録以後名著疊出者十倍於前，有序者甚少，其序亦不見於諸家經録中，是以讀佛典者欲得一嚮導之書，殆無從尋覓，可謂憾事。王古標目純屬提要體，於各經論教理之内容，傳譯之淵源，譯本之分合同異等，一一論列，文簡而意賅，非直空前創作，蓋直至今日，尚未有繼

〔一〕據智旭閲藏知津敘和現代學者考證，王古爲宋朝人。

起之第二部也。中間惟晚明智旭作閲藏知津，頗師其意，然智旭書惟抄寫各經論之篇目耳，不能挈全書綱領，俾學者得知其概，其去王古書遠矣。

（據一九三六年中華書局飲冰室專集）

復周羣錚居士書（印光法師）

蕅益生於明末，没於清初。一生弘法，皆在南方，未曾一到北地。兼以順治初年，南方多未歸服，故大師於崇禎升遐、明圖版蕩之後，凡所著述，但書歲次，不書國號及年號耳。及至福建、寧波各處歸順之後，不一二年，即入涅槃。而台宗有倣之者，於康熙時著述，亦不書國號、年號，可謂誣衊蕅益與國家耳。其不善學，有如此者。南方學者多宗台教，北方學者多宗賢首、慈恩，彼既不相習，故其流通也少。世宗雖倡刻大藏，其年初夏即已賓天。其清藏中，所入所出，容有世宗裁奪者，實多半由當時所派之親王、總理刻藏首領大和尚主持。又刻藏預事之僧，盡屬賢首、慈恩、臨濟宗人，台宗只一人，而且尚屬校閲無權之人。蕅益著述，所入唯相宗八要、釋大乘止觀法門二種，餘者北方所無，將何由而附入乎？

此係雍正末乾隆初年事，至乾隆末年，蕅益著述，京中尚無多少。徹悟老人見閲藏知津，即欲刻板，擬再得一部，即不須另寫，庶省心力。因徧詢各刹，止得一部。凡大師流通到京之著述，徹悟及徹悟之門人皆爲刻板，亦有一二十種。不知世務之人，一歸之於世宗不取，可謂誣罔世宗。使世宗若全見蕅益著作，斷當具足入藏，一部不遺。須知清藏肇始於世宗，及世宗崩後，高宗繼立，凡刻藏事，皆當時僧俗中之權人主之，高宗亦不過應名而已。何以知之？世宗所著揀魔辨異録，草稿甫畢，尚未謄清，隨即崩駕。高宗雖令繕寫刻板，亦不暇檢點，由未派一大通家主事，竟致錯訛不勝其多。此其父之手澤，尚且如是，況大藏乎！又世宗於開首著此之時，即頒上諭，内有「入藏流通」之語。迨後止刻書册板，竟未入藏，但將此上諭附於圓明居士語録之後。將謂世宗亦嫌其習氣而不入乎？此其不入之由，以漢月藏子孫之外護，多屬當權之人，故不敢提倡耳。若言習氣，蕅益可謂絶無。而一般瞎眼禪和，謂爲徒有文字，未得大悟，貢高我慢。此等人乃仰面唾天，何得據以評論耶？至於毁世宗者，亦與毁蕅益者知見相同，皆道聽途説、隨聲附和之流輩耳。

（據一九二九年浙江法雨寺鉛印本增廣印光法師文鈔）

智旭之閲藏知津（姚名達）

上述惟白、王古二家，於分類倫次概不違於昇録。直至明末北天目沙門釋智旭始師二家之意而大易昇録之次。在解題書中，可稱鼎足而立；在分類法中，則實空前創作。智旭以「歷朝所刻藏乘，或隨年次編入，或約重單分類，大小混雜，先後失準，致使欲展閲者，茫然不知緩急可否。故諸刹所供大藏，不過緘置高閣而已。縱有閲者，亦罕能達其旨歸，辨其權實。佛祖慧命，真不啻九鼎一絲之懼。而諸方師匠，方且或競人我，如兄弟之鬩墻；或趨名利，如蒼蠅之逐臭；或妄争是非，如癡犬之吠井；或恣享福供，如燕雀之處堂，將何以報佛恩哉？唯宋有王古居士，創作法寶標目，明有蘊空沙門，嗣作彙目義門，並可稱良工苦心。然標目僅順宋藏次第，略指端倪，固未盡美。義門創依五時教味，矗陳梗槩，亦未盡善。旭以年三十時，發心閲藏，次年晤壁如鎬兄於博山，諄諄以義類詮次爲囑。於是每展藏時，隨閲隨録。凡歷龍居、九華、霞漳、温陵、幽棲、石城、長水、靈峯八地，歷年二十禩，始獲成稿。終不敢剖破虚空，但藉此稍辨方位，俾未閲者知先後所宜，已閲者達權實所攝，義持者可即約以識廣，文持者可會廣以歸約。若權若實，不出一心。若廣若約，咸通一相。故名之爲閲藏知津云」。其書作於甲午重陽後一日，蓋清世祖順治八年也。翌年正月二十一日，智旭即卒，年五十七。其凡例於分類法頗有精微之論。綜其所見，有善於以前諸録者五端：（1）别立雜藏，使雜著得有所歸。此例雖倣自法上録，然中間各録皆所未有。（2）變更部次，以華嚴爲首。（3）分出密部，使顯、密不致混淆。（4）合單本、重本於一處，使一經不分散數處。（5）以符號判别書之優劣緩急，使讀者得依照選讀。

列其分類之系統，則可如下表（表略）。

（據一九五七年商務印書館中國目録學史）

也談新編漢文大藏經目録譯本部分的編次（節録）（吕澂）

到了明末，智旭撰閲藏知津，又打破了開元録以來的舊格式，而對大藏作了全盤的整理。他在大乘經内依着天台家五時判教的説法，改分華嚴、方等、般若、法華、涅槃五部，在方等之内統收了顯教寶積等部之書以及密教所有的經軌。又在論藏内於釋經、宗經（即以前的集義論）而外更增加諸論釋一類。他還將中國撰述的章疏論著，擇要分别列在各門譯本之後。另外，對有重譯本之書，不以翻譯之先后爲次，而爲讀者有所去取着想，選取各譯中文字最好的一本爲主，再列餘本，並低一格書寫以便識别——這些都是智旭的創見。這一編次後來影響於日本。一八八〇——八五年，日本弘教書院校印大藏經的大部區分及經籍次第等都是依着知津的。（見大日本校訂大藏經凡例。）

（據一九八〇年齊魯書社新編漢文大藏經目録）

佛典索引

一、本索引包括總目和正文中的書名；遇到兩者不一致的地方，以正文中的書名爲主，用括號括出總目中不同的字。如“大薩遮尼犍（乾）子受記經”。異體字不括注，如“琉”與“瑠”、“秘”與“祕”等。

二、少量書名在總目與正文中都作了簡略，本索引則補充一個全名，並標明同某書。如“目得迦”，因與“根本説一切有部尼陀那”合爲一條，省略了“根本説一切有部”，則補充一個條目作：根本説一切有部目得迦—同“目得迦”。

三、少量經名在本書中只有全稱，爲方便讀者使用，本索引增補了簡稱，也標明同某經。如“大佛頂如來密因修證了義諸菩薩萬行首楞嚴經”，增加一個條目作：楞嚴經—同“大佛頂如來密因修證了義諸菩薩萬行首楞嚴經”。

四、本索引按照音序排列。

A

B

C

E

F

G

H

J

K

L

M

N

P

Q

R

S

T

W

X

Y

Z

譯者、著者索引

一、本索引只收録正文中的譯者、著者，校記中提出的異名或補充的作者不予收録。

二、人名按原文照録，一人多名不予合併。如智顗、智者大師、天台大師，按三條處理；“菩提流支”、“菩提留支”按二條處理。

三、僧人法名前的“釋”字一律删掉。如“釋玄奘”，按“玄奘”二字排序。

四、本索引按照音序排列。

A

B

C

D

F

G

H

J

Q

R

S

T

W

X

Y

Z